Gabriele Habinger (Hg.)
IDA PFEIFFER –
»WIR LEBEN NACH MATROSENWEISE«

Aktualisierte und erweiterte Neuauflage 2024
© 2024 Promedia Druck- und Verlagsgesellschaft m. b. H., Wien
Alle Rechte vorbehalten

Umschlaggestaltung: Gisela Scheubmayr
Coverbild: Ida Pfeiffer, geb. Reyer, Wien 1844, Ölgemälde von Emilie (Emily) Schmäck. Quelle: Wien Museum Inv.-Nr. 93189, CC BY 4.0, Foto: Birgit und Peter Kainz, Wien Museum, online unter: https://sammlung.wienmuseum.at/objekt/504715/

Druck: Prime Rate Kft., Budapest
Printed in Hungary
ISBN 978-3-85371-524-6

Gabriele Habinger (Hg.)
IDA PFEIFFER
„Wir leben nach Matrosenweise"
Briefe einer Weltreisenden des 19. Jahrhunderts

PROMEDIA

Über die Herausgeberin

Gabriele Habinger, geboren 1961 in St. Pölten, Lektorin am Institut für Kultur- und Sozialanthropologie der Universität Wien. Im Promedia-Verlag betreut sie die »Edition Frauenfahrten« und hat in diesem Zusammenhang unter anderem Ida Pfeiffers Reiseberichte bearbeitet und neu herausgegeben. Seit Jahren beschäftigt sie sich mit der Geschichte reisender Europäerinnen und den Leistungen weiblicher Forschungsreisender; zahlreiche Publikationen in diesem Bereich, 2022 die aktualisierte und erweiterte Neuauflage der Biographie Ida Pfeiffers: »*Eine Wiener Biedermeierdame erobert die Welt. Die Lebensgeschichte der Ida Pfeiffer (1797–1858).*

Inhalt

**Vorwort zur aktualisierten
und erweiterten Neuauflage 2024.** 9

Vorwort zur ersten Auflage 2008 13

**Gabriele Habinger
Eine Weltreisende und ihre Briefe – Ida Pfeiffer
und die Briefkultur des 19. Jahrhunderts** 16
Verlorene, erhaltene und nicht geschriebene Briefe
   Ida Pfeiffers – zur Überlieferungssituation 22
»Privates« und weniger »Privates« –
   Ida Pfeiffer und die Briefkultur im 19. Jahrhundert 25
Brief an eine Freundin, Wien, 21. Jänner 1850 33
Zur vorliegenden Edition der aktualisierten
   und erweiterten Neuauflage 34
Zitierte Literatur zur Briefkultur 37

**Reise in das Heilige Land und
nach Island – die Jahre 1842 bis 1845** 39
Brief an Buchhändler Bauer, Wien, vermutlich 1843 45
Gestrichene Stellen aus meiner Reise
   nach Jerusalem (vermutlich 1844) 46
Brief an Jakob Dirnböck, Wien, 7. Jänner 1846 54
Brief an Ludwig August Frankl, Wien, 21. Jänner 1846 55

**Die erste Reise um die Welt –
die Jahre 1846 bis 1850** 57
Brief aus Rio de Janeiro, 26. bis 28. September 1846 59
Brief an Joseph Winter, Nördlicher stiller Ozean, zwischen
   den Ladronen und den Philippinen, 29. Juni 1847 67
Brief an Schwester Marie, Kandi auf Ceylon,
   24. Oktober 1847 71
Brief an eine Freundin, Mai/September 1848 76
Brief an Schwester Marie, Tiflis, 31. August 1848 81
Brief (Notiz) an Carl Moritz Diesing, (Wien,)
   9. November 1848 85

Brief an Frau von Wittum, Wien, 3. Oktober 1849 86
Brief an Graf Friedrich Berchtold, Prag, 21. Mai 1849 87
Brief an Carl Gerold, Wieliczka, 17. Dezember 1849 89
Brief an Seine Hochwürden
    Pater Ferdinand Breunig, (Wien) 1850 91
Brief an Baronesse von Stipschütz,
    9. August (vermutlich 1850) 92

Die zweite Reise um die Welt –
die Jahre 1851 bis 1855 97

Brief an Frau von Schwarz, Auf dem atlantischen Ocean begonnen und zwar auf dem 30. Breitegrad südlich dem Äquator und dem 19. Längengrad westl., 29. Juli 1851 100
Brief an Joseph Winter, Auf dem Ocean begonnen,
    29. Juli 1851 104
Brief an August Petermann, Kapstadt,
    20. August 1851 (Auszug) 107
Brief an August Petermann, Kapstadt,
    20. August 1851 (Bruchstück, Original) 108
Brief an Vincenz Kollar, Singapur, 30. November 1851. 110
Notiz an das Wiener Hof-Naturalienkabinett, beiliegend einer
    Naturaliensendung, o. O. o. D. (Juni/August 1851). 113
Notiz an das Wiener Hof-Naturalienkabinett, beiliegend
    einer Naturaliensendung, Kapstadt, August 1851 115
Notiz an das Wiener Hof-Naturalienkabinett, beiliegend einer
    Naturaliensendung, Kapstadt, 6. September 1851 115
Notiz an das Wiener Hof-Naturalienkabinett, beiliegend einer
    Naturaliensendung, Kapstadt, 12. September 1851. 115
Brief an (Theodor) Behn,
    Mündung des Sarawak/Borneo, 17. Dezember 1851 118
Brief an Joseph Winter,
    Sarawak (Borneo), 1. Jänner 1852. 120
Brief an Freundin Eliese,
    Pontianak (Borneo), 12. Mai 1852 122
Brief an Joseph Winter, Pontianak (Borneo), 13. Mai 1852 . . . 124
Brief an Frau von Schwarz, Pontianak, Borneo, 15. Mai 1852 126
Notiz an das Wiener Hof-Naturalienkabinett, beiliegend einer
    Naturaliensendung, Borneo, (zwischen 6. Februar und
    22. Mai 1852). 128

Brief an Carl Ritter, Batavia, 3. Juni 1852. 129
Brief an unbekannt, Batavia, 3. Juni 1852 131
Brief an August Petermann, Surabaya auf Java,
    12. September 1852. 134
Brief an Frau von Schwarz, Makassar (auf Celebes),
    18. Dezember 1852 141
Brief an Joseph Winter, Makassar, 14. Mai 1853. 146
Brief an Frau von Schwarz, Makassar,
    Celebes, 20. Mai 1853 148
Brief an eine Tante in Triest, Surabaya, 30. Mai 1853 150
Brief an August Petermann,
    San Francisco, 30. Oktober 1853 153
Brief an Frau von Schwarz, Quito, 5. April 1854 157
Brief an Bruder Cäsar Reyer, Quito, 7. April 1854 160
Brief an unbekannt, New York, 9. November 1854 162
Brief an Frau von Schwarz, New York, 10. November 1854 . . 164
Brief an unbekannt, São Miguel, Februar 1855 (Auszug). . . . 167
Brief an E. Pfeiffer, Hamburg, 19. Juli 1855. 169
Brief an Herrn Pätel (Friedrich Paetel), Berlin, 22. Juli 1855. . 170
Brief an Gustav Rose, Wien, 2. August 1855. 172
Mitteilung an Carl Gerold's Sohn:
    Pfeiffer Ida Reise um die Welt, Wien, 18. August 1855. . . . 173
Brief an Buchhändler J. C. A. Sulpke (Amsterdam),
    Wien, 6. März 1856 175
Brief an Carl Ritter, Wien, 19. Mai 1856. 176
Brief an Therese Jaeger von Jaxthal,
    Wien, 8. Dezember 1855 178
Brief an Vetter Alexander, Wien 15. Februar 1856 179
Vortragsmanuskript: »Reise auf Sumatra
    zu den Canibalen«, 1855/1856 183
Die Reise nach Madagaskar – die Jahre 1856 bis 1858. 191
Brief an Joseph Winter, Berlin, 7. Juni 1856. 191
Brief an Hochverehrter Freund,
    Amsterdam, 17. Juni 1856 193
Brief an Joseph Winter, Amsterdam, 29. Juni 1856 195
Brief an Joseph Winter, London, 7. Juli 1856. 196
Brief (vermutlich) an Heinrich Barth,
    London, 7. Juli 1856 197
Brief an Heinrich Barth, London, 8. Juli 1856. 198

Brief (Dankschreiben) an Prinz Albert zu Sachsen-Coburg-
  Gotha, vermutlich London, August 1856 200
Brief an eine Gräfin, Rotterdam, 26. August 1856 200
Notiz an das Wiener Hof-Naturalienkabinett, beiliegend
  einer Naturaliensendung, (Mauritius 1856/57) 203
Brief an einen Oberst (auf Batavia),
  Port Louis (Mauritius), 27. Dezember 1856 204
Brief an Carl Ritter, Mauritius,
  29. September 1857 (Auszug) 207
Brief an die Redaktion der *Ostdeutschen Post*,
  I., Port Louis (Mauritius), 10. November 1857 208
Brief an die Redaktion der *Ostdeutschen Post*, II.,
  Port Louis (Mauritius), 10. November 1857. 212
Brief an George Robert Waterhouse, Mauritius,
  19. November 1857 218
Brief an Oscar Pfeiffer, Mauritius,
  16. Dezember 1857 (Auszug) 219
Brief an Oscar Pfeiffer, Mauritius,
  13. Jänner 1858 (Auszug) 220
Brief an Oscar Pfeiffer, Mauritius,
  (vermutlich) 27. Februar 1858 (Auszug) 220
Brief an Oscar Pfeiffer, Mauritius, 1. März 1858 (Auszug) . . . 221
Brief an Baronesse Minna Stein, Hamburg, 15. Juni 1858 222
Brief an einen Konsul, Hamburg, 16. Juli 1858 223
Brief an Senator L. Mayer, Hamburg, 14. August 1858 225

Anhang
Adressatinnen und Adressaten der Briefe Ida Pfeiffers 229
Abkürzungsverzeichnis 241
Autographen Ida Pfeiffers
  (chronologisch geordnet, mit Quellenangaben) 241
Quellen- und Literaturverzeichnis 245
  Archivmaterial. 245
  Reiseberichte von Ida Pfeiffer 246
  Artikel aus Periodika – 19. Jahrhundert (Auswahl) 247
  Sekundär-Literatur zu Ida Pfeiffer (Auswahl) 251
  Lexikoneinträge zu Ida Pfeiffer (Auswahl) 254
  Weitere zitierte und verwendete Literatur 255
Zeittafel 259

Vorwort zur aktualisierten und erweiterten Neuauflage 2024

Im Jahr 2008, anlässlich des 150. Todestages von Ida Pfeiffer, wurden ihre Briefe erstmals publiziert. Mittlerweile sind eineinhalb Jahrzehnte vergangen, in denen einige Handschriften der Wienerin »aufgetaucht« sind, nicht zuletzt durch weitere digitale Erschließungen und Hinweise einschlägiger wissenschaftlicher Institutionen und Suchmaschinen. Dieser Zeitraum bot – neben anderen beruflichen Verpflichtungen und wissenschaftlicher Tätigkeit – auch immer wieder Möglichkeiten für Recherchen. Ein guter Grund also, eine erweiterte und überarbeitet Fassung der Briefedition vorzunehmen, auch wenn es sich mit dem Jahr 2024 nicht um ein wirklich »rundes« Jubiläum handelt.

So stand in der Einleitung des Bandes aus dem Jahr 2008 zu lesen, dass zwar diverse Briefe in einschlägigen Organisationen verfügbar seien, doch: »Diese schlummerten lange Zeit verstreut und vergessen in verschiedenen Bibliotheken, Archiven und Museen und sollen nun in dieser Zusammenstellung einem breiteren Publikum zugänglich gemacht werden.« Die Maxime gilt nach wie vor, die ursprüngliche Zusammenstellung wurde auch beibehalten, zum Teil wurden die Briefe aber anders geordnet bzw. zeitlich eingeordnet und auch durch erweiterte Zwischentexte erläutert. Auch wurden kurze handschriftliche Notizen Ida Pfeiffers, auf die in der ersten Auflage nur verwiesen wurde, nunmehr zum großen Teil in ihrem Wortlaut aufgenommen und meist in den Text integriert, denn auch diese Informationen sollen verfügbar sein. Erfreulicherweise konnten in den letzten Jahren weitere Briefe und Autographen Ida Pfeiffers aufgefunden werden, die die ursprüngliche Sammlung ergänzen, aber auch inhaltlich in einigen Details erweitern. So findet sich in der Bibliothek der Universität von Tartu, in Estland, ein Bruchstück eines Briefes an August Petermann vom 20. August 1851, den dieser im Dezember 1851 in *The Athenaeum* abdrucken ließ. Beide Versionen des Schreibens wurden in die vorliegende

Edition aufgenommen. Dabei zeigt sich, dass die Briefe der Wienerin anlässlich ihrer Publikation durchaus inhaltlich etwas verändert und auch geglättet wurden.

Auch konnten einige Dokumente aufgefunden werden, die Pfeiffers »berufliche« Aktivitäten beleuchten. Gemeint sind damit etwa ihre Bemühungen hinsichtlich der Publikation ihrer Reisenotizen, die ein Dokument in der Wienbibliothek belegt: eine Mitteilung an das Wiener Verlagshaus »Carl Gerolds Sohn« mit den ausverhandelten Bedingungen zur Publikation ihres Werkes »Die Zweite Reise um die Welt«, das sich im »Teilarchiv Gerold und Co.« findet. So kann in der Zusammenschau der verschiedenen Autographen mittlerweile mit Fug und Recht festgehalten werden, dass sich Ida Pfeiffer nach ihrer zweiten Weltumrundung als äußerst umtriebig und auch geschickt erwies, was die (zum Teil gleichzeitige) Herausgabe ihrer Schriften in mehreren Sprachen betrifft. Darüber hinaus können anhand neu aufgetauchter Briefe interessante Details zu Ida Pfeiffers Aktivitäten rund um ihre Sammlungen rekonstruiert werden. So beweist ein Brief an den Kustos der naturhistorischen Sammlung des Wiener Schottengymnasiums, die sich damals im Aufbau befand, dass sie bemüht war, Objekte an verschiedene wissenschaftliche Institutionen zu verkaufen. Weiters konnten – über einige Umwege – handschriftliche Dokumente der Wienerin aufgefunden werden, die sich im Nachlass von Graf Ferrari, einem Mitarbeiter des Hof-Naturalienkabinetts in Wien, befanden und die heute in der Kantonsbibliothek St. Gallen in der Sammlung Vadiana bzw. im Archiv des »Senckenberg Deutschen Entomologischen Instituts« in Müncheberg aufbewahrt werden. Es handelt sich um Notizen auf kleinen, oft beschnittenen Zettelchen, die belegen, dass Ida Pfeiffer ihre Sendungen an das Wiener Naturalienkabinett nicht undokumentiert übersandte (wie bisher angenommen werden musste), sondern durchaus mit detaillierten Angaben zum Inhalt oder auch zum Fundort der Aufsammlungen (sie wurden fast vollständig in die vorliegende Publikation, an entsprechenden Stellen, aufgenommen).

Für die vorliegende Neuauflage wurde weiters eine Liste mit Adressatinnen und Adressaten der Briefe Ida Pfeiffers erstellt, sie enthält Informationen, die sich in der Ausgabe von 2008 zum Teil in Fußnoten befanden, die aber auch ergänzt wurden. Einige der Personen sind allgemein bekannt, zu anderen wiederum gibt es kaum oder keine Angaben. Oft ist auch nicht klar, um wen es sich tatsächlich handelte. Dennoch wurde versucht, weitere Daten zu diesen Personen zu recherchieren und Hinweise auf eine mögliche Identität zu finden. Auch andere Daten, die in den Briefen zu finden sind, galt (bzw. gilt) es zu entschlüsseln – zweifellos ein schwieriges Unterfangen, das nicht immer von Erfolg gekrönt war.

Ein – nicht ganz unwichtiger – Erfolg gelang dennoch: So konnten von mir kürzlich erstmals das genaue Geburtsdatum und auch der Geburtsort Ida Pfeiffers verifiziert werden, und zwar anhand des Geburtenregisters einer Pfarre in Gumpendorf (nicht wie früher angenommen in Mariahilf, wo Familie Reyer später wohnte) – die entsprechenden Quellen werden in der Einleitung dieser Publikation angeführt. Diese Einleitung wurde auch insofern überarbeitet, als ein beträchtlicher Teil der Inhalte der Fußnoten, insbesondere zur Briefkultur, nun in den Text integriert wurde, da sie doch auch von allgemeinem Interesse erscheinen.

Explizit sei schließlich darauf hingewiesen, dass eine kritische inhaltliche Analyse der Briefe der Wienerin hier nur sehr eingeschränkt vorgenommen wurde, diese findet sich in anderen Publikationen (z. B. Habinger 2003, 2004, 2005, 2006, 2022) und natürlich in den zahlreichen spannenden Analysen unterschiedlicher WissenschaftlerInnen, die in den letzten Jahren und Jahrzehnten zu Ida Pfeiffer erschienen sind. Im Vordergrund der vorliegenden Publikation standen jedenfalls die Verfügbarmachung sowie die historische Kontextualisierung der Briefe und Autographen Ida Pfeiffers.

Dies wäre nicht möglich ohne jene Institutionen, die diese Schätze der Vergangenheit aufbewahren und (nicht zuletzt) für die wissenschaftliche Bearbeitung zur

Verfügung stellen. Ihnen gilt grundsätzlich mein Dank, auch für die Genehmigung zur Publikation der jeweiligen Inhalte der Autographen. Insbesondere möchte ich mich bei all jenen Mitarbeiterinnen und Mitarbeitern dieser Einrichtungen herzlich bedanken, die die neu aufgefundenen Dokumente vielfach äußerst unkompliziert und umgehend an mich übersandten.

Abschließend möchte ich mich auch beim Verlag Promedia und insbesondere bei Stefan Kraft für seine Geduld und Freundlichkeit bedanken – denn all die genannten Arbeiten und Ergänzungen zur vorliegenden Edition haben leider viel zu lange gedauert. Zuletzt möchte ich Hannes Hofbauer für die aufmerksame Korrektur des Manuskripts danken. In diesem Sinne: danke für die (mittlerweile jahrzehntelange) gute und freundschaftliche Zusammenarbeit!

Gabriele Habinger
St. Pölten/Wien, im Jänner 2024

Ein kleines Postskriptum sei hier erlaubt: Sollten Sie Tipps oder Hinweise zu weiteren Briefen oder sonstigen Dokumenten von Ida Pfeiffer oder zu ihrem Leben haben, freue ich mich, wenn Sie mich über den Verlag Promedia darüber informieren. Auch dafür ein herzliches Dankeschön im Vorhinein!

Vorwort zur ersten Auflage 2008

Kaum eine Frau des 19. Jahrhunderts hat derartig umfangreiche und spektakuläre Reisen unternommen wie Ida Pfeiffer. Vor allem durch die Veröffentlichung der Berichte von ihren fünf großen, zum Teil mehrjährigen Fernreisen hat sie sich ins historische Gedächtnis eingeschrieben. Denn nicht nur zu ihren Lebzeiten war die Wienerin aufgrund ihrer spektakulären Unternehmungen eine Berühmtheit, ihre Reiseberichte finden wir bis heute in den Regalen der Buchhandlungen und sie werden nach wie vor aufgrund ihres großen Unterhaltungswertes und der außergewöhnlichen Leistungen einer Frau dieser Zeit gerne gelesen.

Doch die Person Ida Pfeiffers ist schwer zu fassen, wir wissen nur wenig über ihr Leben abseits ihrer großen Reisen, und sie hat uns, abgesehen von ihren Publikationen, kaum persönliche Aufzeichnungen und Dokumente hinterlassen. Diese Lücke zu füllen, bemühe ich mich seit Jahren mit meinen Forschungen und Publikationen und auch das hier vorliegende Buch stellt einen Mosaikstein dazu dar. Wie und wo lebte Ida Pfeiffer zwischen ihren Reisen? Was für ein Mensch war sie? Ging sie mit Humor oder großem Ernst die Probleme ihres Lebens an, wie sahen ihre Wünsche, Träume und Ziele aus? Wie war das Verhältnis zu ihren Söhnen oder zu ihrem Ehemann, pflegte sie Freundschaften und verwandtschaftliche Bande? Und: wie organisierte und plante sie ihre umfangreichen Reisen und wie bewerkstelligte sie ihre Sammeltätigkeit? Viele dieser Fragen lassen sich heute nicht mehr (oder vielleicht noch nicht) vollständig und schlüssig beantworten. Doch in den Briefen der Wienerin können wir der Persönlichkeit dieser außergewöhnlichen Frau ein wenig nachspüren. Diese Briefe – vornehmlich aus der Zeit der letzten drei Reisen Pfeiffers – schlummerten bislang mehr oder weniger vergessen in diversen Bibliotheken und Archiven. Doch sind sie es wert, gelesen zu werden. Der 150. Todestag der Weltreisenden erschien mir ein günstiges Datum, jene historischen Dokumente für die Veröffentlichung zusammenzustellen und aufzubereiten.

Eine derartige Publikation ist nur möglich durch die Arbeit einer Reihe von Institutionen, die historisches Material archivieren – allen, die mir Autographen von Ida Pfeiffer und wertvolle Informationen zur Verfügung gestellt haben, möchte ich an dieser Stelle herzlich danken. Ich bin auch einigen Menschen zu Dank verpflichtet, allen voran Brigitte Rath, die die Transkription der Briefe durchgesehen hat und mir bei der Behebung letzter Unklarheiten eine wertvolle Hilfe war. Sie stand mir auch sonst mit Rat und Tat jederzeit zur Seite und hat auch das Manuskript vor der Abgabe an den Verlag noch einmal durchgesehen. Danke. Wertvolle Informationen zu Recherchemöglichkeiten in Lviv verdanke ich Elisabeth Malleier, auch wenn diese Recherchen bislang noch zu keinem Ergebnis geführt haben. Diesbezüglich danke ich auch Iryna Polets, die ebenfalls bemüht war, dort Kontakte zu knüpfen. Auch meine Recherchen zu Ida Pfeiffers Sohn Oscar in Südamerika blieben bislang zwar erfolglos, doch möchte ich in diesem Zusammenhang Susana Salgado, Arlington/Virginia, für ihre Auskünfte herzlich danken, mit ihr hat sich mittlerweile ein freundschaftlicher Austausch entwickelt. Dieses Buch fußt auch auf zahlreichen wissenschaftlichen Arbeiten, die hier nicht alle erwähnt werden sollen und können (eine ausführliche Bibliographie findet sich im Anhang). Wichtige Vorarbeiten leistete allerdings Hiltgund Jehle 1989 mit ihrer Publikation, in der sie erstmals eine Zusammenstellung der von Ida Pfeiffer verfügbaren Autographen lieferte. Zuletzt möchte ich noch Hannes Hofbauer und dem Promedia Verlag für die unkomplizierte und freundschaftliche Zusammenarbeit danken, ebenso Brigitte Fuchs, die sich ganz kurzfristig bereit erklärte, das Lektorat für das Buch zu übernehmen.

Mein Dank gilt schließlich, auch wenn ich mich damit wiederhole, meinem Mann Michael und meinem Sohn Jakob, die mich wieder einmal für die vielen Stunden, die ich an meinem Schreibtisch saß, entbehren mussten. Eine kleine Anekdote dazu sei mir abschließend anzuführen erlaubt: Wenn ich – in Anbetracht des herannahenden Abgabetermins doch etwas nervös werdend – gegenüber meinem Sohn, der sich natürlich nicht immer, wie es für das Schreiben förderlich wäre, mucksmäuschenstill verhielt, ungehalten wurde und ihm in meiner Verzweiflung als allerletztes Druckmittel »Fernsehverbot« erteilte, meinte der Fünfjährige: »… und du kriegst Computerverbot!« – In diesem Sinne: Genießen Sie die folgenden Zeilen, sie sind hart erkämpft!

Gabriele Habinger
Unter-Oberndorf/Wien, im August 2008

Gabriele Habinger
Eine Weltreisende und ihre Briefe – Ida Pfeiffer und die Briefkultur des 19. Jahrhunderts

Post zu erhalten, ist etwas Großartiges. Noch dazu, wenn der Brief den langen Weg von Kandi auf Ceylon, von Tiflis, den Niagarafällen oder vom Chimborasso, dem »Großpapa der Cordilleren«, hinter sich hat, er vielleicht auch in Sarawak auf Borneo oder Makassar auf Celebes abgeschickt oder möglicherweise während einer langen und mühevollen Reise auf einem schaukelnden und unberechenbaren Segelschiff geschrieben wurde und begonnen auf dem »nördlichen stillen Ozean, zwischen den Ladronen und den Philippinen«. Solche und viele andere Briefe hat Ida Pfeiffer von ihren Reisen nach Hause geschickt, und wir können heute wohl nur noch erahnen, was es Mitte des 19. Jahrhunderts bedeutet haben mag, ein Schreiben aus derart entlegenen Weltgegenden zu erhalten, in einer Zeit, als die Transportmittel und besonders die Informationen noch keineswegs weltumspannend waren und es keine unmittelbaren Kommunikationsmittel wie Telefon oder – die heutzutage schon wieder aus der Mode gekommenen – Faxgeräte gab, geschweige denn die mittlerweile selbstverständliche weltweite digitale Vernetzung.

Diese Brieflein waren oft monatelang unterwegs, vermutlich hatten sie diverse Transporthürden zu überwinden, und so mancher dürfte zweifellos den vorgesehenen Weg nicht geschafft haben. Und klarerweise bedeutete so ein Schreiben für die Absenderin einen nicht unerheblichen Aufwand. In ihrem spärlichen Gepäck musste sie ein paar Bogen des kostbaren Papiers mit sich tragen, das vielleicht zerknittert oder vom unaufhörlichen Regen völlig aufgeweicht war. So sind diese Schreiben auch manifester Ausdruck der Bemühungen einer Person, persönliche Kontakte aufrechtzuerhalten und immer wieder aufs Neue herzustellen und, in der Betriebsamkeit des Reisealltags, die

Muße dafür aufzubringen.[1] Gleichzeitig wissen wir aus Ida Pfeiffers Briefen, aber auch aus ihren Büchern, dass sie ihre Zeit als knappes und kostbares Gut betrachtete und auf ihren Wanderungen nie genug sehen und erleben konnte, ihre Reisen aber auch von ihren beschränkten finanziellen Ressourcen geprägt waren. Selbst das Porto für die Post nach Hause bedeutete eine Ausgabe, die wohlüberlegt sein musste. So meint sie an einer Stelle, »*die kostspielige Aufgabe der Briefe*« habe sie daran gehindert, sich »*schriftlich zu unterhalten*«. Ein solches Schreiben also in Händen zu halten, noch dazu aus einer Region, aus der sonst vielleicht kaum Nachrichten nach Europa drangen, muss tatsächlich ein gewisses Hochgefühl bei den EmpfängerInnen ausgelöst haben.

Ida Pfeiffer kann sicherlich als eine der berühmtesten reisenden Frauen des 19. Jahrhunderts bezeichnet werden. Geboren wurde sie am 14. Oktober 1797 im Haus No. 62 in der »Hauptgasse« von Gumpendorf,[2] damals noch eine eigene Vorstadt von Wien.[3] Getauft wurde sie auf den Namen »Maria Laurentia Idda Elisabetha Reyerin«, wie dem Eintrag im entsprechenden Taufbuch der Pfarre zu entnehmen ist.[4] Ihr Vater, Alois Reyer, zur Zeit der Geburt seiner Tochter »Baumwollenfabrikant«, entwickelte sich zu einem erfolgreichen und begüterten Unternehmer und Fabrikbesitzer und konnte seiner Familie am späteren

---

1 Zu einigen dieser Aspekte der Briefkommunikation vgl. Baasner 1999, S. 1f.
2 Pfarre 06., Gumpendorf, Taufbuch (Geburtsbuch) vom 1. Januar 1794 bis 31. Dezember 1799, S. 119.
3 Die heutige Adresse lautet: Gumpendorfer Straße 14; dies konnte anhand der sogenannten Wiener »Häuserschematismen« (also der Verzeichnisse von nummerierten Häusern und u. a. ihrer Eigentümer) im Vergleich mit historischen Stadtplänen rekonstruiert werden; zu den Namen der Gumpendorfer (Haupt-)Straße vgl. auch Dimitz, o. J. S. 117f. Zur Konkordanz zwischen Konskriptions- und Hausnummern vgl. die Angaben von Tantner, online unter: https://homepage.univie.ac.at/anton.tantner/ hausnummern/Wien/. Zur Problematik der »Häusernummerierung« vgl. z. B. Wien Geschichte Wiki, online unter: https://www.geschichtewiki.wien. gv.at/H%C3%A4usernummerierung
4 Pfarre 06., Gumpendorf, Taufbuch (Geburtsbuch) vom 1. Januar 1794 bis 31. Dezember 1799, S. 119.

Wohnort in der Vorstadt Mariahilf No. 10 ein Leben in wohlhabenden Verhältnissen bieten.[5]

Zwischen 1842 und 1858 unternahm Ida Pfeiffer insgesamt fünf große Reisen, und sie gilt als die erste Frau, die die Welt umrundete.[6] Nachdem sie ihre beiden Söhne, Alfred und Oscar,[7] großgezogen hatte und sie sich somit ihrer mütterlichen Pflichten entledigt sah, entschloss sie sich im Jahr 1842 zu ihrer ersten großen Fernreise, einer Pilgerfahrt ins Heilige Land. Zwar war das gesellschaftliche Klima in dieser Zeit nicht gerade förderlich, wenn sich eine Frau aus gutbürgerlichen Verhältnissen alleine zu derartigen Unternehmungen aufmachte, wie Ida Pfeiffer zu Beginn ihres ersten Reiseberichtes deutlich macht, doch war dies für sie letztlich kein wirklicher Hinderungsgrund. Außerdem lebte sie bereits seit langen Jahren von ihrem Ehemann, Mark Anton Pfeiffer, getrennt.[8] Er war darüber hinaus mehr als zwanzig Jahre älter als seine Frau. Deshalb kam er weder als Begleitung in Frage, wie die Wienerin einmal bemerkte, noch konnte er sie von ihrem Vorhaben abhalten. (Interventionsversuche anderer Art werden wir

---

5   Auf Ida Pfeiffers Lebensgeschichte kann hier nur kursorisch eingegangen werden, ihre Biographie ist mittlerweile gut dokumentiert; vgl. dazu z. B. ausführlich Habinger 2004 und 2022; Jehle 1989; Sistach 2023; Wyhe 2019. Im Quellen- und Literaturverzeichnis der vorliegenden Publikation findet sich darüber hinaus eine umfangreiche Liste mit Publikationen zu Ida Pfeiffer. Eine wichtige Quelle ist eine kurze Biographie der Wienerin, veröffentlicht am Anfang ihres letzten Reiseberichtes (Pfeiffer 1861, Bd. 1, S. V–LIII): »*Ida Pfeiffer, nach ihren eigenen Aufzeichnungen. Biographische Skizze*«, in der Folge zitiert als *Biographische Skizze*.
6   Die jeweiligen Phasen der Reisen werden in weiterer Folge im Kontext der jeweiligen Briefe genauer dargestellt.
7   Der ältere Sohn Alfred, geboren 1821, pachtete zunächst in Kärnten ein Eisenwerk, später ließ er sich in Niederösterreich nieder, wo er in der Nähe der Marktgemeinde Ybbsitz eine Sensenschmiede betrieb. Der jüngere, Oscar (auch Oskar), geboren 1824, strebte eine Karriere als Komponist und Pianist an und ließ sich in Südamerika nieder (vgl. Habinger 2022, S. 38).
8   Die Heirat erfolgte am 1. Mai 1820 in Mariahilf. 1833 entschloss sich Ida Pfeiffer nach einem unsteten familiären Wanderleben aufgrund der gescheiterten Karriere ihres Mannes, mit ihren Söhnen in Wien zu leben, weil dort die Ausbildungsmöglichkeiten für sie besser wären, wie sie als Grund anführte. Dies kam de facto einer Trennung der Eheleute gleich, denn Mark Anton Pfeiffer lebte in der Folge bei seinem Sohn aus erster Ehe in Lemberg. Vgl. dazu Habinger 2022, S. 32 ff.; 2004, S. 42 ff.; Jehle 1989, S. 24 ff.

von ihm etwas später bezüglich der schriftstellerischen Ambitionen seiner Gattin kennen lernen.)

Abb. 1: Porträt von Ida Pfeiffer mit dem Titel »Madame Ida Pfeiffer«, abgebildet in: The Last travels of Ida Pfeiffer: inclusive of a visit to Madagascar, London 1861 (Frontispiz). Quelle: Library of Congress, online unter: https://www.loc.gov/item/93509599/

Allerdings muss erwähnt werden, dass Ida Pfeiffer in Reisesachen nicht ganz unerfahren war. Sie war mit ihrem Mann viel unterwegs gewesen, dessen berufliche Karriere als Anwalt in Lemberg nicht erfolgreich verlief, sie pendelte häufig zwischen Lemberg und Wien und unternahm auch alleine oder in Begleitung ihrer Söhne oder von anderen Verwandten und Bekannten diverse größere und kleiner Reisen in Europa.[9]

Nachdem die Reise nach Palästina und Ägypten so erfolgreich absolviert werden konnte, machte sich Ida Pfeiffer 1845 nach Skandinavien und Island auf. Später unternahm sie zwei mehrjährige Weltreisen und erkundete schließlich Madagaskar. Bereits in Indonesien berichtete sie 1852 erstmals über Fieberanfälle, vermutlich litt sie seit diesem Zeitpunkt an Malaria. In Madagaskar brachte ihr die Krankheit beinahe den Tod. Die bis zuletzt vom Reisefieber getriebene Wienerin sollte sich von den Strapazen dieser letzten großen Unternehmung jedenfalls nie wieder erholen. Schwer krank kehrte sie Mitte September 1858 in ihre Heimatstadt zurück, wo sie in der Nacht vom 27. zum 28. Oktober 1858 in der Wohnung ihres Bruders Carl im 3. Wiener Gemeindebezirk mit 61 Jahren verstarb.

Diese 16 Lebensjahre Ida Pfeiffers waren ausschließlich durch eine große Leidenschaft, das Reisen, bestimmt. Die Zeit dazwischen füllte sie mit Reisevorbereitungen und der Herausgabe von Reisenotizen, aber auch (und nicht zuletzt) mit dem Verkauf ihrer gesammelten »Schätze«. Die Bücher sollten sich – nach der Überwindung der ersten Hürden und Anlaufschwierigkeiten – als durchaus wichtige Einnahmequelle entpuppen. So publizierte die Wienerin über all ihre Reisen detaillierte Berichte, die nicht nur beim damaligen Publikum beachtlichen Zuspruch fanden, sondern bis heute gerne gelesen werden. Doch verfasste sie auch, wie erwähnt, zahlreiche Briefe, von denen ein Teil heute noch in verschiedenen Archiven und Bibliotheken verfügbar ist. Einige dieser Schreiben fanden gegen Ende von Pfeiffers Reisekarriere auch den Weg in damalige Printmedien, wurden oft mehrmals und in verschiedenen Periodika abgedruckt, verfolgte man doch in dieser Phase mit Interesse und vermutlich auch Sensationslust die Schritte der Wienerin in fernen Weltgegenden, besonders während der abenteuerlichen Erkundung von Madagaskar.

---

9   Vgl. zur Mobilität während der ersten Ehejahre Habinger 2004, S. 42 ff.; Jehle 1989, S. 24 ff.

Diese Briefe erzählen ganz unmittelbar und ungeschminkt, manchmal auch mit einem gehörigen Schuss Selbstironie und Humor, von den kleineren und größeren Abenteuern, Erlebnissen und auch Missgeschicken einer reisenden Biedermeierdame, von den Mühsalen ihrer damals ungewöhnlichen Reisen, die sie – manchmal sogar barfuß – in zum Teil unzugänglichste Regionen führten. Oft konnten Kleider tagelang nicht gewechselt werden, gab es keine Rückzugsmöglichkeit und nicht einmal ein ruhiges Plätzchen zum Schlafen. Die Briefe dokumentieren nicht nur die Reisepraxis und das bis zuletzt unstillbare Fernweh ihrer Verfasserin, sie geben auch beredt Auskunft über die Weltsicht einer Frau aus gutbürgerlichen Verhältnissen des 19. Jahrhunderts. Ida Pfeiffer schildert darin aber auch Freud und Leid des naturkundlichen Sammelalltages. Wir erfahren gerade hier, mit welchen Problemen es in der damaligen Zeit, besonders für jemandem mit äußerst beschränktem Budget, verbunden war, umfangreichere Sammlungen anzulegen, diese zu konservieren und sicher in die Heimat zu expedieren. Und wir erfahren auch, wie schwierig es war, große Reisepläne zu realisieren. Es handelt sich um Details, die wir in ihren Büchern vergeblich suchen, da die Wienerin über ihre Praxis als Sammlerin und Forschungsreisende dort kaum Auskunft gibt.

So brachte sie von ihren Expeditionen zahlreiche ethnographische und naturkundliche Objekte mit, darunter einige für die westliche Wissenschaft unbekannte Exemplare, sogenannte »Typen«, durch die eine neue Art bestimmt werden konnte.[10] Mehr als viertausendzweihundert Sammlungsgegenstände erhielt das Naturhistorische Museum in Wien,[11] einige Stücke befinden sich im Weltmuseum in

10 Von den MitarbeiterInnen des NHM Wien wurde eine Liste mit Akquisitionen sowie aufgesammelten Naturalien erstellt, ebenso eine Zusammenstellung der Typen, und zwar von Mag. Anita Eschner, Dr. Ernst Bauernfeind, Richard Gemel, Dr. Jürgen Gruber, Dr. Alfred Kaltenbach, Dr. Ernst Mikschi, Dr. Uwe Passauer, Dr. Heinrich Schönmann, Dr. Verena Stagl, Dr. Herbert Zettel; diese Unterlagen wurden mir von Dr. Verena Stagl zur Verfügung gestellt. Vgl. auch Lebzelter 1910, S. 225; Henze 1995, S. 94.
11 Dies kann den Akten des Oberstkämmereramtes der Habsburgermonarchie entnommen werden, vgl. Habinger 2004, S. 143.

Wien, und das 5-Elemente-Museum in Waidhofen an der Ybbs in Niederösterreich hat in seinen Beständen eine etwas größere Anzahl von Ethnographica, ebenso ein paar persönliche Gegenstände Ida Pfeiffers.[12] Doch auch in andere europäische Museen und Sammlungen gelangten Objekte von Ida Pfeiffer, etwa ins British Museum, angekauft durch den Unterhändler Samuel Stevens; einige gingen auch nach Berlin.[13]

Ida Pfeiffer schrieb ihre Briefe nicht nur an Verwandte, Bekannte und Freundinnen, sondern auch an Verleger, Reisebekanntschaften und vor allem an Fachleute in etablierten wissenschaftlichen Einrichtungen und Museen. Mit ihnen versuchte die Wienerin zunächst während ihrer diversen Aufenthalte in den großen europäischen Städten in Kontakt zu treten, um bezüglich ihrer Ambitionen als Sammlerin Informationen einzuholen, und auch, um sich über ihre Reisepläne zu beraten. Dazu gehörten etwa die Geographen Carl Ritter und August Petermann, mit denen sie in Briefkontakt stand, ebenso der Zoologe und Naturforscher George Robert Waterhouse vom British Museum oder auch Vincenz Kollar, der damalige Leiter des k. k. Zoologischen Hofkabinetts in Wien, der sie aufgrund ihrer Sammelerfolge sehr unterstützte, wie einige von ihm verfasste Dokumente belegen. Erstaunlich ist jedoch, dass keine handschriftlichen Briefe an ihre beiden Söhne bekannt sind, außer jenen vier an ihren Sohn Oscar, die (zum Teil in Auszügen) am Ende ihres letzten Reiseberichtes abgedruckt wurden.

Verlorene, erhaltene und nicht geschriebene Briefe Ida Pfeiffers – zur Überlieferungssituation

Von Ida Pfeiffer sind heute nur noch Briefe verfügbar, die sie während der Zeit ihrer fünf großen Fernreisen verfasste,

---

12 Vgl. zur Sammeltätigkeit Pfeiffers u. a. Habinger 2004, S. 136 ff.; Wyhe 2019 passim. Allerdings ist anzumerken, dass die genaue Herkunft der Ethnographica oft ungeklärt ist, vgl. Habinger 2004, S. 150 f.; Leigh-Theisen in Seipel 2001, S. 272.

13 Vgl. Baker 1995, S. 157 f.; Wyhe 2019, S. 127, S. 152, S. 189, S. 240 ff.

also zwischen 1843 und 1858, ihrem Todesjahr. Davor war sie vermutlich nicht bedeutend genug, um ihre Schreiben aufzubewahren,[14] und in späteren Jahren dürfte trotz allem eine beträchtliche Zahl vernichtet worden sein. So sind, wie erwähnt, keine (nennenswerten) handschriftlichen Briefe an ihre beiden Söhne Oscar und Alfred überliefert, obwohl diese sicherlich zu ihren ersten Adressaten zählten. Dies bestätigt Ida Pfeiffer selbst, wenn sie etwa im Juli 1851 in einem Brief an Frau Schwarz meint, »*ich hatte wahrlich kaum mehr Gelegenheit zum schreiben als höchstens an meine Söhne*«. Und auch in ihrem Vortragsmanuskript, »*Reise auf Sumatra zu den Canibalen*«, erwähnt sie, dass sie vor ihrer Expedition zu den Batak, bei der sie mit dem Schlimmsten zu rechnen hatte, an ihre Söhne geschrieben habe.[15]

Mehr oder weniger regelmäßig dürfte sie auch mit ihrem Ehemann korrespondiert haben, zum Beispiel bittet sie ihre Schwester, ein ihrem Brief beiliegendes »*Blättchen*« an ihn weiterzuleiten, und sie meint noch, »*ich schrieb ihm gewiß schon seit einem Jahre nicht*«. Von diesem Schriftverkehr fehlt bislang ebenfalls jede Spur. Auch die vielen anderen Beilagen oder »Einschlüsse«, um deren Weiterleitung Ida Pfeiffer in ihren Briefen bittet (siehe dazu unten mehr), sind heute verschollen. Ebenso unauffindbar sind die Briefe, die in zeitgenössischen Periodika nur erwähnt werden, wie oben dargelegt, aber auch die Originale jener Briefe, die in den Medien abgedruckt wurden, sind – mit einer Ausnahme – nicht erhalten geblieben.

Wie groß der Verlust an Briefen tatsächlich gewesen sein muss, dokumentiert ein handschriftliches Notizbuch der ersten Weltreise,[16] worin Ida Pfeiffer akribisch ihre

---

14 Zur Problematik der Überlieferung von Frauenbriefen/-nachlässen und der damit zusammenhängenden Editionspraxis vgl. Hahn 1988; Hämmerle/Saurer 2003, S. 30ff.; Heuser 2003, S. 15ff.
15 Dieses Vortragsmanuskript ist weiter unten abgedruckt.
16 Dieses Notizbuch befindet sich in einem Teilnachlass Ida Pfeiffers, Privatbesitz Dr. Friker, in der Folge zitiert als TN IP; dieser Teilnachlass befindet sich derzeit als befristete Leihgabe im Literaturarchiv der ÖNB (früher als Leihgabe im Heimatmuseum in Ybbsitz/Niederösterreich, heute »Haus Ferrum«); einige Objekte aus diesem Teilnachlass sind in der Dauerausstellung des Literaturmuseums der ÖNB, in der Johannesgasse 6, 1010 Wien, zu sehen.

Korrespondenz festhielt. Hier erweist sie sich als durchaus fleißige Briefschreiberin. In dem Büchlein sind allein von dieser Reise etwa 120 Briefe samt Entstehungsort und AdressatInnen aufgelistet. Oftmals genannt sind hier auch ihre Söhne Alfred und Oscar, aber auch viele Namen, die heute nicht mehr als BriefempfängerInnen aufscheinen.

Und auch die Nachrichten, die – wie ich im Rahmen meiner Recherchen mittlerweile feststellen konnte – Pfeiffer den Sendungen an das Hof-Naturalienkabinett in Wien zur Erläuterung der übersandten Objekte beilegte, sind in diesem Museum nicht mehr vorhanden. Vielleicht wurden sie von Mitarbeitern dieser Institution, zweifellos in gutem Glauben, dass es sich dabei nicht um wirklich essenzielle Dokumente handelte, an sich genommen. Auch diese Notizen – vermutlich insgesamt nur ein kleiner Bruchteil derer, die die Wienerin ihren Sendungen zur Dokumentation beilegte – sind in der vorliegenden Publikation abgedruckt.

Ob sich Ida Pfeiffer auch sonst in die Briefkultur ihrer Zeit integrierte, ob sie mit anderen schriftlich korrespondierte und sich austauschte, wie es im 19. Jahrhundert zum gehobenen gesellschaftlichen Leben dazugehörte, wissen wir nicht. Jedenfalls sind derartige Briefe von ihr nicht überliefert. Zweifelsohne muss sie in der Phase ihrer großen Fernreisen, aber auch davor zahlreiche Nachrichten abgeschickt haben, zum Beispiel um Besuche anzukündigen, Unterkünfte zu organisieren und Ankunftszeiten ihrer häufigen kleineren Fahrten, manchmal auch längeren Besuche mitzuteilen. Ob sie in diesen Schreiben auch den geselligen Umgang, familiäre und freundschaftliche Kontakte pflegte, wie dies im Biedermeier üblich war,[17] darüber kann aus heutiger Sicht nur spekuliert werden. Die Korrespondenz war ein Teil des »gepflegten Umgangs« miteinander, der dafür erforderliche »gute Ton«, der auch bedeutete, sich abgewogener Äußerungen und Urteile zu bedienen und niemanden zu verletzen (Baasner 1999, S. 14), gehörte jedoch, wie wir einigen äußerst kritischen Kommentaren

---

[17] Wie dies etwa Walter Gödden (2003) am Beispiel von Annette von Droste-Hülshoff darlegt, die 1797, im selben Jahr wie Ida Pfeiffer, geboren wurde.

in ihrer Korrespondenz entnehmen können, nicht zu Ida Pfeiffers Stärken. Allerdings finden wir bei ihr auch keine »lange[n] Passagen seltsam uninteressanter Erzählungen oder Betrachtungen«, die vielfach die Korrespondenz dieser Epoche aufgrund der vorgeschriebenen Etikette bildungsbürgerlicher Konversation bestimmten (ebd., S. 15). Besonders Briefe an Personen, mit denen die Wienerin vertraut war und schon lange befreundet gewesen sein dürfte, wie Frau Schwarz oder Joseph Winter, lassen keineswegs Bemühungen durchschimmern, die Etikette auch ja nicht zu verletzen – ganz im Gegenteil, einige Passagen kommen ausgesprochen »frech« und unterhaltsam daher.

Gerade diese beiden letzten AdressatInnen, Herr Winter und ihre Freundin Frau Schwarz, haben als einzige die von Ida Pfeiffer erhaltenen Briefe – oder zumindest einen größeren Teil davon – sorgsam aufbewahrt und für die Nachwelt erhalten, indem sie diese einer einschlägigen Einrichtung überließen. Die zwei Konvolute befinden sich heute in der Handschriftensammlung der Wienbibliothek im Rathaus.

An einen weiteren Empfänger ist eine etwas größere Anzahl an Briefen erhalten, und zwar an den Geographen und Kartographen August Petermann, den Ida Pfeiffer in London kennen lernte (siehe dazu unten mehr). Zwar ist nur ein kleiner Teil davon im Original verfügbar, doch Petermann reichte einige der Schreiben der Reisenden an unterschiedliche Zeitungen weiter, und diese wurden, noch während sie unterwegs war, abgedruckt. Auch nahm er mehrmals Auszüge aus ihrer Korrespondenz in seinen Artikeln auf, war er doch während seiner Zeit in London für die geographische Berichterstattung des »*Athenaeum*« zuständig. Er berichtete in dieser Wochenzeitschrift immer wieder von Pfeiffers Unternehmungen. Damit dürfte er auch das Ziel verfolgt haben, Ida Pfeiffer zu unterstützen.

»Privates« und weniger »Privates« – Ida Pfeiffer und die Briefkultur im 19. Jahrhundert

Die hier vorliegende Sammlung besteht zunächst zu einem großen Teil aus persönlichen, »privaten« Mitteilungen Ida

Pfeiffers von ihren Reisen (einige sandte sie auch von zu Hause ab) an Freundinnen und Freunde, Verwandte sowie an Wissenschaftler und andere Forschungsreisende. Daneben sind einige Schriftstücke enthalten, die eher als Geschäftsbriefe bezeichnet werden können,[18] etwa Schreiben an Verleger, in denen Ida Pfeiffer Druckmöglichkeiten auslotet und Honorare ausverhandelt oder bestätigt. In diese Kategorie fallen auch Dankschreiben für erhaltene (finanzielle) Unterstützung.[19]

Schwieriger einzuordnen sind Briefe, gerichtet direkt an Zeitschriftenredaktionen, durch die sich die Wienerin zweifellos gewisse Chancen eröffnen wollte und mit denen sie konkrete Ziele verfolgte, nicht zuletzt ökonomischer Natur. Vermutlich ging es ihr damit aber auch darum, ihren Bekanntheitsgrad zu erhöhen, wie vielleicht auch durch ihre Kontaktaufnahmen und den Schriftverkehr mit Wissenschaftsgrößen ihrer Zeit. Hier erscheint die Abgrenzung zwischen »privater« und »geschäftlicher« Korrespondenz schwierig.[20]

Außerdem unterscheiden sich Ida Pfeiffers Briefe aufgrund der besonderen Umstände ihrer Entstehung[21] von der Korrespondenz anderer Frauen, die vielfach von ihren alltäglichen, häuslichen und familiären Pflichten und Problemen geprägt war.[22] So reflektierten die Briefe gebildeter bürgerlicher Frauen im 18. Jahrhundert nicht

18 Zur Problematik der Definition des Terminus »Briefes«, auf die hier nicht weiter eingegangen werden kann, vgl. Schmid 1988. Baasner (1999, S. 13) zählt jedenfalls neben dem privaten Briefwechsel auch die »geschäftliche, politische und diplomatische Korrespondenz zum System ›Briefe‹«.
19 Zum Beispiel ein Dankschreiben an Albert zu Sachsen-Coburg Gotha aus dem Jahr 1856 (Kunstsammlung der Veste Coburg, Inv. Nr. IV, 905); abgedruckt weiter unten; vgl. dort auch die Ausführungen dazu.
20 So verwendet Niemeyer die Bezeichnung »privat« für Korrespondenz, in der »zwischenmenschliche Beziehungen« im Mittelpunkt steht, in Abgrenzung zum »Geschäftsbrief« (Niemeyer 1996, S. 537 Anm. 1) – eine im vorliegenden Fall nicht ganz zielführende Unterscheidung.
21 Auf die Bedeutung des Entstehungszusammenhanges von Briefen und anderen Schriftstücken verweist Schmid 1988, S. 7.
22 Vgl. die entsprechenden Hinweise z. B. bei Nickisch 1988, S. 388, 391 ff. Becker-Cantarino (1989, S. 86 ff.) meint hinsichtlich der Frauenbriefe des 18. Jahrhunderts, dass diese inhaltlich vor allem durch den begrenzten häuslichen und familiären Kreis geprägt waren, allerdings ist hier auch eine spätere Literarisierung der Briefkultur der Frauen des gehobenen

nur den normativen Weiblichkeitsdiskurs, sondern trugen auch wesentlich zu dessen »Popularisierung« bei, indem die Verfasserinnen vor allem über Haushaltsfragen, Kindererziehung oder auch Liebe schrieben und damit ein entsprechendes Selbstbild präsentierten (vgl. Niemeyer 1996, S. 451f.). Diese Aspekte verlieren auch für das 19. Jahrhundert nicht an Gültigkeit, das im besonderen Maße von der Etablierung eines rigiden Weiblichkeitsideals geprägt ist. – Pfeiffers Briefe entstanden hingegen auf Reisen, in einem für bürgerliche Frauen der damaligen Zeit äußerst ungewöhnlichen Ambiente, das ihnen aufgrund des Geschlechterdiskurses grundsätzlich nicht zustand. Auch diesbezüglich erscheint es schwierig, die Briefe der Wienerin in das herkömmliche Genre privater weiblicher Korrespondenz einzugliedern, nicht zuletzt gerade aufgrund der Tatsache, dass sie durch ihre umfangreichen Reisen das bürgerliche Weiblichkeitsideal massiv konterkarierte und in Frage stellte.

Insofern sind ihre Briefe auch ein Ausdruck der »Erweiterung des Raumes einerseits und der Beschleunigung des Verkehrs und der Informationen andererseits«, wie Hoock-Demarle (2003, S. 187) im Hinblick auf die von ihr analysierten Briefwechsel des 19. Jahrhunderts konstatiert. Auch dort werden, wie etwa am Beispiel von Karoline und Wilhelm Humboldt deutlich wird, tradierte Geschlechterrollen in Frage gestellt und aufgebrochen, nicht zuletzt durch die transportierten Inhalte, durch die Verschränkung von Öffentlichem und Privatem, von »Intimem und Politischem«, resultierend aus der erhöhten Mobilität (ebd., S. 188ff.).[23]

    Bürgertums zu bedenken (vgl. ebd, S. 89ff.), die jedoch in Bezug auf Ida Pfeiffer nicht relevant erscheint.

23 So ist auch, in Ergänzung der obigen Anmerkungen, zu bedenken, dass die Bereiche »öffentlich« und »privat« diskursiv ausverhandelt und hergestellt wurden bzw. werden, und zwar insbesondere, um die bürgerliche Geschlechterordnung zu untermauern. Gleichzeitig sind diese Bereiche auch nicht wirklich voneinander abgrenzbar. All dies muss im Hinblick auf die Analyse der »privaten« und persönlichen Korrespondenz von Frauen bedacht werden (vgl. dazu Hämmerle/Saurer 2003, S. 9, 23). Auf die vielfach bei der Verknüpfung von Weiblichkeit und Brief(literatur) fast zwangsweise zitierte Aussage von Christian Fürchtegott (1715–1769), Frauen seien aufgrund ihres »natürlicheren« Stils in Wirklichkeit die besseren

So barg die briefliche Kommunikation auch ein emanzipatorisches Moment, ist also durchaus in ihrer Mehrdeutigkeit zu werten, bot sie doch den Frauen eine der wenigen Gelegenheiten, sich schriftlich zu artikulieren, und bahnte für sie, in einer Zeit eingeschränkter literarischer Möglichkeiten, letztlich den Weg zu schriftstellerischem Schaffen.[24] So zeigt sich am Beispiel Bertha von Suttners, dass diese »Ausdrucksform«, die den Frauen – nicht zuletzt aufgrund des herrschenden Weiblichkeitsbildes – seit langem eingeräumt wurde, von ihnen schließlich »strategisch umfunktioniert« und zum »direkten politischen Diskurs« herangezogen wurde. Sie bedienten sich also bewusst der Briefform, wodurch auch eine »Erneuerung des Genres« einsetzte (Hoock-Demarle 2003, S. 200).

Auch in anderer Hinsicht erscheint der Begriff »privater« Brief aus heutiger Sicht erklärungsbedürftig. Zwar waren »private« Schreiben an Einzelpersonen adressiert, wurden aber von einem größeren Kreis »konsumiert« – sie wurden in der Familie oder in einer gesellschaftlichen Runde vorgelesen, von Hand zu Hand weitergereicht und auch ganz oder in Teilen abgeschrieben.[25] Es handelt sich um eine Praxis, die im 18. Jahrhundert absolut üblich war – in einer Epoche, in der weder eine Privatsphäre im heutigen Sinn existierte noch die heute gültige Form des Briefgeheimnisses (vgl. Niemeyer 1996, S. 537, Anm. 1). Sie verlor ihre Gültigkeit auch nicht im folgenden Jahrhundert,[26] wurde vielmehr bis zum Beginn des Zweiten

---

Briefschreiberinnen, womit er letztlich auf den bürgerlichen Weiblichkeitsdiskurs rekurrierte und diesen bestätigte, soll hier nicht eingegangen werden (vgl. z. B. Heuser 2003, S. 9 ff.; Hämmerle/Saurer 2003, S. 20 f.; Runge/Steinbrügge 1991, S. 7).

24 Vgl. Hämmerle/Saurer 2003, S. 10; Nickisch 1988, S. 408 f.; vgl. auch Becker-Cantarino 1989; Heuser 2003, S. 15

25 Vgl. z. B. Becker-Cantarino 1989, S. 85 f.; Hoock-Demarle 2003, S. 194 ff.; Pichler 2003, S. 165.

26 Auch wenn diese Praxis, Briefe an Empfängergruppen zu schicken, »im Zuge der Individualisierung der Kommunikation schon zu Beginn des 19. Jahrhunderts«, verglichen etwa mit der Aufklärungszeit, bedeutend abnahm, wie Baasner (1999, S. 22) ausführt. Zur Briefzensur als Ausdruck der Verknüpfung der brieflichen »Selbstzeugnisse« mit Macht und Herrschaft und daraus resultierenden Aspekten der Normierung, vgl. Hämmerle/Saurer 2003, S. 21 ff.

Weltkrieges durchaus gepflogen (vgl. Hämmerle/Saurer 2003, S. 26f.). Die Briefe gingen also, wie dies Christa Hämmerle und Edith Saurer festhalten, »ihre eigenen Wege« (ebd., S. 21). Verfasste eine Person einen Brief, musste sie sich immer klar darüber sein, dass dieser mit hoher Wahrscheinlichkeit einem größeren Personenkreis zugänglich sein würde.

All diese Aspekte finden sich im Fall Ida Pfeiffers bestätigt, werden in verschiedenen Aussagen und Formulierungen in ihren Briefen offensichtlich. So ersucht sie an einer Stelle ihre Freundin Frau Schwarz um den Gefallen, ihre *»Zeilen auf einige Stunden«* an einen Freund zu schicken, *»damit er es durchlesen möge«*. In einem anderen Schreiben bittet sie hingegen den Adressaten, *»diese Zeilen niemanden lesen«* zu lassen, und sie meint weiter, *»ich fürchte mich ordentlich etwas zu schreiben, daß es nicht in irgend einem Blatte aufgenommen wird, vertilgen Sie meine Briefchen sogleich, daß ist mir das liebste was Sie damit machen können«*. Wie häufig zu beobachten, wurde auch in diesem Fall dem Wunsch der Absenderin nicht entsprochen.[27] Einige Schreiben gelangten vermutlich, wie aus diesen Zeilen herauszulesen ist, ohne Ida Pfeiffers Zutun in die Tagespresse oder andere Periodika, um dann ganz oder in Teilen abgedruckt zu werden. Andererseits schreibt sie an Frau Schwarz von der zweiten Weltreise, sie solle ihr *»Gekritzel«* ja niemanden sehen lassen, sie selbst hätte *»einiges über Borneo«* geschrieben und sie *»sandte es Jemanden der es vielleicht in irgend einer Zeitschrift wird setzen lassen«*. Vielleicht hatte sie sich in diesem Fall bei diesen Zeitungsredaktionen ein Honorar ausbedungen. – Allerdings gibt es dazu bislang keine konkreten Informationen.

Aus derartigen Aussagen Ida Pfeiffers wird auch deutlich, dass ihre Briefe ein »exotisches Faszinosum« darstellten, vielleicht weniger für die direkten AdressatInnen, sondern eher für ein breiteres Publikum, wie dies Meinrad Pichler (2003, S. 184) in Bezug auf amerikanische

---

27 Vgl. dazu Baasner 1999, S. 28. Zur Geschichte der »Briefvernichtungen« vgl. Hahn 1988, S. 16.

Auswandererbriefe festgehalten hat.[28] So wie diese Privatbriefe aus der Neuen Welt in der zweiten Hälfte des 19. Jahrhunderts immer wieder in regionalen Presseorganen abgedruckt wurden, fanden auch die postalischen Mitteilungen der Wiener Weltreisenden Eingang in zeitgenössische Periodika, vor allem gegen Ende ihrer Reisekarriere. Dessen war sich Ida Pfeiffer durchaus bewusst, wenn sie etwa in einem Schreiben an August Petermann meint, »*Aus den Zeitungen werden Sie [...] häufig ersehen auf welchen Plätzen der Welt ich mich herumtreibe*«. Ihre Popularität versuchte sie, wie oben angedeutet, auch zu ihrem Vorteil zu nutzen. So schickte sie im Dezember 1851 dem Leiter des k. k. Zoologischen Kabinetts in Wien, Vincenz Kollar, aus Singapur einige Sammelobjekte und meinte dann, wenn er darunter »*etwas neues oder seltenes finden*« sollte, so möge er sich um einen Bericht in einer der »*gelesenen Zeitungen oder Journale*« bemühen, »*vielleicht würde sich dann die Regierung herbei lassen, mir noch eine weitere Unterstützung zu gewähren*«. Dieses Ansinnen war tatsächlich von einem gewissen Erfolg gekrönt (vgl. dazu die weiteren Ausführungen im Rahmen der Briefkommentare weiter unten).

Abgesehen von diesem Aspekt wissen wir nicht wirklich viel darüber, wie Ida Pfeiffers Briefe tatsächlich aufgenommen wurden, also über die »andere Seite« des Briefschreibens, wie dies Baasner (1999, S. 1) bezeichnete, nämlich jene der Adressatinnen und Adressaten. Briefe zu wechseln bedeutet ja immer auch einen Kommunikationsvorgang. Doch wie mag dies im Falle Ida Pfeiffers ausgesehen haben, wie wurden ihre Botschaften aus der Ferne aufgenommen, welche Reaktionen lösten sie aus, schrieben die EmpfängerInnen zurück und was stand in diesen Mitteilungen? Es sind jedoch keine (Antwort-)Briefe an Ida Pfeiffer überliefert, abgesehen von den wenigen Schreiben Alexander von Humboldts, die am Ende des letzten Reiseberichts von Pfeiffer abgedruckt wurden und

---

28 Pichler (2003, S. 184 f.) spricht bezüglich des Amerikabriefes sogar von »einer Art reiseliterarischem Genre« auf dessen inhaltliche und stilistische Vorgaben dann auch einfache SchreiberInnen zurückgreifen konnten.

die auch keine direkte Beantwortung von Briefen der Wienerin darstellen. Allerdings ist kaum zu bezweifeln, dass es diese andere Seite der brieflichen Kommunikation gab, zunächst einmal, weil es im 19. Jahrhundert äußerst ungehörig war, ein Schreiben nicht zu beantworten. So war es auch eine Frage der Etikette, bestimmte Fristen in der Beantwortung von Briefen einzuhalten bzw. kam einer raschen Antwort besondere Aussagekraft zu, wie Baasner (1999, S. 16ff.) ausführt. Darüber hinaus weist Ida Pfeiffer in manchen Briefen die AdressatInnen an, wohin sie ihre Antwort schicken konnten oder sollten.

Und auch in dem oben erwähnten Notizbuch der ersten Weltreise erfahren wir, dass sie sich immer wieder Antworten an bestimmte Orte »bestellte«, die sie in der entsprechenden Frist zu erreichen gedachte. So lautet eine Notiz: »*um Antwort gebethen nach Bombay*«. Vermutlich erhielt sie die Schreiben postlagernd in größeren Städten, wie wir aus einigen ihrer Briefe ersehen können. Ihrem Bruder Cäsar schreibt sie im April 1854 aus Quito, Alfred (vermutlich ihr Sohn, vielleicht aber auch ihr Bruder) werde ihm einen Brief an sie senden – vielleicht konnte er ihn von dort, wo er sich befand, nicht an sie adressieren, oder vielleicht weil es einfach kostengünstiger war, mehrere Nachrichten gemeinsam zu schicken. Und weiter meint sie, »*füge einige Zeilen bei und adreßire ihn über London nach Chart: [Cartagena] Poste restante*«. Aus all dem können wir ersehen, dass Ida Pfeiffer mit großer Sicherheit unterwegs Post erhielt. Dabei war es notwendig, aufgrund der langen Postwege relativ langfristig vorauszuplanen. Falls sich, wie in diesem Fall, die Reiseroute kurzfristig änderte – Ida Pfeiffer verzichtete aus gesundheitlichen Gründen schließlich auf die beschwerliche Reise über Bogotá nach Cartagena – gelangten manche Schreiben vielleicht nie an ihr eigentliches Ziel.

Was die Wienerin mit den Briefen, die sie erhielt, machte, ob sie sich der Mühe unterzog, sie mit nach Hause zu bringen, um sie aufzubewahren, darüber ist mangels vorhandener schriftlicher oder materieller Quellen ebenfalls nichts bekannt.

Wie sich der Versand der Korrespondenz auf ihren Fernreisen gestaltete, darüber berichtet die Wienerin nur wenig, einmal erwähnt sie in einem Brief an eine Freundin im Mai oder September 1848[29] von der ersten Weltreise: *»Eine ganz unerwartete Gelegenheit biethet sich mir dar mein Briefchen in Eile schreiben und nach Constantinopel schicken zu können«.* Und ganz ähnlich am 17. Dezember 1851, während ihres Aufenthaltes in Indonesien: Sie schreibe *»in höchster Eile«*, denn *»ein Kapitain von einem kleinen Schoner kam so eben zu uns an Bord, der Morgen nach Singapoor geht«.* Wie jedoch der weitere Transport vereinbart wurde, ob man das Porto grob zu schätzen versuchte und im Vorhinein entrichtete oder ähnliche Fakten, darüber lässt uns Ida Pfeiffer im Unklaren.

Häufig schickte die Wienerin Briefe auch gemeinsam mit anderer Post, sie bittet in diversen Schreiben, wie es damals durchaus Usus war, den »Einschluss« an eine dritte Person weiterzuleiten, da sich dadurch das Geld für Porto erheblich reduzieren ließ. So wurde, wie Baasner (1999, S. 11) festhält, das Porto vor allem von der Distanz und weniger vom Gewicht abhängig gemacht, was zur Häufigkeit von »Einschlüssen« in Briefsendungen seit dem 18. Jahrhundert maßgeblich beitrug.[30]

Einige markante Aspekte der Briefpraxis des 19. Jahrhunderts werden auch in folgendem Schreiben deutlich, etwa Post an Personen zu schicken, die sie an Dritte weiterleiten sollten, weil sie vom Standort der Absenderin nicht zu befördern war. Und dies, obwohl innerhalb einiger europäischer Länder bereits große Verbesserungen im Zustellwesen zu verzeichnen waren und eine staatliche Standardisierung eingesetzt hatte.[31] Allerdings lief doch nicht alles reibungslos, und Sendungen dürften – selbst innerhalb Europas – immer wieder verschwunden sein.

---

29   Der Brief ist undatiert, anhand darin erwähnter Details lässt sich aufgrund der Angaben in Pfeiffers Reisebericht rekonstruieren, dass er entweder im Mai oder September 1848 geschrieben wurde.
30   Ein Beispiel dafür in Nickisch 1988, S. 394.
31   Vgl. zur Postpraxis im 19. Jahrhundert und dem Übergang zum staatlichen Postmonopol Baasner 1999, S. 6ff.; vgl. auch Hämmerle/Saurer 2003, S. 28ff., mit Aspekten der Geschichte des Postwesens bis in die Gegenwart.

Durch die im Vergleich zu heute relativ langen Postwege und die Beschränkung auf ein paar »Posttage« pro Woche gestalteten sich Nachforschungen in diesem Falle schwierig, wie ebenfalls Ida Pfeiffers Brief an eine Hamburger Freundin deutlich macht.[32]

Brief an eine Freundin, Wien, 21. Jänner 1850

Wien den 21ᵗ Jänn[er] 1850
Meine liebe gute Freundin!
Verzeihen Sie, wenn ich so frei bin, wiederholt an sie zu schreiben. Ich sandte Ende Dec. 1849 ein Päckchen mit sehr wichtigen Papieren unter Ihrer und Ihres Herrn Schwagers Wilhe. Sch. u. Gentz nach Hamburg. Im innern Umschlage des Pakettes lautete die Adreße an meinen Sohn Oskar nach Lissabon. Ein Brief an Sie, verehrte Freundin und ein 2t an meine Base Emil. Schmidt liegen bei. Ich ersuchte Sie bei all Ihrer Güte und Freundschaft, die Sie mir jederzeit so reichlich erwiesen, das Paket mit möglichster Eile nach Portugal zu senden, indem man es von Wien aus nicht befördern kann. – Ich erhielt bis heute keine Antwort von Ihnen und konnte mir Ihr Stillschweigen nicht erklären. Ich schrieb an Schmidt und frug ob sie keinen Brief von mir durch sie erhalten habe und soeben bekomme ich Antwort darauf daß ihr nichts zugekommen sei.

O, liebe Freundin! ich bitte laßen Sie sich auf der Post darnach erkundigen, und wenn Ihnen das Paket in die Hand kommt befördern Sie es nur augenblicklich an meinen Sohn. Alle Unkosten für Porto bitte ich sich von Herrn Schwager Wilh. Schulz vergüten zu laßen indem ich leichter auf diesem Wege durch das Haus Reyer meine Schuld kann ersetzen laßen.

Leben Sie wohl theure Freundin, und beruhigen Sie mich durch einige Zeilen[,] ob das Paket in Ihre Hände gekommen ist. – Empfehlen Sie mich den lieben Ihrigen auf das herzlichste.

Ihre wahre Freundin
Ida Pfeiffer

---

32 Zu den »Schwachstellen« im Postwesen dieser Epoche, trotz zunehmender Rationalisierung und Beschleunigung, vgl. Baasner 1999, S. 9.

Auch einige Briefe aus dem Jahr 1856, zu Beginn der Madagaskarreise (Ida Pfeiffer war zu diesem Zeitpunkt noch in Europa unterwegs), an Herrn Winter bezüglich eines »Kistchens«, das er für sie nach Holland schicken sollte, dokumentieren die Probleme sowohl mit dem Brief- als auch mit dem Paketversand. Sendungen gingen immer wieder verloren, kreuzten sich oder kamen zu spät an. Briefe tragen andere Adressen als Pakete, die per Spediteur zu transportieren sind. Die Empfängerin vergisst zu allem Überfluss dessen Namen, und zu guter Letzt hält sie sich nicht mehr am ursprünglich angegebenen Zielort des Pakets auf.

Wie schwierig die Lage bei Sendungen aus außereuropäischen Ländern war, darüber geben Ida Pfeiffers Briefe ebenfalls Auskunft, wie wir später noch erfahren werden. So irrten ihre Aufzeichnung von der ersten Weltreise, die sie auf diesem Weg nach Hause schickte, damit sie, unter Umständen im Gegensatz zu ihr selbst, sicher ankommen mögen, jahrelang umher, bis sie endlich bei ihr eintrafen.

Wir erfahren also aus Ida Pfeiffers Schreiben einiges über die Briefkultur der damaligen Zeit, über die Praxis, »private« Post andere lesen zu lassen, sie mit oder ohne Erlaubnis der Urheberin nicht nur weiterzureichen, sondern sie mitunter der Veröffentlichung zugänglich zu machen. Ihre Briefe enthalten auch ein paar Details über Versandpraxis und Transportprobleme, doch bleibt vieles – wie dargelegt – im Unklaren.

Zur vorliegenden Edition der aktualisierten und erweiterten Neuauflage

Die vorliegende Publikation beabsichtigt, möglichst viele der Briefe, die heute von Ida Pfeiffer noch verfügbar sind, zu dokumentieren und ihren Inhalt verfügbar zu machen. Sie wurden in vollem Wortlaut aufgenommen, ebenso ein handschriftliches Vortragsmanuskript, das die Wienerin im Anschluss an ihre zweite Weltreise verfasste. Kurze handschriftliche Notizen, auf die in der ersten Auflage nur verwiesen wurde, wurden nunmehr zum großen Teil in ihrem Wortlaut aufgenommen und meist in den Text integriert. Dies betrifft Honorar- oder Empfangsbestätigungen für erhaltene Gelder, ebenso Stammbuchblätter oder andere Blätter mit kurzen Sprüchen, wie ein Blatt für das Radetzkyalbum (Tiroler Landesmuseum Ferdinandeum, Innsbruck, Autographensammlung der Bibliothek). Sie fanden in den Text auch insofern Eingang, als sie bei Bedarf zur Untermauerung biographischer Daten und der Erstellung einer Chronologie herangezogen wurden. In der Liste mit Autographen Ida Pfeiffers im Anhang sind alle verfügbaren Autographen samt Quellenangaben in chronologischer Reihenfolge aufgelistet. Im Inhaltsverzeichnis erscheinen sie dort, wo sie abgedruckt sind.

Aus Gründen der Vollständigkeit wurde auch auf Briefe oder Briefauszüge zurückgegriffen, die in zeitgenössischen Periodika abgedruckt wurden, ebenso auf vier Brieffragmente, die sich am Ende ihres letzten Reiseberichtes finden, der von Pfeiffers Sohn Oscar herausgegeben wurde. Dabei schien einerseits eine chronologische Abfolge der Briefe sinnvoll (nur ganz wenige Autographen finden sich an anderer, inhaltlich geeigneterer Stelle in den Text integriert). Andererseits wurden die Briefe durch einleitende und Zwischentexte der Herausgeberin ergänzt, um sie in einen entsprechenden Kontext zu stellen, Lücken in der Chronologie zu schließen oder auch die Aussagen in Ida Pfeiffers Briefen verständlich zu machen.

Von den ersten beiden Fernreisen, jene ins Heilige Land und nach Island, sind heute keine Briefdokumente mehr verfügbar. Diese beiden Unternehmungen wurden in knappen Zügen skizziert, um ein vollständiges Bild des Reiselebens Ida Pfeiffers nachzuzeichnen. Es existieren aus dieser Zeit jedoch drei durchaus aussagekräftige und für ihre Biographie relevante Schreiben, die den Weg der Wienerin zur Reiseschriftstellerin dokumentieren. Aus dem ersten dieser Briefe an den Buchhändler Bauer, einen Kompagnon ihres späteren Verlegers Jakob Dirnböck, verfasst im Anschluss an ihre Pilgerfahrt ins Heilige Land, werden besonders die schwierigen gesellschaftlichen Rahmenbedingungen für schriftstellerische Ambitionen von Frauen im 19. Jahrhundert deutlich.[33] Dass Ida Pfeiffer schließlich doch der Weg zur selbstbestimmten Autorinnenschaft glückte, zeigen weitere Schreiben, die ihre Verhandlungen mit Verlagen dokumentieren, etwa im Anschluss an ihre Islandreise und insbesondere nach ihrer zweiten Weltreise, wo sie die zeitgleiche Publikation einer deutschen und einer englischen Version ihres Reiseberichtes anstrebte.

Eine Maxime auch der vorliegenden Edition ist es, den ursprünglichen Wortlaut der Briefe originalgetreu wiederzugeben und möglichst wenig in den Text einzugreifen, um den Sprachduktus Ida Pfeiffers und den Charakter ihrer Mitteilungen, der häufig von ihren knapp bemessenen Ressourcen geprägt scheint, erfahrbar zu machen. Nur in ganz wenigen Ausnahmefällen wurden grammatikalische, orthographische oder syntaktische Abweichungen korrigiert, um die Verständlichkeit einer Passage zu erhöhen (Ergänzungen finden sich in diesem Fall in eckigen Klammern). Abkürzungen im Original wurden grundsätzlich belassen; konsequent ergänzt wurde, ohne dies gesondert zu vermerken, nur das »und«, das Ida Pfeiffer fast immer mit »u« abkürzt, ebenso Abkürzungen für »Herr« und »Frau«. Alle anderen Ergänzungen der Herausgeberin wurden durch eckige Klammern gekennzeichnet, bei manchen Eigennamen, die nicht eindeutig identifiziert werden konnten, wurden mögliche Varianten ebenfalls in eckige Klammer gesetzt; kurze Erläuterungen und Anmerkungen zu den Brieftexten, die nicht in den Zwischentexten aufgenommen werden konnten, finden sich in Fußnoten. Sämtliche Unterstreichungen in den Briefen stammen aus dem Original. Darin von Ida Pfeiffer selbst vorgenommene Streichungen wurden allerdings nicht in den Text aufgenommen; es sind nur sehr wenige, die inhaltlich nicht relevant erscheinen.

---

33 Auf die Notwendigkeit, bei der Analyse und Edition von weiblicher Korrespondenz den sozialgeschichtlichen Hintergrund zu berücksichtigen, also die spezifischen Lebensbedingungen von Frauen des 18./19. Jahrhunderts, und damit ihre Möglichkeiten zum Schreiben, auch im Kontext ihrer Rezeption, verweist Heuser (2003, S. 16, 20); vgl. dazu auch zu Reiseschriftstellerinnen Habinger 2006, S. 135 ff.

Im Vordergrund stand also, wie aus den obigen Ausführungen deutlich wird, eine möglichst nachvollziehbare Abfolge der Ereignisse und einen gut lesbaren Text – mit all seinen Charakteristika und Eigenheiten – zur Verfügung zu stellen. In dieser Hinsicht wurde nicht unbedingt allen Richtlinien wissenschaftlicher Briefedition entsprochen.[34] Dennoch versteht sich die vorliegende Publikation als Beitrag, einen verstreuten Briefnachlass einer der bedeutendsten reisenden Europäerinnen des 19. Jahrhunderts in gedruckter Form zusammenzuführen und diesen Quellenkorpus einem breiteren Kreis von Leserinnen und Lesern ebenso wie der weiteren Forschung zu eröffnen – nicht zuletzt im Hinblick darauf, dass bislang die »private« Korrespondenz einer (fern)reisenden Frau des 19. Jahrhunderts noch nicht der Veröffentlichung zugeführt worden ist.[35]

Zitierte Literatur zur Briefkultur

Ein Hinweis: Weitere in der Einleitung zitierte Literatur findet sich im Anhang im Quellen- und Literaturverzeichnis

Baasner, Rainer: *Briefkultur im 19. Jahrhundert. Kommunikation, Konvention, Postpraxis*. In: Ders. (Hg.): Briefkultur im 19. Jahrhundert, Tübingen: Niemeyer, 1999, S. 1–36.
Becker-Cantarino, Barbara: *Leben als Text. Briefe als Ausdrucks- und Verständigungsmittel in der Briefkultur und Literatur des 18. Jahrhunderts*. In: Gnüg, Hiltrud/Möhrmann, Renate (Hg.): Frauen Literatur Geschichte. Schreibende Frauen vom Mittelalter bis zur Gegenwart, Stuttgart: Suhrkamp, 1989 (1985), S. 83–103.
Gödden, Walter: *Briefkultur im Biedermeier: Das Beispiel Droste-Hülshoff*. In: Wehlt, Hans-Peter (Hg.): Briefe als Zeugnisse eines Frauenlebens. Malwida von Meysenbug und ihre Korrespondenzpartner, Detmold: Selbstverlag des Nordrhein-Westfälischen Staatsarchivs Detmold, 2003, S. 29–42.

---

34 Wie sie von Winfried Woesler (1988, 1998) formuliert bzw. vorgeschlagen wurden.

35 Zwar publizierten Zeitgenossinnen Ida Pfeiffers wie zum Beispiel die Grazer Schulleiterin Maria Schuber oder auch die deutsche Schriftstellerin Ida Hahn-Hahn ihre Reiseerlebnisse in Form von »Reisebriefen«, diese waren jedoch von vornherein zur Veröffentlichung bestimmt (vgl. Hahn-Hahn, Orientalische Briefe, 1844). In der Forschung zu reisenden Europäerinnen wurde bislang kaum handschriftliches Material aufgearbeitet (eine Ausnahme stellt Siebert dar, vgl. Siebert 1998), geschweige denn ediert. Ein brach liegendes Forschungsdesiderat ist hier auch der Vergleich zwischen publizierten Reiseberichten und unveröffentlichtem (handschriftlichem) Quellenmaterial.

Hahn, Barbara: *»Weiber verstehen alles à la lettre«. Briefkultur im beginnenden 19. Jahrhundert.* In: Brinker-Gabler, Gisela (Hg.): Deutsche Literatur von Frauen, Bd. 2: 19. und 20. Jahrhundert, München: Beck, 1988, S. 13–27.

Hämmerle, Christa/Saurer, Edith: *Frauenbriefe – Männerbriefe? Überlegungen zu einer Briefgeschichte jenseits von Geschlechterdichotomien.* In: Hämmerle, Christa/Saurer, Edith (Hg.): Briefkulturen und ihr Geschlecht. Zur Geschichte der privaten Korrespondenz vom 16. Jahrhundert bis heute (= L'Homme Schriften, Bd. 7), Wien/Köln/Weimar 2003, S. 7–32.

Heuser, Magdalene: *»Briefe sind mir Composition«. Briefliteratur von Frauen (18./19. Jh.) und Beispiele neuerer Editionspraxis.* In: Wehlt, Hans-Peter (Hg.): Briefe als Zeugnisse eines Frauenlebens. Malwida von Meysenbug und ihre Korrespondenzpartner, Detmold 2003, S. 9–27.

Hoock-Demarle, Marie Claire: *Briefvernetzungen in und um Europa. Frauen- und Männerbriefe im deutschsprachigen Raum (19. Jahrhundert).* In: Hämmerle, Christa/Saurer, Edith (Hg.): Briefkulturen und ihr Geschlecht. Zur Geschichte der privaten Korrespondenz vom 16. Jahrhundert bis heute (= L'Homme Schriften, Bd. 7), Wien/Köln/Weimar 2003, S. 187–201.

Nickisch, Reinhard M. G.: *Briefkultur: Entwicklung und sozialgeschichtliche Bedeutung des Frauenbriefes im 18. Jahrhundert.* In: Brinker-Gabler, Gisela (Hg.): Deutsche Literatur von Frauen, Bd. 1: Vom Mittelalter bis zum Ende des 18. Jahrhunderts, München 1988, S. 389–409, 548–549.

Niemeyer, Beatrix: *Der Brief als weibliches Bildungsmedium im 18. Jahrhundert.* In: Kleina, Elke/Opitz, Klaudia (Hg.): Geschichte der Mädchen- und Frauenbildung, Bd. I: Vom Mittelalter bis zur Aufklärung, Frankfurt a. M./New York 1996, S. 440–452, 537–539.

Pichler, Meinrad: *»Dort ist ein armes und dahier ein reiches Land ...« Auswandererbriefe aus den USA am Beispiel eines Vorarlberger Bestandes (1850–1914).* In: Hämmerle, Christa/Saurer, Edith (Hg.): Briefkulturen und ihr Geschlecht. Zur Geschichte der privaten Korrespondenz vom 16. Jahrhundert bis heute (= L'Homme Schriften, Bd. 7), Wien/Köln/Weimar 2003, S. 164–185.

Runge, Anita/Steinbrügge, Lieselotte: *Einleitung.* In: Diess. (Hg.): Die Frau im Dialog. Studien zu Theorie und Geschichte des Briefes, Stuttgart: Metzler, 1991, S. 7–11.

Schmid, Irmtraut: *Was ist ein Brief? Zur Begriffsbestimmung des Terminus »Brief« als Bezeichnung einer quellenkundlichen Gattung.* In: editio. Internationales Jahrbuch für Editionswissenschaft, hrsg. von Winfried Woesler, Bd. 2, 1988, S. 1–7.

Woesler, Winfried: *Vorschläge für eine Normierung von Briefeditionen.* In: editio. Internationales Jahrbuch für Editionswissenschaft, hrsg. von Winfried Woesler, Bd. 2, 1988, S. 8–18.

Woesler, Winfrid: Richtlinienvorschläge für Briefkommentare. In: Roloff, Hans Gert (Hg.): Wissenschaftliche Briefeditionen und ihre Probleme. Editionswissenschaftliches Symposion, Berlin 1998, S. 87–96.

Reise in das Heilige Land und nach Island – die Jahre 1842 bis 1845

Die erste größere Reise, die Ida Pfeiffer unternahm, war eine Pilgerfahrt ins Heilige Land.[36] Es handelte sich zu dieser Zeit um kein alltägliches Unterfangen, weder Strapazen noch Gefahren ließen sich wirklich abschätzen, die erforderlichen Informationen waren beschränkt und konnten oft nur vor Ort in Erfahrung gebracht werden. Und auch die »touristische« Infrastruktur vergangener Jahrhunderte war zu Beginn des 19. Jahrhunderts teilweise zusammengebrochen.[37] So hatte Ida Pfeiffer jahrelang den Wunsch zu dieser Reise gehegt, bevor sie ihn in die Tat umsetzen konnte, nicht nur, um sich vorzubereiten (etwa durch das Studium einschlägiger Literatur) und um die nötigen Geldmittel zu sparen, sondern auch um die eigenen Sorgen und Bedenken zu zerstreuen. Darüber hinaus versuchte ihr soziales Umfeld, sie von diesem Vorsatz durch drastische Warnungen abzubringen – doch letztlich vergeblich.[38] Hilfreich war dabei, dass sie die Bekanntschaft mit einem Herrn machte, der einige Jahre zuvor diese Region besucht hatte und ihr wertvolle Ratschläge erteilen konnte. Vielleicht handelte es sich dabei um den Theologen Josef Salzbacher, der 1837 eine Palästinareise unternommen

---

36 Die folgende Beschreibung dieser Reise orientiert sich an: Ida Pfeiffer: »Reise einer Wienerin in das heilige Land«, 1. Auflage, Wien 1844 (ergänzend verwendet wurde die 3. verbesserten Auflage aus dem Jahr 1846); neu aufgelegt unter dem Titel »Reise in das Heilige Land. Konstantinopel, Palästina, Ägypten im Jahre 1842«, Wien 1995. Auf Quellenverweise wird hier und in der Folge in Bezug auf die Reiseberichte verzichtet, außer bei wörtlichen Zitaten.
37 Vgl. Deeken/Bösel 1996, S. 138f.; Herbers 1991, S. 30; Pytlik 1991, S. 115; zur Geschichte der Pilgerreisen vgl. auch Foster 1982.
38 Zu den Bemühungen im 19. Jahrhundert, Frauen durch diverse diskursive Strategien und vor allem auch durch Entmutigungsversuche vom Reisen abzuhalten, vgl. Habinger 2006, S. 68ff. Dazu gehörte auch die Aufzählung einer Fülle von Gefahren und Beschwernissen des Reisens und die Warnung, als Frau dem nicht gewachsen zu sein, wie etwa Pfeiffer selbst in ihrem Reisebericht erwähnt (vgl. Pfeiffer 1844, Teil 1, S. 1). Ähnliche Erfahrungen machten auch die Grazerin Maria Schuber oder die Britin Mary Kingsley (vgl. Habinger 2006, S. 73f.).

hatte und den Ida Pfeiffer in ihren späteren Briefen immer wieder als »Domherr Salzbacher« erwähnt und in denen sie den Adressaten, Joseph (auch Josef) Winter, bittet, ihn grüßen zu lassen.[39]

Am 22. März 1842 geht Ida Pfeiffer also mit durchaus gemischten Gefühlen bei den Kaisermühlen in Wien an Bord eines Dampfschiffes, das sie die Donau abwärts bis nach Istanbul bringen soll, um von hier weiter zum eigentlichen Ziel ihrer Reise, nach Jerusalem, zu gelangen. Ihre »häuslichen Verhältnisse« sind nun geregelt, ihre beiden Söhne stehen auf eigenen Füßen. Doch hat sie auch ihr Testament gemacht und ihre »irdischen Angelegenheiten« vor dem Aufbruch so geordnet, »daß im Falle des Todes, worauf ich mehr gefasst seyn mußte, als auf eine glückliche Rückkehr, die Meinigen Alles in bester Ordnung fänden« (Pfeiffer 1844, Teil 1, S. 1 f.). Allerdings erweisen sich ihre Bedenken – und vor allem die ihrer KritikerInnen – letztlich als unbegründet, ihre Orientreise verläuft, trotz einiger abenteuerlicher Begebenheiten – äußerst erfreulich und entpuppt sich als Erfolgsgeschichte.

Etwas mehr als zwei Wochen nach ihrer Abreise von Wien trifft Ida Pfeiffer in Konstantinopel (Istanbul) ein. Sie besichtigt ausgiebig die Stadt und unternimmt in Begleitung des Malers Hubert Sattler und der Freiherren von Busek[40] zu Pferd einen Ausflug nach Bursa. Zwar kann die Wienerin nicht reiten, doch verheimlicht sie dies ihren Reisegefährten, weil sie unbedingt mitgenommen werden will. Zwar wird sie einigermaßen durchgerüttelt, doch kommt sie dennoch glücklich ans Ziel. Es handelt sich hierbei um eine beliebte Anekdote über Ida Pfeiffers Reisepraxis. Sie schließt sich auch gerne anderen Reisenden an, eine Vorgehensweise, die sich durchaus bewährte und der sie auch bei zukünftigen Unternehmungen treu bleiben sollte – allein unterwegs zu sein, stellte für sie also

---

39 Josef Salzbacher (1790–1867) wurde 1830 Kanonikus von St. Stephan in Wien, 1847 schließlich Domkustos; vgl. ÖBL, Bd. 9, 1988, S. 399.
40 In der ersten Auflage der »Reise einer Wienerin in das heilige Land« aus dem Jahr 1844 gibt Pfeiffer nur die Initialen der Personen an, in der 3. verbesserten Auflage aus dem Jahr 1846 finden sich jedoch die vollen Namen.

keineswegs eine unbedingte Maxime dar. Und es wird auch Folgendes deutlich: ihre Reise ist nicht nur eine Pilgerfahrt, sondern verfolgt auch durchaus touristische Ziele, obwohl Pfeiffer in ihrem Reisebericht vor allem religiöse Motive dafür anführt.[41]

Mitte Mai 1842 geht die Fahrt weiter mit dem Dampfschiff über Smyrna (Izmir), Rhodos und Zypern nach Beirut. Die Wienerin hält sich überall nur kurz auf, fast gehetzt scheint sie manchmal ihre Reiseetappen und ihr Programm zu absolvieren. In kürzester Zeit versucht sie möglichst viel zu sehen, Verzögerungen sind ihr ein großes Ärgernis. Diese Hast erweist sich ebenfalls als ein typisches Merkmal ihrer Reisepraxis und prägt wesentlich ihre Reiseplanung. Vielleicht, weil sie ihr Reiseleben erst relativ spät begonnen hat, wird sie das Gefühl nicht los, Versäumtes nachholen zu müssen. So wird sie Jahre später in einem Brief an ihre Freundin, Frau Schwarz, bedauernd über ihre unstillbare Reiselust notieren, »*die unerbittliche Zeit stielt mir ein Lebensjahr nach dem andern, und bald wird eine Reise nach jenseits den Reisen für diesseits ein tragisches Ende machen*«.[42] Eine ähnliche Aussage findet sich in einem Schreiben an August Petermann, wo sie meint, sie wünsche sich, zehn Jahre jünger zu sein und damit mehr Zeit für weitere Reisen zu haben.[43]

Mit einer einfachen arabischen Barke fährt die Wienerin weiter die Küste entlang, doch darf nur in Caesarea angelegt werden, weil in vielen Orten die Pest herrscht. In Jaffa endet die Schiffsreise, von hier führt ein – vor allem durch die große Hitze – beschwerlicher Ritt nach Jerusalem. Ida Pfeiffer lässt es sich nicht nehmen, dort sämtliche biblischen Stätten zu besuchen, und sie verbringt eine Nacht

---

41   Zur Pilgerreise und zur Motivation von Frauen, sich in diese Tradition einzureihen, um sich dadurch der zeitgenössischen Kritik etwas zu entziehen und ein gesellschaftlich einigermaßen akzeptiertes Reisemotiv vorzuweisen, vgl. Habinger 2004, S. 60ff.; zu den soziohistorischen Rahmenbedingungen für weibliches Reisen im 19. Jahrhundert, vgl. allgemein Habinger 2006, S. 43ff.
42   Der Brief vom 18. Dezember 1852 aus Makassar ist weiter unten abgedruckt.
43   Vgl. *Ein Brief von Ida Pfeiffer aus Californien*, in: *Die Gartenlaube*, Jg. 1854, Nr. 1, S. 12, dieser Brieftext findet sich ebenfalls weiter unten.

in der Grabeskirche. Sie folgt damit dem damals relativ fix vorgegebenen Besichtigungsprogramm in Jerusalem (das zum Teil bis heute Gültigkeit hat), und auch die Ausflüge entsprechen den Empfehlungen damaliger Reiseführer.[44] Bethlehem, das Kloster Mar Saba, der Jordan, das Tote Meer, Nazareth und der See Genezareth sind nur einige Orte, die die Pilgerin aufsucht. Glücklicherweise kann sie sich wieder anderen Reisenden anschließen, denn manche dieser Unternehmungen können nur in größeren Gruppen und mit entsprechender Bewaffnung einigermaßen sicher durchgeführt werden.

Zurückgekehrt nach Beirut, nimmt die Wienerin, anstatt auf ein Schiff nach Alexandria zu warten, kurz entschlossen das Angebot Hubert Sattlers an – er ist gerade in der Stadt eingetroffen –, ihn und Graf Berchtold, dessen Bekanntschaft sie in Jerusalem gemacht hat, nach Damaskus zu begleiten. Auf dem Weg zurück nach Beirut besucht sie die Ruinen von Baalbek, damals völlig dem Verfall preisgegeben.[45] Schließlich überquert die Reisegruppe den Libanon, um den berühmten Zedernhain zu besuchen.

Auf einem griechischen Zweimaster fährt Ida Pfeiffer nach Alexandria – doch ein Segelschiff ist für sie eine äußerst langweilige und nervenaufreibende Art des Reisens, viel zu zeitraubend, darüber hinaus auch noch unbequem. Ob sie bereits vor der Abreise von Wien den Entschluss fasste, auch das Land der Pharaonen zu besuchen, wissen wir nicht. Jedenfalls handelt es sich um eine Reiseroute, die auch Zeitgenossinnen Pfeiffers in dieser oder ähnlicher Form absolvierten, wie etwa die Grazer Pilgerin Maria Schuber oder die deutsche Schriftstellerin Ida Hahn-Hahn, die die beiden Länder allerdings in umgekehrter

---

44 Dies zeigte unter anderem die Durchsicht zeitgenössischer Reiseberichte und Reisehandbücher. Zum Besichtigungsprogramm vgl. die Anmerkung von Ludwig Plakolb (1969, S. 324, Anm. zu S. 119) in der von ihm bearbeiteten Neuauflage des Reiseberichts; sowie Habinger 2022, S. 45.

45 Die Erforschung der Ruinen sollte erst fünfzig Jahre später in Angriff genommen werden. Für historische und kulturgeschichtliche Daten und Details wurden, neben einschlägiger Fachliteratur, diverse Onlinequellen und Nachschlagewerke zu Hilfe genommen, etwa die *Brockhaus Enzyklopädie* in vierundzwanzig Bänden (2001).

Reihenfolge besuchten.[46] Nach einer zehntägigen Quarantäne – Ida Pfeiffer empfindet sie als lästige »Gefangenschaft« (Pfeiffer 1844, Teil 2, S. 216) – fährt sie auf einer Nilbarke nach Kairo, und je mehr sie hier sieht, umso größer wird ihre Neugierde. Sie besteigt die Pyramiden von Giseh und reitet kurz entschlossen mit einem Kamel durch die Wüste ans Rote Meer nach Suez, um auch diese Art des Reisens zu erproben.

Anfang September 1842 geht es mit dem Dampfschiff von Ägypten Richtung Malta und Sizilien. Auch auf der italienischen Halbinsel gibt es für Ida Pfeiffer noch einiges zu sehen, etwa Neapel und den Vesuv und schließlich Rom, wo sie mehr als zwei Wochen verbringt. Weil sie eine Pilgerfahrt nach Jerusalem absolviert hat, erhält sie hier eine Audienz beim Papst, ebenso darf sie als eine der wenigen Frauen die Katakomben unter der Peterskirche besichtigen. Am 7. Dezember 1842 kehrt die Pilgerin wohlbehalten und um viele Erfahrungen reicher nach Hause zurück. Fast neun Monaten war sie unterwegs und hat, trotz aller anderslautenden Prophezeiungen, sämtliche Herausforderung ohne größere Probleme gemeistert. Wie aus dem weiter unten abgedruckten Brief deutlich wird, führte sie in 14 Heften ein Reisetagebuch, damit Freunde und Verwandte, wie sie am Ende ihres Reiseberichtes erläutert, die »Begebenheiten« ihrer »einsamen Wanderung« nachlesen können (Pfeiffer 1844, Teil 2, S. 338).

Briefe von dieser ersten Fernreise Ida Pfeiffers suchen wir allerdings, wie bereits in der Einleitung erwähnt, vergeblich, auch wenn anzunehmen ist, dass sie auch von dieser Unternehmung, wie von den folgenden Weltreisen, nach Hause berichtete. So erwähnt Jakob Dirnböck, der Verleger ihres Reiseberichtes, »Die Reise einer Wienerin in das heilige Land« (erstmals erschienen 1844), er habe

---

46 Vgl. Schuber 1850; Hahn-Hahn 1844 (1991). Jedenfalls stiegen im Anschluss an Napoleons Ägyptenfeldzug 1798 und der Entzifferung der Hieroglyphen durch Champollion in den 1820er Jahren Ägyptenreisen sprunghaft an; vgl. dazu und zur »Ägyptomanie« in Europa in der ersten Hälfte des 19. Jahrhunderts z. B. Deeken/Bösel 1991, S. 165f.; Nowel 1990, S. 239ff.; ebenso den Ausstellungskatalog »Ägyptomanie« (1994) und die darin enthaltenen Beiträge.

»die erste Kunde von dieser merkwürdigen Frau« im Haus eines Freundes vernommen, als sie noch unterwegs war, und sein »Wunsch, sie kennen zu lernen, steigerte sich mit jeder Nachricht, die von ihr eintraf«.[47]

Nach ihrer Rückkehr bittet Dirnböck die Pilgerin, ihr Tagebuch lesen zu dürfen, was sie ihm »mit Schüchternheit« gewährt – und er ist beeindruckt von den Schilderungen dieser »einfachen, aber wahrheitliebenden Frau«. Vielleicht erkennt er auch eine Marktlücke, denn er glaubt in seiner Einleitung zu wissen, dass er mit Ida Pfeiffers Reisenotizen vor allem dem »Frauengeschlechte« ein interessantes Lesevergnügen bieten könne. Jedenfalls gelingt es ihm schließlich, die Autorin, wie er darlegt, mit »vieler Mühe« zur Drucklegung ihrer Aufzeichnungen zu bewegen.

Doch lag die zögerliche Haltung Pfeiffers nicht nur in ihrer Bescheidenheit begründet, etwa in ihrer Sorge, den Ansprüchen des Lesepublikums nicht genügen zu können. Die Familie erwies sich vielmehr als das größere Problem, wie in folgendem undatiertem Brief (vermutlich aus dem Jahr 1843), adressiert an den Buchhändler Bauer in der Herrengasse in Wien, den (ehemaligen) Kompagnon von Jakob Dirnböck,[48] deutlich wird. Denn eine Frau aus gutbürgerlichen Verhältnissen, die es wagte, mit einer Publikation in die Öffentlichkeit zu treten und die Grenzen des für Frauen ihres Standes Schicklichen zu durchbrechen, bedeutete immer auch die Gefahr, die eigene Familie in Misskredit zu bringen.

So dürfte Ida Pfeiffer bereits einer Publikation ihrer Reisenotizen zugestimmt haben, doch nun fordern die Geschwister und natürlich auch der Ehemann – obwohl sie von ihm schon lange Jahre getrennt lebt – ein Mitspracherecht in dieser Angelegenheit. Die Freiheit, die sich die Wienerin im Rahmen ihrer Mobilität erkämpft hat, wird im

---

47 Dieses und die folgenden Zitate stammen aus der Einleitung des Verlegers in: Pfeiffer 1844, S. VIIf.
48 Jakob Dirnböck war 1831 als Gesellschafter in die Firma von Buchhändler Bauer eingetreten, ab dem Jahr 1841 war er allerdings Alleinbesitzer der Firma (Hupfer 2003, S. 171f.), vielleicht half Bauer bei Abwesenheit Dirnböcks aber weiterhin aus. Zu Jakob Dirnböck siehe die Liste der Adressatinnen und Adressaten.

heimatlichen Wien also rasch wieder beschnitten, vielleicht strebte sie auch deshalb immer neue und immer weitere Reisen an. Jedenfalls bestellte Mark Anton Pfeiffer einen Bevollmächtigten, einen gewissen Herrn Kochler (oder Kachler), der die weiteren Verhandlungen mit dem Verleger übernehmen sollte. Und auch die Adresse, die sich auf dem handschriftlichen Brief findet, wurde nicht von Ida Pfeiffer selbst geschrieben, sondern in einer anderen Handschrift, vielleicht ebenfalls ein Indiz, dass sie den Brief nicht ganz freiwillig abschickte.

Brief an Buchhändler Bauer, Wien, vermutlich 1843

Euer Wohlgeboren!
Ich würde Sie höflichst ersuchen mir die 14 Hefte meines Tagebuches auf einige Tage zu senden. – Sollte Herr v. Dirnböck von seiner Reise zurückkehren und mit Herrn Kochler [Kachler] wegen meines Tagebuches in Unterhandlung tretten wollen, so wird es mir gewiß ein großes Vergnügen gewähren.

Sie würden mich sehr falsch beurtheilen, wenn Sie dächten, daß Mißtrauen die Ursache meiner Handlungsweise ist. Allein wenn man etwas der Öffentlichkeit Preiß gibt und noch dazu den Nahmen darunter setzen soll, so werden Sie es sehr natürlich finden, daß sowohl mein Mann als meine Geschwister darauf bestehen, sich über manche Punkte genau zu erklären.

Mein Mann selbst hat Herrn Kochler ersucht, sich dieses Geschäftes anzunehmen und es zu besorgen, da er eine Reise nach Galizien unternehmen muß und mir nicht zur Seite stehen kann.

Ihre ergebene
Ida Pfeiffer

Zwar konnten die Originaltagebücher Ida Pfeiffers leider bislang nicht aufgefunden werden, doch wissen wir von einer handschriftlichen Liste der Wienerin, dass sie tatsächlich einige Passagen in ihrem Manuskript streichen musste. Akribisch führt sie hier die jeweiligen Streichungen im Wortlaut an, zu Beginn jeweils unterstrichen die entsprechende Textpassage in ihrem Buch, wo die jeweilige Streichung vorgenommen wurde. Sie führt auch die Seite an, wo diese Passagen in ihrer Publikation zu finden sind. Es handelt sich um Aussagen, die damals als anstößig oder beleidigend gewirkt haben mögen und insbesondere einer Frau aus gutbürgerlichen Verhältnissen nicht zugestanden wurden. Aus heutiger Sicht erscheinen sie eher harmlos. Diese Notizen werden hier in ihrer Gänze und unverändert wiedergegeben, in eckiger Klammer sind die Seiten in der Neuauflage der »Reise einer Wienerin in das Heilige Land« aus dem Jahr 1995 finden.

Gestrichene Stellen aus meiner Reise nach Jerusalem (vermutlich 1844)

Seite N. 27: Empfehlungsbriefe[,] einen an Herrn We … österr. Beamten auf dem Consulate, und einen an Dr. Ber … ebenfalls österr. Unterthan, weil ich u. s. w. [Pfeiffer 1995, S. 39]

109 Ceremonie war geendet. – Ich fand durchaus nichts Erhebendes an dieser Geschichte. Nur ein Adeliger ist würdig zum Ritter des heil[igen] Grabes geschlagen zu werden, ein Anderer darf zwar diesen Wunsch äußern, wird ihn aber nicht erfüllt sehen. Noch bin ich nicht servil genug, um einen so mächtigen Unterschied zwisch[en] Mensch und Mensch zu finden. Ich dachte, wenigstens vor Gott habe nur der beßere, aber nicht der höher gestellte Mensch den Vorzug; doch hier an dieser Stätte ward mir der schöne Wahn benommen. [Pfeiffer 1995, S. 123]

158 neue Erscheinung eine Dame in einem Männerkloster zu treffen. [Pfeiffer 1995, S. 171 f.]

159 ich und die Hausfrau – Französin, wollte ich sagen. [Pfeiffer 1995, S. 172]

163 kein Raum für uns. – Es muß da schon bekannt sein, daß die geistlichen Herrn ungern oder höchst selten Reisende beherbergen, denn ein Mann harrte schon auf uns, um uns nach demselben Gange, der zum Kloster führt, sein eigenes Wohnzimmer gegen Bezahlung anzutragen. [Pfeiffer 1995, S. 175]

163 ganz den Albanesen. Bevor wir uns zur Ruhe begaben, schickten die geistlichen Herren zu uns; – sie hatten nähmlich erfahren, daß die Angekommenen Griechen seien, und für solche Gäste hatten sie auf einmal Raum, allein die Grafen dankten nun, und wir blieben wo wir waren. [Pfeiffer 1995, S. 176]

171 kein einziges mal nach mir. Doppelt wehe that mir diese Behandlung, da sie mir von einem Landsmann wiederfuhr, der noch dazu auch ohne Nächstenliebe als öster. General Consul verpflichtet ist, sich der österr. Unterthanen anzunehmen. Mit Vornehmen und Reichen ist Herr v. Adlersburg sehr artig und zuvorkommend, nur mit Menschen, die das Unglück haben, weder das Eine noch das Andere zu sein, ist er so kurz angebunden. Von der Thüre eines Landsmannes ward ich gewiesen, und die arme Französin, die so wenig hatte, theilte mit wahrer Freude daß Wenige mit einer Fremden und nahm sie liebreich auf. – Gott verzeihe dem Ersteren und segne die Letztere! Man rieth mir, mich an den englischen oder französischen Consul zu wenden, allein das Benehmen des Herrn v. A. schreckte mich so zurück, daß ich mich an Niemanden mehr wenden mochte und lieber alles ertrug. [Pfeiffer 1995, S. 183]

S. 316 in ganz Italien, unsere Lombardei nicht ausgenommen. [Dieser Abschnitt der Reise ist in der Neuauflage von 1995 nicht enthalten]

Die »Reise einer Wienerin in das heilige Land« erschien 1844 schließlich im Verlag von Jakob Dirnböck anonym, und nur die Widmung ließ Rückschlüsse auf die Verfasserin zu: Sie richtete sich an Ida Pfeiffers Tante in Triest, Constanzia von Reyer, die Ehefrau ihres ehemaligen Vormundes, darunter waren die Initialen der Verfasserin angeführt.[49] Dass diese Vorsichtsmaßnahme dennoch nichts fruchtete, ihre Identität zu verschleiern, beweist eine Passage in Pfeiffers zweitem Reisebericht. Es ist Anfang Oktober 1845 und sie befindet sich gerade auf ihrer letzten Etappe ihrer Skandinavienreise im Eilwagen von Dresden nach Prag zurück in die Heimat. Als sie ihren Namen

---

49 1806, nach dem Tod von Aloys Reyer, Ida Pfeiffers Vater, wurde dessen in Triest lebender Bruder Franz Thaddäus Reyer als Vormund der noch unmündigen Kinder bestellt, die Mutter Anna Reyer fungierte lediglich als Mitvormund. Vgl. dazu bzw. zu ihren Eltern Anna und Aloys Reyer Kratochwill 1957, S. 192 f.; Habinger 2004, S. 20 f.; dort finden sich auch die entsprechenden Belege aus den Originalquellen zitiert. Zu Franz Thaddäus (Francesco Taddeo) Reyer (1760–1846) vgl. ÖBL, Bd. 9, 1988, S. 105 f.; Kreuzer 1996, S. 11 f.; Wurzbach, 25. Teil, 1873, S. 400 ff.; vgl. hier auch zu seiner Frau Constantia (ebd., S. 403) sowie Kreuzer 1996, S. 12.

nennt, wird sie von einer anderen Passagierin, die zufälligerweise ihr »Reisetagebuch nach Palästina« gelesen hat, gefragt, ob sie »jene gereiste Frau« sei. Und dies, obwohl sich erst in der dritten Auflage der »Reise einer Wienerin in das heilige Land« von 1846 der volle Namenszug unter der Widmung finden sollte, und erst in der vierten Ausgabe von 1856 wird Ida Pfeiffers auch als Autorin genannt. Ihr erster Reisebericht entwickelte sich, wie an diesen vier Auflagen deutlich wird, jedenfalls zu einem durchschlagenden Erfolg und machte aus ihr eine bekannte, wenn nicht gefeierte Reiseschriftstellerin.

Ida Pfeiffer ging relativ bald wieder daran, sich zu neuen Abenteuern zu rüsten. Sie plante nun eine Reise in den hohen Norden. Ursprünglich hatte sie mit dem Gedanken gespielt, den Nordpol zu besuchen, der sich für sie dann doch als unerreichbar erwies (vgl. *Biographische Skizze* 1861, S. XXXI). So entschied sie sich schließlich für Island, ebenfalls ein durchaus spektakuläres Ziel. Vermutlich war Ida Pfeiffer der erste Besuch aus Österreich auf dieser Insel (vgl. *Island und das Nördliche Eismeer* 1984, S. 124).[50] Erst nach der Wende zum 20. Jahrhundert sollte die bizarre Vulkaninsel von den Kreuzfahrtschiffen entdeckt werden, die größere Touristenströme dorthin brachten (vgl. ebd., S. 103f.).

Anfang April 1845 bricht die Wienerin zu dieser zweiten großen Unternehmung auf.[51] Zunächst geht es mit dem Omnibus nach Prag, von hier per Dampfboot und Eisenbahn über Dresden, Leipzig und Magdeburg nach Hamburg, wo sie acht Tage bei ihrer Cousine verbringt,

50 Eine kritische Analyse der Fremd- und Selbstdarstellung Pfeiffers während ihrer Island-Expedition findet sich in Heitmann 2011, hier auch eine Kontextualisierung hinsichtlich der touristischen Entwicklung auf dieser Insel. Dass es sich tatsächlich um ein eher ungewöhnliches Reiseziel handelt, beweist u. a. die Tatsache, dass nach der englischen Übersetzung von Pfeiffers Reisebericht (mit dem Titel »Journey to Iceland; and Travels in Sweden and Norway«) im Jahr 1852 u. a. in der britischen Wochenzeitschrift »The Spectator« eine Rezension erschien, die allerdings denkbar negativ ausfiel.
51 Vgl. zur folgenden Beschreibung dieser Reise: Ida Pfeiffer, »Reise nach dem skandinavischen Norden und der Insel Island im Jahre 1845«, Pest 1842, neu aufgelegt unter dem Titel »Nordlandfahrt. Eine Reise nach Skandinavien und Island im Jahre 1845«, Wien 1995.

diese ist dort »mit dem königl. württembergischen Consul und Kaufmann Schmidt verheirathet« (Pfeiffer 1846, Bd. 1, S. 34). Ende des Monats nimmt sie schweren Herzens Abschied von diesen letzten vertrauten Gesichtern und begibt sich mit der Eisenbahn nach Kiel. Das Dampfschiff »Christian VIII.« – noch nie zuvor hat sie »ein so schmutziges und unbequemes Schiff« gesehen (ebd., S. 45) – bringt sie schließlich nach Kopenhagen. Doch ist es nicht so leicht, Island zu erreichen, denn es gibt keinerlei Passagierverkehr dorthin. Glücklicherweise macht sie die Bekanntschaft von Kaufmann Knudson, der sich bereiterklärt, sie auf einem seiner Handelsschiffe nach Island mitzunehmen. Und dies, obwohl er sie nicht kennt und auch nicht wissen kann, wie sie als Frau die Schiffsreise bewältigen würde, wie Ida Pfeiffer in ihrem Reisebericht anerkennend festhält.

Die Fahrt mit dem Segelschiff durch die stürmische Nordsee bekommt ihr – entgegen ihrer Selbsteinschätzung – tatsächlich nicht sehr gut, sie wird bald von der Seekrankheit überwältigt, sodass sie »am fünften Tage beinah zu unterliegen wähnte«. Da half nur noch ein »Gewaltstreich«, eine Kur aus gekochter Grütze mit Wein und Zucker sowie roher Speck, gewürzt mit Pfeffer und Rum (Pfeiffer 1846, Bd. 1, S. 69f.). Detailliert schildert Ida Pfeiffer schließlich auch die »Lebensweise in der Kajüte«, vor allem die Tischsitten, die nicht wirklich den Erwartungen und Gepflogenheiten einer Bürgerin aus gehobenen Kreisen entsprechen. Nach elf Tagen geht die Brigg schließlich in Hafenfjord vor Anker.

Mit Reykjavík als Stützpunkt unternimmt die Wienerin schließlich zahlreiche kleinere Ausflüge und auch mehrtägige Expeditionen ins Landesinnere, sie sieht beim Lachsfang zu, besucht Schwefelquellen und Geysire und besteigt den Vulkan Hekla – begeistert schildert sie die Naturwunder und die landschaftliche Schönheit der Insel.

Vieles entspricht jedoch nicht Ida Pfeiffers hochgesteckten Erwartungen: Die ärmlichen Lebensverhältnisse der bäuerlichen Bevölkerung sind für sie eine ebenso herbe Enttäuschung wie das abweisende und steife Verhalten

Abb. 2: »Portret van Ida Pfeiffer«, Zeichnung, die Ida Pfeiffer während ihrer Skandinavienreise am 8. September 1845 an der Ostsee zeigt, samt Unterschrift der Wienerin, gezeichnet von Christian Heinrich Gottlieb Steuerwald in einem seiner Skizzenbücher. Quelle: Schetsboek (Skizzenbuch, 61 Blatt), Christian Heinrich Gottlieb Steuerwald, ca. 1845 – ca. 1848, Blatt 14 recto, Rijksmuseum (Reichsmuseum) Amsterdam (online), Object number: RP-P-1975–152.

der Angehörigen der gehobenen Gesellschaftskreise in Reykjavík, die ihr nicht die erhoffte Anerkennung und Unterstützung zukommen lassen, wie sie meint. Entsprechend negativ fällt ihr Urteil in ihrem Reisebericht aus (vgl. dazu auch Heitmann 2011, S. 44f.). Auch das sollte sich fortsetzen, denn wenn sich Ida Pfeiffer schlecht oder ungerecht behandelt fühlt, wird sie ihrem Ärger immer wieder ungehindert Luft verschaffen, nicht nur in ihren Publikationen, sondern auch in den Briefen, wie wir in der Folge des Öfteren feststellen werden.

Ende Juli, nach etwas mehr als zweieinhalb Monaten, bricht sie nach Skandinavien auf, um auch dort noch einige Eindrücke zu sammeln. Ein kaum seetüchtiges Segelschiff – das einzige mit der gewünschten Destination – bringt sie über Kopenhagen nach Christiania, dem heutigen Oslo, wo sie sich bei einer Bekannten aus Wien einquartiert. Diese ist dort mit einem Advokaten verheiratet, Ida Pfeiffer dürfte also auf ihren Reisen auch die Kontakte genutzt haben, die aus der beruflichen Tätigkeit ihres Mannes hervorgingen. Ihr gefällt Norwegen ausnehmend gut, und so will sie auch noch die »wildromantischen Gegenden« der Provinz Telemark kennen lernen (Pfeiffer 1846, Bd. 2, S. 115). Da sich kein Reisebegleiter findet, mietet sie, obwohl man ihr davon abrät, allein, ohne männliche Begleitung, hier zu reisen, eine Karriole, ein kleines Wägelchen, das sie – nach dem Vorbild der norwegischen Frauen – während ihrer fünftägigen Fahrt beherzt selber lenkt.

Von Göteborg fährt die Wienerin mit dem Dampfschiff über den Göta Älv, den Vänar- und Vättersee und den Götakanal quer durchs Land, eine viel befahrene Wasserstraße zwischen Nord- und Ostsee, die damals noch nicht allzu lange existiert. Dabei passiert sie auch die berühmten Schleusen von Trollhättan. Am 9. September trifft sie endlich in Stockholm ein. Während des sechstägigen Aufenthaltes unternimmt sie Ausflüge zum Schloss Gripsholm und nach Uppsala, um das »weltberühmte« Eisenbergwerk von Dannemora zu besichtigen. Und sie wird von der Königin von Schweden empfangen, die reges Interesse an Ida Pfeiffers abenteuerlichen Fahrten zeigt.

Mitte September reist Pfeiffer nach Wien ab, wo sie Anfang Oktober 1845 nach einer Abwesenheit von sechs Monaten ankommt. Mit ihrer Reise ist sie vollauf zufrieden, zwar hatte sie zweifellos viel »ausgestanden und gelitten«, doch fühlt sie sich für die Mühsal des Reisens »reichlich entschädigt« (Pfeiffer 1846, Bd. 2, S. 250). Die Erinnerungen würde ihr niemand mehr nehmen können – doch die Zufriedenheit darüber schien nicht lange Zeit vorzuhalten.

Wie sich Ida Pfeiffer auf ihre Expeditionen vorbereitete, darüber wissen wir wenig, weil sie dazu in ihren Reiseberichten nur verstreute Anhaltspunkte liefert und auch sonst diesbezüglich keine Aufzeichnungen (mehr) existieren. Sicher ist, dass sie vor und während ihrer Unternehmungen andere Reisende befragte, wie etwa vor Antritt ihrer Pilgerfahrt in das Heilige Land, wie oben erwähnt. Sie studierte aber auch Reiseliteratur und andere einschlägige Publikationen, wie aus Hinweisen in ihren eigenen Reiseberichten abzulesen ist.[52] Die Wienerin beherrschte Italienisch und Französisch und lernte für ihre Islandreise Englisch und ein wenig Dänisch,[53] später eignete sie sich jeweils ein paar rudimentäre Kenntnisse der Landessprache an. In Island versuchte sie sich darüber hinaus in der Daguerreotypie, einem frühen fotografischen Verfahren. So erwähnt sie zu Beginn ihres Reiseberichtes nach Skandinavien, als sie gerade von Prag nordwärts unterwegs ist, ihren »Daguerreotyp-Apparat«, der den Beamten an einer der vielen Zollstationen »verdächtig« erschien (Pfeiffer 1846, Bd. 1, S. 35).[54] Auf späteren Unternehmungen dürfte sie diese Kamera jedoch nicht mehr mitgeführt haben.

---

52   Eine Liste mit Reisebeschreibungen und sonstigen Büchern, die Ida Pfeiffer erwähnt oder zitiert, hat Jehle (1989, S. 267f.) zusammengestellt.

53   Allerdings handelte es sich hierbei um die Sprache der Kolonisatoren Islands, das lange Jahrhundert (gemeinsam mit Norwegen) von Dänemark beherrscht wurde; Dänisch wurde somit nur in der Hauptstadt gesprochen und verstanden, Pfeiffers Kenntnisse dürften darüber hinaus äußerst bescheiden gewesen sein, wie Heitmann (2011, S. 45) ausführt.

54   So existierten zwei Daguerreotypien Reykjavíks, angefertigt von Ida Pfeiffer, vermutlich die ersten fotografischen Aufnahmen Islands, wie Jehle (1989, S. 71) anführt (vgl. auch Wyhe 2019, S. 58). Diese werden auf einer handschriftlichen Liste bestätigt, die sämtliche Bestände des Teilnachlasses in Privatbesitz (Dr. Friker) anführt, mit den Worten: »Von der Reise aus

In den folgenden Jahren war Ida Pfeiffer bekannt genug, dass ihr auch die wissenschaftlichen Größen Gehör schenkten und sie bei ihnen um Ratschläge anfragen konnte.[55] Welchen Aufwand es erforderte, die Reiserouten zu planen, die Ausrüstung vorzubereiten, Pässe und Fahrkarten zu besorgen oder auch Freunde und Verwandte zu verständigen, darüber können wir heute nur noch Spekulationen anstellen. Je kürzer die Aufenthalte zu Hause wurden und je schwieriger oder entlegener die geplanten Ziele, umso mehr Zeit dürfte Ida Pfeiffer ausschließlich für Reisevorbereitungen aufgewendet haben.[56]

Ebenso ist nicht viel darüber bekannt, wie die Wienerin die Zeit zwischen ihren Fernreisen verbrachte,[57] sicher ist jedoch, dass sie keineswegs untätig zu Hause saß. Auch in diesen Phasen wurde ihr Leben durch Mobilität geprägt, manchmal war sie dabei mehrere Monate unterwegs. So fuhr sie nach ihrer Pilgerfahrt ins Heilige Land im April 1844 gemeinsam mit einer Verwandten zunächst nach Triest, im August dann weiter nach Venedig.[58] Auch nach ihrer Islandreise blieb sie nur kurz zu Hause, bereits am 26. Oktober, also etwa drei Wochen nach ihrer Ankunft, war sie wieder auf dem Weg nach Triest,[59] vermutlich besuchte sie hier ihren Onkel Thaddäus und Tante Constantia von Reyer, zu der sie ein inniges Verhältnis gehabt haben dürfte. Vielleicht wollte sie ihr möglichst rasch über die noch frischen Erinnerungen ihrer Tour in den hohen

Island Fotografien und einen Kalender 1845«; sie dürften jedoch verloren gegangen sein (vgl. Habinger 2004, S. 199 Anm. 128).

55 Dies lässt sich unter anderem aus ihren Briefen rekonstruieren, vgl. dazu die Ausführungen weiter unten in vorliegender Publikation.
56 Wie etwa ihre letzte große Reise, jene nach Madagaskar zeigt; hier dienten darüber hinaus die ersten paar Monate nach Reiseantritt in Europa ausschließlich dem Einholen von Informationen, siehe dazu weiter unten.
57 Kaum Informationen gibt es zu Ida Pfeiffers Wohnverhältnissen in Wien, nicht einmal darüber, wo sie wohnte, einige Wohnadressen konnten von mir recherchiert werden und wurden in einer früheren Publikation angeführt, siehe dazu Habinger 2004, S. 51 ff.
58 Vgl. *Reise-Verzeichniss zu Land der Ida P.* sowie *Reisen zu Wasser der Ida Pfeiffer*, TN IP. Wann sie tatsächlich die Rückreise von Triest nach Wien antrat, ist hier nicht angegeben. Vgl. dazu auch Habinger 2004, S. 64.
59 Vgl. Reise-Verzeichniss zu Land der Ida P., TN IP.

Norden berichten, ein Anliegen, das sie auch in einem ihrer späteren Briefe formuliert.

Auch aus dieser Lebensphase sind kaum Briefdokumente von Ida Pfeiffer erhalten, von ihrer Islandreise ist kein einziger Brief überliefert, aus der Zeit danach dokumentieren wiederum zwei Schreiben vom Jänner 1846 ihre Bemühungen um die Publikation ihrer Reisenotizen. Das Tagebuch dieser Reise dürfte von vornherein zur Veröffentlichung gedacht gewesen sein, ist doch anzunehmen, dass die Verlagshonorare wesentlich dazu beitrugen, Pfeiffers Reisekasse aufzufüllen. Wie sich ihre Familie und ihr Ehemann zu einer neuerlichen Publikation stellten, darüber wissen wir heute nichts. Jedenfalls zeigt der folgende Brief an Verleger Jakob Dirnböck, dass die Wienerin das nicht unbeträchtliche Honorar von siebenhundert Gulden forderte – ob sie dieselbe Summe bereits für ihren ersten Reisebericht erhalten hatte, oder ob sie »*dieselbe Proposition*« einem anderen Verlag unterbreitet oder dieses Angebot erhalten hatte, ist nicht klar.

Brief an Jakob Dirnböck, Wien, 7. Jänner 1846

Wien den 7^t Jänner 1846.
Wohlgeborener Herr!
Wenn ich dieses Frühjahr nicht schon wieder abzureisen gedächte, würde ich mit der Herausgabe meines Werkchens nicht so eilig sein, so aber möchte ich sie noch vorher erleben.

Ich dachte Ihnen den Vorzug vor jeden andern zu geben, und drang deßhalb auf Ihre Erklärung. Ich habe gestern wieder einen Antrag bekommen, und dürfte vielleicht heute nach Mittag noch abschließen. Ich machte dieselbe Proposition, nähmlich: Ein für allemahl, 700 fM 50 Exemplare und 6 schöne Exemplare nebst schöne[m] Einbande.

Ich frage Sie daher nochmahlen, ob Sie mein Werkchen haben wollen, wo nicht, so ersuche ich Sie, mir längstens bis 3 Uhr, meine Papiere zu senden

Ich hoffe, daß wir dessen ohngeachtet die besten Freunde bleiben.

Ihre ergebene Ida Pfeiffer

Dirnböck erhielt jedoch nicht den Zuschlag für diese zweite Publikation, Ida Pfeiffer entschied sich für den bedeutenden ungarischen Verleger Gustav Heckenast in Pest,[60] wo im Frühjahr 1846 ihr Reisebericht »Reise nach dem skandinavischen Norden und der Insel Island« in zwei Bänden erschien. Diese Wahl teilt sie in einem Brief vom 21. Jänner dem Schriftsteller Ludwig August Frankl mit, mit dem sie befreundet war, vielleicht hatte er seiner älteren Bekannten den Kontakt zu Heckenast vermittelt, wie im Brief anklingt.

Heckenast war als Verleger bekannt für seine besonders ansprechend und hochwertig gestalteten Publikationen, ein Aspekt, den Pfeiffer in folgendem Brief mit »seiner schönen Auflage« angesprochen haben dürfte. Sie erwähnt weiters zwei »Hefte« ihres ersten »Tagebuches«, so erschien die »Reise einer Wienerin in das heilige Land« in zwei gesondert gebundenen Teilen, der erste mit etwa hundertvierzig, der zweite mit zirka zweihundert Seiten.

Brief an Ludwig August Frankl, Wien, 21. Jänner 1846

Wien den 21ᵗ Jänner 1846.
Euer Wohlgebohren!
Unendlich bedauerte ich, gestern Ihren werthen Besuch versäumt zu haben, und Ihnen nicht mündlich meinen Dank für Ihre Güte sagen zu können.

Ich habe heute an Hr. Hekenast geschrieben und erklärte, seine Bedingniße anzunehmen, wenn er noch 50 Exemplare und 6 Prachtex. hinzufüge. – Auch schrieb ich ihm, daß ich nicht glaube, daß mein jetziges Tagebuch 25 Druckbogen gäbe, – jedenfalls aber bei seiner schönen Auflage 2 solche Hefte wie mein erstes.

---

60   Gustav Heckenast (1811–1878), ein ungarischer Buchhändler und Verleger deutscher Herkunft, beförderte maßgeblich die ungarische Verlagskultur und den Verlagsbuchhandel, verlegte wichtige ungarische Schriftsteller seiner Zeit, förderte aber auch österreichische Autorinnen und Autoren, etwa Betty Paoli, Peter Rosegger und Adalbert Stifter; vgl. ADB, Bd. 50, 1905, S. 89–93; ÖBL, 1959, Bd. 2, S. 235; Offenthaler 2011.

Indem ich Ihnen nochmahlen meinen innigen Dank sage, zeichne ich mit Achtung
>Euer Wohlgebohren Ihre
>ergebene
>Ida Pfeiffer.

Frankl unterstützte Ida Pfeiffer jedenfalls schon früh, er publizierte als einer der ersten Beiträge über ihre Reisen in den von ihm herausgegebenen *Sonntagsblättern für heimathliche Interessen*.[61] Bereits Anfang des Jahres 1846 waren dort zwei Vorabdrucke der Islandreise erschienen, einer am 4. Jänner mit dem Titel »*Cavalcade nach Vatne, zwei Meilen von Island's Hauptstadt Rejkiavik entfernt*«, der zweite am 8. Februar betitelt: »*Aus Island. Von Ida Pfeiffer. Die Schwefelquellen und Schwefelberge zu Krisuvik*«. Hier bewirbt Frankl auch die geplante Publikation Ida Pfeiffers, er weist darauf hin, dass das Reisewerk »zur Ostermesse in der Buchhandlung des Herrn Hekenast in Pesth« erscheinen werde.[62]

---

61 Zu Ludwig August Ritter von Frankl-Hochwart siehe die Liste der Adressatinnen und Adressaten.
62 Vgl. Ida Pfeiffer: *Aus Island. [...] Die Schwefelquellen und Schwefelberge zu Krisuvik*, in: Sonntagsblätter für heimathliche Interessen, 8. 2. 1846, S. 126.

Die erste Reise um die Welt – die Jahre 1846 bis 1850

Anfang Mai 1846 bricht Ida Pfeiffer zu ihrer dritten großen Fahrt auf.[63] Mittlerweile ist sie bekannt genug, sodass dies auch in damaligen Zeitschriften ihren Niederschlag findet. So erscheint wiederum in Frankls *Sonntagsblättern* ein Bericht über ihre Abreise, die zunächst »direkt nach Brasilien« führen sollte,[64] und der Herausgeber dieses Blattes informiert immer wieder von dieser ersten Weltumrundung der Wienerin.[65] Sie muss demnach Briefe an Frankl geschrieben haben, die heute jedoch nicht mehr im Original verfügbar sind. Vielleicht durfte er auch Briefe an andere AdressatInnen lesen.[66] Auch die *Brünner Zeitung* vom 10. Februar 1847 verweist darauf, dass sie in der »angenehmen Lage« sei, für ihren Bericht über den Beginn ihrer Reise nach Brasilien »aus einem kurz nach ihrer Ankunft geschriebenen Briefe« Ida Pfeiffers zurückgreifen zu können, aber auch dieses Schreiben ist nicht überliefert.[67]

Zu Beginn dieser ersten Weltumrundung fährt Ida Pfeiffer zunächst nach Prag, wo sie Graf Berchtold, einen

---

63   Vgl. zur folgenden Beschreibung dieser Reise: Ida Pfeiffer, »Eine Frauenfahrt um die Welt«, 3 Bd., Wien 1850, neu aufgelegt unter dem Titel »Eine Frau fährt um die Welt. Die Reise 1846 nach Südamerika, China, Ostindien, Persien und Kleinasien«, 1. Aufl., Wien 1992.

64   Frankl, Ludwig A.: *Eine Wienerin nach Brasilien.* In: *Sonntagsblätter für heimathliche Interessen*, 1846, Nr. 18, S. 420f. Von der Abreise wird auch berichtet in: Oesterreichisches Volksblatt für Verstand, Herz und gute Laune, vom 17. 6. 1846.

65   Siehe dazu auch die umfangreiche Sammlung von Artikeln in Periodika von Wurzbach: »Repertorium der biographischen Sammlung von Dr. Constant von Wurzbach«, WB Sig. L40000; siehe auch die Dokumentation der Presseberichte von Xavier Sistach, sowie eine Fülle von weiteren gesammelten Informationen, online unter: https://de.xaviersistach.com/about-3. Weiters die Liste der Periodika im Anhang zu vorliegender Publikation.

66   Im Nachlass von Ludwig August Frankl von Hochwart in der Wienbibliothek im Rathaus finden sich nur zwei Schreiben des Vereins für Erweiterte Frauenbildung aus 1892 bezüglich der Errichtung des Ehrengrabs für Ida Pfeiffer auf dem Wiener Zentralfriedhof; vgl. WB H. I. N. 73833/1, 2.

67   *Ida Pfeiffer in Brasilien. Erster Bericht. Von N. Fürst.* In: *Mährisch-Ständische Brünner Zeitung*, 10. 2. 1847, S. 246. Auch in anderen Periodika werden Briefe von Ida Pfeiffer erwähnt, die sie während dieser Reise nach Wien schickte, jedoch werden hier nicht alle derartigen Meldungen gesondert angeführt.

Reisegefährten ihrer Pilgerfahrt ins Heilige Land, trifft.[68] Da sich dieser entschließt, sie nach Brasilien zu begleiten, verspricht sie, in Hamburg bei ihren Verwandten auf ihn zu warten. Jedoch erst nach langen sechs Wochen trifft er dort ein. Am 28. Juni gehen die beiden an Bord eines Segelschiffes, mit Kurs Rio de Janeiro. Wieder einmal – und nicht zum letzten Mal – muss Ida Pfeiffer auf dieses langsame und nervenaufreibende Transportmittel zurückgreifen, doch Dampfschiffe verkehren noch nicht überall, und sie stellen für die Wienerin meist auch eine zu große Belastung ihres beschränkten Reisebudgets dar. Die Überfahrt dauert schließlich zweieinhalb Monate, nicht ganz so lange, wie befürchtet. Bei der Landung erleidet die Wienerin einen Kulturschock, zum ersten Mal ist sie vor allem von Menschen mit dunkler Hautfarbe umgeben, viele von ihnen leiden noch dazu unter Krankheiten und Gebrechen, sind nur spärlich und ärmlich gekleidet oder stecken in abgetragenen Kleidern ihrer weißen Herren, wie sie berichtet.

Ende September 1847 schickt sie aus Rio de Janeiro einen längeren, recht spektakulären Bericht über ihren Ausflug zur deutschen Kolonie Petrópolis, der in den *Sonntagsblättern* abgedruckt wird. Sie und ihr Begleiter Berchtold wurden dabei von einem schwarzen Sklaven überfallen, ein Anschlag, der jedoch – zumindest für Ida Pfeiffer – relativ glimpflich ausging. Folgende Anmerkung der Redaktion begleitet den Text: »Die Frau Einsenderin hat von Canton sich nach der Insel Ceylon, von da nach Indien begeben, und gedenkt in einigen Monaten nach Wien zurückzukehren.«

Der in den *Sonntagsblättern* abgedruckte, relativ umfangreiche Brief entspricht zwar in weiten Teilen dem späteren Text im Reisebericht, er wurde dennoch hier aufgenommen, da es auch Abweichungen gibt. Ein interessanter Aspekt ist weiters, dass Ida Pfeiffer vielleicht ihre Briefe, die sie nach Hause schrieb, für die spätere Arbeit an ihren Reisenotizen heranzog. Interessant ist auch der Hinweis,

---

68 Zu Graf Friedrich Berchtold (bei Pfeiffer Berchthold) siehe die Liste der Adressatinnen und Adressaten.

dass sie auf dem Weg »eine reiche Ernte an Blumen, Pflanzen und Insekten« machte.

Brief aus Rio de Janeiro, 26. bis 28. September 1846

Abgedruckt in: Sonntagsblätter für heimathliche Interessen, 6. Jg., 12. Dezember 1847, Nr. 50, S. 599–602.

26. September 1846
Man erzählte mir in Rio de Janeiro so viel von dem schnellen Aufblühen von Petropolis, einer in der Nähe Rio de Janeiro's von Deutschen neu angelegten Kolonie; von der herrlichen Gegend, in der sie liegt; von den Urwäldern, durch die ein Theil des Weges führt, daß ich dem Wunsche nicht widerstehen konnte, einen Ausflug dahin zu machen. Mein Reisegefährte, Graf Berchtold war von der Parthie, und so mietheten wir Plätze auf einer Barke, deren täglich mehrere nach dem 20 bis 22 Seemeilen entfernten Porta d'Estrella gehen, von wo aus man die Wanderung zu Land fortsetzen muß. Wir fuhren durch eine Bucht, die sich durch wahrhaft pitoreske Ansichten auszeichnet, und mich mehrmals lebhaft an Schwedens so ganz eigenthümliche Seen erinnerte. Sie ist von reizenden Hügelketten begränzt, und mit kleinen Inseln und Inselgruppen bedeckt, die theils mit Palmen und anderen Bäumen und Gesträuchen so üppig bewachsen sind, daß man sie kaum für betretbar hält, theils als kolossale Felsen einzeln aus dem Meere ragen, oder lose über einander gethürmt sind. Merkwürdig ist an vielen der Letzteren die runde Form, die oft wie gemeißelt erscheint. Unsere Barke wurde von vier Negern und einem Weißen Kommandanten geführt. Anfangs trieben aufgeblähte Segel unser Schifflein, und die Matrosen benützten diese günstige Zeit zu einer Mahlzeit, die aus einer tüchtigen Porzion Maniokmehl, aus gekochten Fischen und, gebratenem Mil (türkisches Korn), Orangen, Kokus und andern kleineren Nußgattungen bestand, – ja sogar Weißbrod, für die Schwarzen ein Luxusartikel, fehlte nicht. Innig freute es mich, diese Menschen so gut gehalten zu sehen. Nach zwei Stunden verließ uns der Wind, und die Matrosen mußten zu den Rudern greifen. Die hiesige Art und Weise des Ruderns fand ich sehr beschwerlich. Der Matrose mußte bei jedem Schlage auf eine vor ihm befestigte

Bank steigen, und sich während des Aufhebens des Ruders mit voller Gewalt zurückwerfen. Nach abermals zwei Stunden verließen wir die See, und lenkten links ein in den Fluß Geremerim, an dessen Mündung ein Gasthaus liegt, bei welchem eine halbe Stunde angehalten wurde. Hier sah ich auch einen seltsamen Leuchtthurm – eine Laterne, an einem Felsen hängend. – Die Schönheit der Gegend hört nun auf, doch nur für den Laien, – der Botaniker würde sie erst jetzt herrlich und wunderbar finden, denn die schönsten Wasserpflanzen, darunter vorzüglich die Nymphen, Pontedera und das cyprianische Gras breiten sich in und an dem Wasser aus. Die beiden ersteren schlingen sich bis um die Spitzen der nahestehenden Bäumchen, und das cyprianische Gras erreicht eine Höhe von 6–8 Fuß. Die Ufer des Flußes sind flach, und von niedrigem Gebüsche und jungen Waldungen umsäumt; den Hintergrund bilden Hügelketten. Die Häuschen, die hin und wieder zum Vorschein kamen, sind von Stein erbaut, und mit Ziegeln gedeckt, sahen aber nichts desto weniger ziemlich armselig aus. Wir fuhren sieben Stunden auf dem Fluße, und gelangten ohne Unfall nach Porto d'Estrella, einem nicht unbedeutenden Orte, der sogar zwei Gasthöfe besitzt, und außerdem noch ein Gebäude – einem türkischen Chan ähnlich – ein ungeheures Ziegeldach, ruhend auf starken, gemauerten Pfeilern. – Es diente den Eseltreibern zum Obdache, die sich da gemüthlich gelagert hatten, und über lustig aufflammenden Feuern ihr Abendmal bereiteten. Diese Art Nachtquartier gefiel uns zwar recht gut – wir zogen es aber vor, in den Gasthof zum »Stern« zu gehen, wo uns die reinlichen Zimmer und Betten doch noch besser gefielen.

27. September.
Von Porto d'Estrella bis Petropolis sind noch 5 Liguos (Ungefähr vier deutsche Meilen, Anm. Ida Pfeiffer). Gewöhnlich legt man diese Strecke auf Maulthieren zurück, die man pr. Stück mit 4 Milreis[69] bezahlt; da man uns aber in Rio de Janeiro diesen Weg als einen schönen Spaziergang geschildert hatte, der zum Theil durch herrliche Waldungen führt, und überdieß höchst belebt und sicher ist, da er die Hauptverbindungsstraße nach Minas Gueras bilde, so entschlossen wir uns, selben zu Fuße zu machen,

---

69 Anm. I. P.: Milreis ist = 1 f. 8 kr. CM.

um so mehr, als der Graf zu botanisiren, und ich Insekten zu sammeln wünschte. Die beiden ersten Liguos führten durch ein breites Thal, das größtenteils mit dichtem Gestrippe und jungen Waldungen bedeckt und mit hohen Gebirgen umgeben war. Schön nahmen sich am Saume des Weges die wildwachsenden Annanas aus, die, noch nicht ganz gereift, in rosenrother Farbe erglühten. Leider sind sie bei weitem nicht so geschmackvoll, als sie schön aussehen, und werden daher auch nur selten gepflückt. Großes Vergnügen gewährten mir die Kolibris, deren ich hier mehrere der kleinsten Gattung sah. Man kann sich wirklich nichts Zarteres und Anmuthigeres denken. Sie holen ihre Nahrung aus den Blüthen, die sie flatternd umschweben, wie die Schmetterlinge, mit welchen man sie im schnellen Fluge auch leicht verwechselt. Selten nur sieht man sie ruhend auf Aestchen sitzen. Nachdem wir das Thal durchschnitten hatten, gelangten wir an die Serra – so benennen die Brasilianer die Spitze jedes Gebirges, das man ersteigen muß. Diese hier vor uns war an 3000 Fuß hoch – eine breite gepflasterte Straße führte zwischen Urwaldungen den Berg hinan. Ich hatte mir immer vorgestellt, daß in einem Urwalde die Bäume ungewöhnlich dicke Stämme haben müßten. Dieß fand ich nun hier nicht, wahrscheinlich ist die Vegetation zu groß, und die Hauptstämme ersticken und verfaulen unter den Massen kleinerer Bäume, Gesträuche, Schling- und Schmarotzerpflanzen. Beide letzteren Gattungen sind so häufig, und überdecken derart die Bäume, daß man oft kaum die Blätter, viel weniger die Stämme derselben sieht. Ein Botaniker, Herr Schleierer versicherte uns, einst auf einem Baum zwei- und dreißigerlei Schmarotzerpflanzen gefunden zu haben.

Wir machten eine reiche Ernte an Blumen, Pflanzen und Insekten, und verfolgten gemächlich unsern Weg, entzückt über die herrlichen Waldungen und die nicht minder reizenden Ansichten, die sich uns über Berg und Thal, nach dem Meere und seinen Buchten, ja theilweise sogar bis nach der Hauptstadt eröffneten. Häufige Truppen[70] von Negern geführt, so wie einzelne Fußgeher, deren wir vielen begegneten, benahmen uns jede Furcht, so

---

70 Anm. I. P.: Unter Truppe versteht man 10 Maulthiere, die von einem Neger geführt werden; gewöhnlich vereinigen sich mehrere Truppen, und bilden oft Züge von 50–60 Maulthieren. Es werden nämlich in Brasilien alle Gegenstände auf Maulthieren fortgeschafft.

daß uns das fortwährende Folgen eines Negers gar nicht auffiel. Als wir uns aber auf einer Stelle allein befanden, sprang er plötzlich vor, in einer Hand ein Messer[,] in der andern einen Stock haltend, drang auf uns ein, und gab uns, mehr durch Geberde, als Worte zu verstehen, daß er uns morden und in den Wald schleppen wolle. Wir führten keine Waffen, und hatten zur Vertheidigung nichts als unsere Sonnenschirme – ich besaß außerdem noch ein Taschenmesser, welches ich auch augenblicklich aus der Tasche zog, und öffnete, fest entschlossen, mein Leben theuer zu verkaufen. So gut es gehen wollte, wehrten wir mit den Schirmen die Stiche ab. – Der Neger bekam aber bald den meinen zu fassen – wir rangen darum – er brach ab, und mir blieb nur ein Stückchen des Griffes in der Hand; doch war ihm bei diesem Ringen das Messer entfallen, und einige Schritte weggerollt – rasch stürzte ich darnach und dachte schon, es zu erfassen, als er schneller, denn ich, mit Hand und Fuß mich davon wegstieß, und sich desselben wieder bemächtigte. Er schwang es wüthend über meinem Haupte; nun hielt ich mich für verloren, und nur die Verzweiflung gab mir den Muth, mit meinem Messer einen Stich nach seiner Brust zu führen; er wehrte ihn ab, und ich traf nur seine Hand. Während dem kam mir der Graf zu Hülfe – der Neger wandte sich nach ihm, und gönnte mir Zeit, mich vom Boden zu erheben. Dies Alles war in dem Zeitraume einiger Sekunden geschehen; die erhaltene Wunde hatte den Neger wüthend gemacht, er fletschte uns die Zähne entgegen, wie ein wildes Thier, und schwang sein Messer mit fürchterlicher Schnelligkeit. Bald hatte der Graf einen Schnitt über die ganze Hand erhalten, und unfehlbar wären wir verloren gewesen, hätte Gott nicht Hülfe gesandt. Wir vernahmen Tritte, und augenblicklich ließ der Neger von uns ab, und entsprang in den Wald. Gleich darauf bogen zwei Reiter um die Ecke des Weges, – wir eilten ihnen entgegen, und die stark blutende Wunde des Grafen, so wie unsere zerschnittenen Schirme erklärten ihnen schnell unsere Lage. Sie befragten uns um die Richtung, die der Flüchtling eingeschlagen hatte, sprangen vom Pferde, und suchten ihn zu ereilen, doch wäre ihre Mühe vergebens gewesen, wenn nicht zwei Neger des Weges gekommen wären, die ihnen Hülfe leisteten, und den Kerl bald einfingen. Er wurde gebunden, und bekam, da er nicht gehen wollte, eine tüchtige Tracht Schläge. Doch das half nichts, und die beiden Neger mußten ihn auffassen, und bis zu dem nächstgelegenen Hause tragen. Unsere Retter, so wie der Graf und ich gingen mit, um den Verlauf der Geschichte zu ersehen. Hierauf ließ der Graf seine Wunde verbinden, und dann setzten wir unsere Wanderung fort, zwar nicht ganz ohne Angst, besonders, wenn wir einen, oder mehreren Negern begegneten, aber ohne weiteren Unfall und in immerwährender Bewunderung der reizenden Landschaft.

Die Kolonie Petropolis liegt in der Mitte eines Urwaldes, 2500 Fuß über der Meeresfläche, sie wurde erst vor ungefähr 14 Monaten begründet, und zwar hauptsächlich, um verschiedene Gattungen europäischer Gemüse und Obste, die in den tropischen Ländern nur auf einer bedeutenden Höhe gedeihen, für den Bedarf der Hauptstadt zu ziehen. Eine kleine Reihe von Häusern bildete bereits eine Straße, und auf einem gelichteten Platze standen schon die hölzernen Gerippe eines größeren Gebäudes, des kaiserlichen Luftschloßes, das aber schwerlich ein kaiserliches Ansehen bekommen dürfte, denn kleine niedrige Eingangsthüren stachen gar seltsam gegen die breiten und großen Fenster ab. Um das Schloß wird sich die Stadt bilden. – Doch liegen viele einzelne Häuschen entfernter in den Waldungen. Ein Theil der Kolonisten, die Handwerker, Krämer ec. erhielten kleine Bauplätze in der Nähe des Schlosses, die Landbebauer größere, aber auch nicht mehr, als zwei bis drei Joch. Die ganze Kolonie liegt in breiten Schluchten, und die sie umgebenden Berge sind so steil, daß, wenn sie von den Bäumen entblößt, und in Gartenland umgeschaffen sind, die weiche Erde leicht von den starken Regengüssen herabgeschwemmt werden kann. Nachdem wir Alles besichtigt hatten, gingen wir auch noch zu einem Wasserfalle, der ungefähr eine Legira entfernt ist, aber nichts besonderes darbietet.

28. September.
Trotz unseres früheren Unfalles machten wir doch den Rückweg nach Porto d'Estrella wieder zu Fuß, schifften uns auf einer Barke ein, und fuhren die schöne Nacht durch nach Rio de Janeiro, wo wir des Morgens glücklich ankamen. Ueberall, sowohl in Petropolis als auch in der Hauptstadt, wunderte man sich derart über den Mordanfall, welchem wir ausgesetzt waren, daß, wenn der Graf nicht eine Wunde erhalten, man uns gar nicht

Glauben beigemessen hätte. Man hielt den Kerl für betrunken oder verrückt. Erst später erfuhren wir die eigentliche Ursache. Sein Herr hatte ihn kurz zuvor eines Vergehens wegen gezüchtigt, und als er darauf uns in dem Walde traf, mochte er denken, nun Gelegenheit zu haben, seinen Haß gegen die Weißen ungestraft befriedigen zu können.

Im Anschluss an ihre Wanderung nach Petrópolis setzt sie Anfang Oktober ihre Reise ins Landesinnere zu den Purí-IndianerInnen alleine fort, denn die Wunden, die Berchtold bei dem Überfall erlitten hat, haben sich entzündet. Ihre eigenen Verletzungen am Oberarm heilen glücklicherweise gut. Und obwohl sie diese Menschen »noch häßlicher« als die Schwarzen findet, erscheint ihr doch alles äußerst interessant; begeistert beobachtet sie Kultur und Lebensweise, und sie absolviert die Expedition ohne Schwierigkeiten. Anfang Dezember verlässt sie Rio auf einem Segelschiff mit dem Ziel Valparaiso. Einen erzwungenen Zwischenstopp von »drei ewig lange[n] Wochen« (Pfeiffer 1850, Bd. 1, S. 119) in Santos nutzt sie, um mit einigen Mitreisenden einen Ausflug nach São Paulo zu unternehmen, die restliche Zeit bringt sie damit zu, spazieren zu gehen und Insekten zu sammeln.

Die anschließende Reise um das Kap Hoorn wird nicht umsonst gefürchtet, vierzehn Tage dauert der Kampf gegen den Sturm, bis das Segelschiff schließlich die Magellanstraße erreicht. Nach einem weiteren fürchterlichen Unwetter gehen sie schließlich Anfang März 1847 in Valparaiso vor Anker. Hier bleibt Ida Pfeiffer nur kurz, da schon wenige Tage nach ihrer Ankunft ein Schiff nach China abgesegelt und dies nicht monatlich, wie man ihr in Rio de Janeiro versichert hat, sondern nur äußerst selten der Fall ist. Da bleibt zu ihrem Bedauern keine Zeit, das Landesinnere oder auch Santiago de Chile zu besuchen. Am 17. März geht sie an Bord, obwohl sie an anhaltender Diarrhöe leidet – ein Übel, das sie in heißen Zonen immer wieder befällt, wie sie in ihrem Reisebericht erwähnt, und sie tut dies vor allem, um Ratschläge zu dessen Heilung zu geben. Diesmal kuriert sie ihr Leiden schließlich erfolgreich mit kalten Seebädern, die sie in einer Tonne auf dem Schiffsdeck nimmt.

Die Überfahrt verläuft relativ ruhig, nach etwas mehr als einem Monat läuft das Schiff in den Hafen von Papeete ein, dem Hauptort Tahitis. Um die Gesellschaftsinseln hatte es zwischen den Kolonialmächten England und Frankreich vor der Ankunft Ida Pfeiffers heftige Auseinandersetzungen gegeben, in denen sich die tahitianische Königin Pomaré IV. als Anhängerin der Briten erwies. Wie auch aus Pfeiffers folgendem Brief hervorgeht, behielten die Franzosen die Oberhand und waren nun auf Tahiti überall präsent.[71]

Während ihres etwa dreiwöchigen Aufenthaltes unternimmt die Wienerin, unterstützt von den französischen Kolonialbeamten, einige Ausflüge auf der Insel, unter anderem zur Venusspitze, wo der britische Seefahrer James Cook den Venustransit, den Durchgang der Venus durch die Sonne, ein seltenes astronomisches Ereignis, beobachtet hatte (diesen Ausflug erwähnt sie in ihrem Brief allerdings nicht). Einen Höhepunkt ihres Aufenthaltes stellt sicher der große Ball dar, den der französische Gouverneur am ersten Mai anlässlich des Namenstages von König Louis Philippe gibt, zu dem auch Ida Pfeiffer geladen ist. Zu ihrer großen Freude sieht sie dort auch Königin Pomaré mit Gemahl und vier Hofdamen, und etwas spöttisch beschreibt sie in ihrem Brief deren Aufmachung und Benehmen.

Auch den Verlauf der Reise sowie einige wesentliche Begebenheiten schildert Ida Pfeiffer in diesem Schreiben an den Unternehmer Joseph Winter,[72] mit dem sie befreundet war, wohnhaft in der Wiener Vorstadt Wieden, in der Wienstraße Nr. 817.[73] Begonnen hat sie das Schreiben im Juni 1847 auf hoher See und beendet in China: Auf der

---

71   Zu Ida Pfeiffers Aufenthalt auf Tahiti bzw. zur kolonialen Situation vgl. Habinger 2003; Wernhart 1973; 1999. Pfeiffer befürwortete grundsätzlich den Kolonialismus, kritisierte nur dessen Auswüchse, vgl. dazu Habinger 2003, S. 198.
72   Zu Joseph Winter siehe die Liste der Adressatinnen und Adressaten.
73   Heutige Adresse: Rechte Wienzeile 37, das zweistöckige Haus existiert nach wie vor; vgl. Messner 1975, S. 91, Verzeichnis der seit dem Jahre 1846 (1818, 1819) erhalten gebliebenen Bauten.

ersten Seite des Briefes, ganz oben, notiert sie noch rasch, und zwar auf dem Kopf stehend: »*Vor einigen Tagen bin ich glücklich zu Canton angekommen*«, und auch als Versandadresse findet sich auf dem Brief »Canton«.

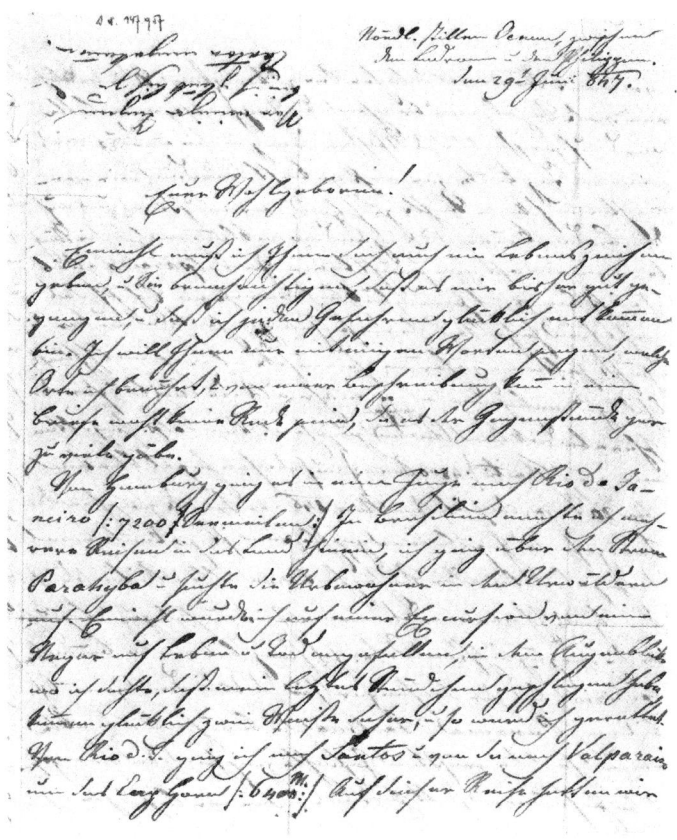

Abb. 3: Handschriftlicher Brief von Ida Pfeiffer an Joseph Winter, Nördlicher stiller Ozean, zwischen den Ladronen und den Philippinen, 29. Juni 1847. Quelle: Wienbibliothek im Rathaus, Handschriftensammlung, Sig.: H. I. N. 147.957.

Brief an Joseph Winter, Nördlicher stiller Ozean, zwischen den Ladronen und den Philippinen, 29. Juni 1847

Nördl. stiller Ocean, zwischen
den Ladronen und den Philippinen
den 29ᵗ Juni 1847

Euer Wohlgeboren!
Einmahl muß ich Ihnen doch auch ein Lebenszeichen geben, und Sie benachrichtigen, daß es mir bisher gut gegangen, und daß ich Gefahren glücklich entkommen bin. Ich will Ihnen nur mit einigen Worten sagen, welche Orte ich besucht, von einer Beschreibung kann in einem Briefe wohl keine Rede sein, da es der Gegenstände gar zu viele gäbe.

Von Hamburg ging es in einem Zuge nach Rio de Janeiro |:7200 Seemeilen:| In Brasilien machte ich mehrere Reisen in das Land hinein, ich ging über den Strom Parahyba[74] und suchte die Urbewohner in den Urwäldern auf. Einmahl wurde ich auf meiner Excursion von einem Neger auf Leben und Tod angefallen, in dem Augenblicke wo ich dachte, daß mein letztes Stündchen geschlagen habe kamen glücklich zwei Weiße daher, und so ward ich gerettet.

Von Rio d. J. ging ich nach Santos und von da nach Valparaiso um das Cap Horn |:6400 M.:| Auf dieser Reise hatten wir viel mit Stürmen und hoher See zu kämpfen. Wir verlohren viele Segel, wir brachen den Foggmast, eine Latte ward aufgerissen und das Wasser drang in die Ladung ein, manchen Tag konnte gar nicht gekocht werden, wir vermochten auf keinen Stühlen zu sitzen, wir mußten uns auf dem Boden kauern und irgend wo anklammern, – die Nächte[,] die waren oft gar furchtbar. – In Valparaiso blieb ich nicht lange, ich fand glücklicherweise ein Schiff, das nach China segelte, und da diese Gelegenheiten unter die höchst seltenen gehören so mußte ich mich entschließen Chili [gemeint ist Chile] zu verlaßen ohne mehr als die Ausläufer der schneebedeckten Anden gesehen zu haben. Von Valp. segelten wir nach Tahiti |:4800 Seem:| auf dieser Insel blieben wir 20 Tage. Da seit

---

74 In ihrem Reisebericht: Parahyby (Pfeiffer 1850, Bd. 1, S. 93 ff.) – es handelt sich um den Rio Paraíba do Sul.

dem März 1846 der Friede zwischen den Franzosen und Insulanern geschloßen ist, so konnte man die Insel mit voller Sicherheit von allen Seiten durchkreutzen. Ich verwendete meine Zeit auch dazu, und besuchte die vorzüglichsten Orte. Ich stieg bis an den Binnensee Vaihiria, bis zur Felsenparthie |:das Diadem genannt:| bis nach Punavia und Fautaua, die berühmten Punkte an welchen die größten Gefechte zwischen den Franzosen und den Insulanern stattfanden. – Ferner besuchte ich die Königin Pomaré, und wohnte einem höchst [interessanten][75] Balle bei, den der franz. Gouverneur zu Ehren [König] Louis Phil. gab. Auf diesem Balle erschien die Königin Pomaré samt Gemahl und 4 Hofdamen, nebst allen Chefs dieser und der anderen nahen Inseln. Man sah da ein Gemisch von Trachten und Menschen, das wirklich einzig in seiner Art war. Der halbnackte Indianer neben dem französ. General, eine plumpe, riesengroße, braune Indianerin, neben der niedlichen und höchst geschmackvoll gekleideten Gouverneurin. Einige der Indianerinnen waren in der Bildung schon so weit vorgeschritten, daß sie die Figuren der französ. Quadrille sehr gut mitmachten, – nur hatten die indianischen Damen keine Schuhe und Strümpfe an. – Die Königin Pomaré war ganz Europäisch gekleidet |:Geschenke von Frankreich:| sie hatte eine Blouse von schwerem himmelblauem Atlas, die mit breiten schwarzen Blonden[76] besetzt war, auf dem Kopfe trug sie einen Blumenkranz und in den Ohrläppchen große Jasminblüthen. Für diesen Abend hatte sie ihre Elephantenfüßchen in Schuh und Strümpfe gezwängt, in der Hand hielt sie höchst zierlich, ein batistenes Sacktuch, das schön gestickt und mit breiten Spitzen besetzt war. –

Doch mein Raum zum Schreiben neigt sich dem Ende, ich muß schweigen. Leben Sie wohl, empfehlen sie mich herzlichst Ihrer Frau Mutter, Bruder und Schwester.
    Ihre ergebene Ida Pfeiffer

Von Tahiti bis Macao
sind bei 8000 Seem[eilen]

---

75 Der Brief ist an dieser Stelle zerrissen, der Text wurde mit den Begriffen »interessanten« und »König« ergänzt, in Anlehnung an Ida Pfeiffers Reisebericht (vgl. Pfeiffer 1850, Bd. 1, S. 160ff.).

76 Blonde – gemusterte Seidenspitze, benannt nach der Farbe der ursprünglich verwendeten Rohseide.

Den weiteren Verlauf ihrer Reise schildert Ida Pfeiffer in einem Brief an ihre Schwester Marie,[77] den sie Ende Oktober 1847 in Kandi auf Ceylon, dem heutigen Sri Lanka, schreibt. Auf einem gesonderten kleinen Blättchen, das diesem Brief beiliegt, findet sich folgende Notiz: »*Am 13t July bin ich glücklich in Canton angekommen. Ach was hätte ich Dir nur schon wieder von den Chinesen zu schreiben?*« Aufgrund der Chronologie und des Inhalts des Briefes an ihre Schwester kann vermutet werden, dass dieser Zettel ursprünglich nicht zu diesem Briefe gehörte, sondern zu einem anderen, der nicht mehr auffindbar ist.

Als die Wienerin Anfang Juli in China anlangt, ist sie glücklich, aber doch auch ein wenig verwundert darüber, zu der »kleine[n] Zahl der Europäer zu gehören, die dies merkwürdige Land nicht bloß aus Büchern, sondern auch durch eigene Anschauung kennen lernten« (Pfeiffer 1850, Bd. 2, S. 1). Zwar findet sie die ChinesInnen ebenfalls hässlich, doch ist sie auch begeistert vom bunten Leben und Treiben, das sie plötzlich umgibt. Allerdings entwickelt sich der Aufenthalt, wie auch aus Pfeiffers Brief deutlich wird, aufgrund der politisch angespannten Situation anders als geplant. Fremde sind im Land nicht gerne gesehen, nachdem die Engländer nach Beendigung des Opiumkrieges im Jahr 1842 die Öffnung einiger Häfen für den europäischen Handel erzwungen hatten. Es kursieren Gerüchte über bevorstehende Unruhen, und selten vergeht ein Tag, an dem nicht von Übergriffen berichtet wird. Schließlich wird sogar ein Schweizer Kaufmann ermordet, ein Bekannter von Herrn Agassiz, Ida Pfeiffers Gastgeber, der sie aufgrund eines Empfehlungsschreibens bei sich aufgenommen hatte.[78]

Trotz dieser »ungünstigen Stimmung« wagt Ida Pfeiffer von Kanton ausgehend einige Ausflüge. In Herrn Carlovitz, einem Deutschen, der seit einigen Jahren hier lebt, findet sie einen Begleiter, der sich so wenig wie sie davon irritieren lässt, dass die Leute hinter ihnen nachlaufen und

---

77 Zu Ida Pfeiffers Schwester Marie Reyer siehe die Liste der Adressatinnen und Adressaten.
78 Zur politischen Situation in China vgl. Narciß 1985.

ihrem »Zorn über die Kühnheit der europäischen Frau, sich öffentlich zu zeigen[,] Luft machen« (Pfeiffer 1850, Bd. 2, S. 32). Sie unternimmt unter anderem eine Fahrt den Perlfluss (chin. Zhu Jiang) hinauf, bei der sie und Herr Carlovitz von einem Missionar begleitet werden, denn dies sei, so Pfeiffer, »in China noch die sicherste Eskorte«, da die Missionare mit der chinesischen Sprache und den Gebräuchen vertraut seien (ebd., S. 40). Nach fünf Wochen Aufenthalt in Kanton verabschiedet sie sich von ihren neuen Freunden, und gegen Ende August begibt sie sich in Hongkong an Bord eines Dampfschiffes mit der Destination Singapur, einer Zwischenstation auf ihrer Route nach Indien. Ihr Plan, mit einer chinesischen Dschunke die Weiterreise zu unternehmen, lässt sich nicht verwirklichen. Allerdings muss sie sich bereits bei dieser Überfahrt sowohl über den hohen Preis als auch über die »elende, empörende Behandlung« an Bord des englischen Schiffes ärgern (ebd., S. 65).

In Singapur angekommen, wird Ida Pfeiffer im Haus der deutschen Familie Behn freundlich aufgenommen, insbesondere Frau Behn möchte sie auf keinen Fall in einem Hotel unterkommen lassen, vermutlich erfreut über die Gelegenheit, sich mit jemandem in der Muttersprache unterhalten zu können – die Wienerin führt Empfehlungsschreiben an das deutsche Handelshaus Behn, Meyer & Co. (bei Pfeiffer Behn-Mayer) mit sich, das die Herren Theodor Behn und Valentin Meyer einige Jahre zuvor in Singapur gegründet haben (und das noch heute existiert; vgl. Wyhe 2019, S. 86).

Nachdem sie etwa vier Wochen vergeblich auf ein Segelschiff gewartet hat, muss sie doch wieder mit einem »komfortablen« englischen Dampfer Vorlieb nehmen, einem Paket-Dampfschiff, das monatlich einmal zwischen Kanton und Kalkutta verkehrt und dabei in Singapur Halt macht. Doch die Wienerin fährt nur bis Ceylon, das bekannt ist für seine Gewürzpflanzungen. Mitte Oktober geht sie in der Hafenstadt Galle, an der Südspitze von Sri Lanka, von Bord – die Insel ist zwar wunderschön, auf die »balsamischen Düfte« hat Pfeiffer jedoch bei ihrer Ankunft umsonst gehofft, wie sie in ihrem Reisebericht enttäuscht feststellt. Von dort stammt auch der Brief an ihre Schwester

Brief an Schwester Marie,
Kandi auf Ceylon, 24. Oktober 1847

Kandi auf Ceylon den
24! Oct. 1847

Meine geliebte Freundin und Schwester!
Nun habe ich drei Theile der Welt glücklich durchstrichen, und den letzten hoffe ich eben der Art zu überwältigen. Gleich nach meiner Ankunft in der Heimath will ich zu dir eilen, und an Deiner und der Deinigen Seite mich der so lang entbehrten Freundschaft erfreuen. Das sollen wahrhaft selige Tage für mich werden. Der gänzliche Mangel an Austausche mit wahrhaften Freunden ist das einzige was ich oft bitter fühle. Ich finde zwar häufig gute und gefällige Menschen, doch welch schwacher Ersatz für langbewährte Freunde. –

In China berührte ich Maccao, Hong-Kong, Whampao, Canton und noch einige Orte am Perlfluße hinauf. – Ich sah mehr als es bisher einer europäischen Frau vergönnt war zu sehen, denn ich scheute weder Scheltworte noch Steinregen, ich ging mit Mißionäre, und zwei mahl sogar verkleidet als – Mann. Ich umging ganz Canton, wagte mich einige Schritte inner die Thore der Stadt, ging in verschiedene Gärten, fuhr nach einer Gegend den Perlfluße entlang, welche Parthie einige Tage zuvor von 8 jungen Leuten unternommen wurde, und die auf halbem Wege umkehren mußten, da man vom Ufer aus auf sie schoß. – Ich glaube aber[,] daß diese guten Leute aus lauter Herzhaftigkeit viel mehr sahen und vermutheten als an der Sache war. Denn auch als ich mit einem Mißionair diese Parthie machte und wir in jene gefährliche Gegend kam[en], hörten wir feuerrn und unsere Fährleute wollten durchaus nicht weiter. Wir aber zwangen unsere Mannschaft fort zu fahren, und nicht nur hier, sondern in all den Ortschaften, wo wir landeten[,] besuchten wir ungestört die Bewohner, sie umgaben uns zwar haufenweise, doch weiter thaten sie uns auch nicht das geringste. Ich sah viele, mit langen Nägeln, doch wenige[,] deren Nägel länger als 2 Zoll[79] lang waren. Viele Mädchen und Weiber mit den verkrüppelten Füßen, und wunderbar kam es mir vor, sie auf diesen Füßchen gehen zu sehen.

---

79   1 Zoll – zwischen 2,3 und 3 cm.

Die vier Zehen sind unter die Fußsole gebogen, der Fuß der Art zusammen gedrückt, daß um den Knöchel herum nur ein fleischiger Auswuchs zu sehen ist, oberhalb welchem sich das Rohr des Fußes zieht; – ihre Kraft im gehen stützt sich eigentlich auf die große Zehe und auf die Ferse. Die Schuhe solcher Damen sind gewiß nicht über 4 Zohl lang. – Durch außerordentliche Verwendung bekam ich einen solch künstlich geformten Fuß in seinem nackten Zustande zu sehen. Es sieht so eckel[ig] aus, daß einer andern Dame als mir, gewieß übel geworden wäre, denn selbst bei mir war es nahe daran.

Von China begab ich mich nach Indien, und zwar nach Singapoor[,] wo ich vier Wochen blieb um auf eine Gelegenheit nach Calcutta zu warten. Auf Singapoor ging ich mit 5 Herren auf eine Tigerjagd. Leider fanden wir statt eines Tigers nur einen Bären, mehrere Affen, Lori und Schlangen, letztere hielten sich auf den Bäumen auf, sie hatten sich ganz zusammengerollt und lagen in großen Klumpen auf den Ästen. Zwei Schlangen wurden geschoßen, wovon jede 3 Ellen[80] lang war. In Singapoor ist übrigens nichts zu sehen, und nachdem ich die vier Wochen verlohren hatte, mußte ich ein[en] Platz im englischen Dampfschiffe nehmen, der über alle Maßen theuer und schlecht ist. Ich nahm meinen Platz in der zweiten Classe und mußte für eine Reise von 9 Tagen 117 spanische Thaler |:a 2 f 8 k M.:| zahlen. Die Kost bestand aus all den Resten der ersten Tafel und jener der Herrn Officiere. Oft bekamen wir auf eine Schüßel zusammen gemengt[,] was ursprünglich auf 3–4 Schüßeln gerichtet war, der Aufwärter dachte vermuthlich, daß es höchst gleichgültig sei[,] ob das Ding in- oder außer dem Magen gemischt wird. Zur Tischgesellschaft hatten wir die Köche, die Aufwärter, den Schlächter, und wer sonst noch vom Schiffsvolke Theil nehmen wollte. Trinkgläser kammen zwei zum Vorscheine[,] das eine davon eignete ich mir zu, aus dem andern wurde gemeinschaftlich getrunken, aber natürlich erst dann, wenn jemand so gnädig war eine Flasche Wasser zu bringen, ich hollte mir meine Portion gewöhnlich selbst aus dem Faße. Zum Thee gab man uns oft gar keine Löffel. Wenn das Getränk nicht zu heiß gewesen wäre, so hätten gewiß manche

---

80 Elle – altes Naturmaß unterschiedlicher Länge, meist zwischen 50 und 80 cm; die Wiener Tuchelle betrug z. B. ca. 77 cm.

unserer ehrenwerthen Gäste die Finger zu Hilfe genommen. Da wäre es zum erstenmahl gut gewesen 2 Zoll lange chinesische Nägel zu besitzen. In Ermanglung dessen nahmen wir den Stiel der Gabel. – Anfänglich gab man uns statt eines Tischtuches ein – gebrauchtes Bettuch vom ersten besten Gast aus der Schlafcabine, – das nenne ich doch englischen comfort. – Viel hätte ich Dir zu schreiben, freilich will ich Dir im nächsten Jahr erzählen, was für jetzt in der Feder geblieben. Lebt wohl meine Geliebten und denkt der fernen Wanderin, die manches Ungemach zu ertragen hat, weil ihr nichts als die Kleinigkeit – Geld – fehlt.

Ewig deine treue Freundin Ida.

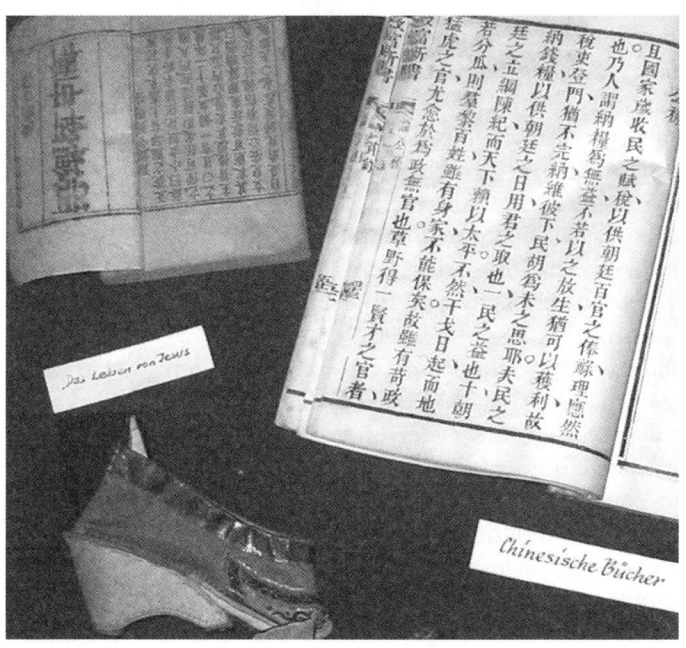

Abb. 4: Reisemitbringsel Ida Pfeiffers aus China, das sie 1847 im Rahmen der ersten Weltreise besuchte. Die Objekte waren früher in einer kleinen Ausstellung im »Haus Kremayr Museum« in Ybbsitz (in Niederösterreich, heute »Haus Ferrum«) zu sehen, als sich der private Teilnachlass dort als Leihgabe befand (Privatbesitz Dr. Friker). Foto: Gabriele Habinger.

In obigem Brief erwähnt sie die damalige Praxis, die Füße von vornehmen chinesischen Frauen zu bandagieren (so wie auch in ihrem Reisebericht; vgl. Pfeiffer 1992, S. 104 ff.), darüber hinaus brachte sie ein paar der kleinen Frauenschuhe nach Hause mit. Sie befinden sich heute in einer kleinen Sammlung von Objekten im privaten Teilnachlass (TN PI).

Ida Pfeiffer betont hier aber auch, dass sie weiter vorgedrungen war, als jede Europäerin vor ihr. Auch in ihrem Reisebericht erwähnt sie, dass sie die erste Europäerin gewesen sei, die einen »Gang um die Mauern der eigentlichen Stadt Canton« wagte – dazu musste sie sich als Mann verkleiden, auch wurde das Betreten des Inneren der Stadt »jedem Fremden auf das strengste verwehrt« (Pfeiffer 1850, Bd. 2, S. 43, 45). Hier handelt es sich um eine häufig zu findende Strategie von europäischen Reiseschriftstellerinnen, um auf die Besonderheit und Einzigartigkeit ihrer Leistungen hinzuweisen.

Andererseits stellt Ida Pfeiffer aber auch die Vermutung an, dass es sich bei so mancher Schilderung von gefährlichen Situationen doch um Übertreibungen handelt. So weisen auch Kaminski und Unterrieder (1980, S. 214 ff.) darauf hin, dass sich Pfeiffer fast nur im »Fremdenreservat« in Kanton aufhielt, wo die ungebeten ins Land gekommenen AusländerInnen tatsächlich auf große Ablehnung stießen, ansonsten aber häufig einiges überzeichnet dargestellt wurde.

Zwar beklagt die Wienerin in ihrem Schreiben an die Schwester wieder einmal ihre mangelnden finanziellen Ressourcen, wie gleichzeitig deutlich wird, plant sie durchaus langfristig, in Monaten und Jahren. Etwas mehr als eine Woche verbringt Ida Pfeiffer auf Sri Lanka, sie besucht Colombo und Kandy und setzt dann ihre Reise weiter nach Indien fort. Anfang November landet der englische Dampfer, nach einem kurzen Zwischenstopp in Madras, bei Kalkutta. Fünf Wochen verbringt die Wienerin dort, sie besichtigt alles Sehenswerte, danach möchte sie den Ganges bereisen, um die vielen bedeutenden Kulturdenkmäler an seinen Ufern zu besuchen. Bis Benares fährt sie auf dem

Wasserweg, dort sieht sie die zahlreichen Tempel und die Ghats, die breiten treppenförmigen Uferanlagen am Ganges, sie besucht das Taj Mahal in Agra und Fatepuhr Sikri, erbaut im 16. Jahrhundert vom Mogulherrscher Akbar. Am 20. Jänner 1848 trifft sie, gemeinsam mit Herrn Lau, ihrem Reisebegleiter, in Delhi ein, für sie zweifelsohne ein weiterer Höhepunkt der Indienreise.

In Kalkutta riet man ihr davon ab, die Durchquerung des Subkontinents von hier weiter fortzusetzen, diese Regionen stünden nicht unter der Kontrolle der britischen Kolonialmacht, ganz besonders warnte man sie vor den Thags (englisch Thugs), einer religiösen Bruderschaft, der man nachsagte, Reisende zu überfallen und zu erdrosseln. Ida Pfeiffer lässt sich dennoch nicht abhalten, ihren Weg nach Bombay weiterzuverfolgen, so wie beabsichtigt. Sieben Wochen nimmt die beschwerliche Tour in Anspruch, sind doch die Reisemöglichkeiten erheblich eingeschränkt: vornehmlich mit Ochsenkarren, aber auch auf dem Rücken von Kamelen und in Palankins, von Menschen getragenen Körben, muss die Strecke bewältigt werden. Die Route führt über Kota, Indore, Aurangabad und Puna, die Wienerin unternimmt aber auch einen Ausflug zu den buddhistischen Höhlentempeln und -klöstern von Ajanta und wird zu einer Tigerjagd eingeladen. Dass diese Reise so klaglos verläuft, hat sie vor allem der Unterstützung der britischen Kolonialbehörden zu verdanken.

Da sich die Schiffsreise nach Mesopotamien schwierig gestaltet, ist Ida Pfeiffer schon fast entschlossen, ein arabisches Boot zu benutzen. Da vermittelt ihr schließlich ihr Gastgeber, der hamburgische Konsul Wattenbach, eine Passage auf einem kleinen Dampfer. Nicht ahnend, »daß es mit dem Dampfer, wie mit dem Segelschiff gehen sollte« (Pfeiffer 1850, Bd. 3, S. 93). Denn die Abfahrt verzögert sich um fast zwei Wochen, erst am 23. April lassen sie schließlich den Hafen von Bombay hinter sich.

Das Schiff ist vollkommen überfüllt, mehr als hundertzwanzig Passagiere sind an Bord, an Deck gibt es, so die Wienerin in ihrem Reisebericht, »nicht das kleinste leere Plätzchen« (ebd., S. 94), die beiden Kabinen sind von anderen Reisenden belegt. Doch Ida Pfeiffer ist gewitzt und schnell von Entschluss – vielleicht auch ein wenig unverfroren: Sie entdeckt auf dem Deck den Speisetisch des Kapitäns und nimmt sofort mit ihrem Mantel den Platz darunter in Beschlag. So ist sie zumindest einigermaßen vor Tritten geschützt, wie sie meint.

Die Fahrt über das Arabische Meer und schließlich durch den Persischen Golf nach Mesopotamien, mit kurzen Aufenthalten in Maskat, Bender Abbas (ganz begierig betritt sie hier, trotz des Abratens des Kapitäns, persischen Boden) und Buschir, dauert schließlich achtzehn mühsame Tage. Die Hitze macht die Lage an Bord wenig erträglich, nur ein Mal kann Pfeiffer Wäsche und Kleider wechseln, schon bald brechen darüber hinaus die Pocken aus.

Diese Situation schildert die Wienerin sehr drastisch in einem Schreiben an eine (unbekannte) Freundin, vermutlich entstanden im September (eventuell auch im Mai) 1848, wie sich anhand der erwähnten Ereignisse rekonstruieren lässt. Hier finden sich auch Hinweise darauf, wie schwierig es war, Post in diesen entlegenen Weltgegenden auf den Weg zu bringen. Und es wird auch ein »beiliegender Brief« an ihren Sohn Oscar erwähnt. Sie flicht in dieses Schreiben aber auch eine Rechtfertigung für ihre groß angelegten Unternehmungen und ihre Reiselust ein, ist ihr doch bewusst, dass ihre »Neugierde« bei den ZeitgenossInnen auch auf heftige Kritik stößt, wie ebenfalls deutlich wird.

Brief an eine Freundin, Mai/September 1848

Beste Freundin.
Eine ganz unerwartete Gelegenheit biethet sich mir dar[,] mein Briefchen in Eile schreiben und nach Constantinopel schicken zu können, Sie empfangen also diesen Brief eigentlich aus Constantinopel, denn mitten in der See ist es schwer zu sagen von welcher Weltgegend solch ein Zettelchen geschrieben wurde.

Als ich am 23ᵗ April Bombay verließ und mich wieder der stürmischen See anvertraute, kamm ich auf ein Schiff das mit Reisenden nicht angefüllt, sondern überladen war, und wenn es noch Europäer gewesen wären, so hätte man doch durch einigen Umgang eine kleine Entschädigung gehabt, – aber es waren meist Muhammedaner, Perser, Wüsten-Araber u. d. g. und um unser Unglück voll zu machen ward am 3ᵗ Tage unserer Reise die fürchterliche Entdeckung gemacht, daß die natürlichen Blattern unter einer Parthie dieser Leute he[r]rschen, und daß mehrere Individuen dem Tode nahe seien. Am 5ᵗ Tage hatten wir die erste Leiche, am folgenden Tage die 2ᵗ[,] wir sahen einer bangen Katastrophe entgegen. – Gott wandte aber das Unglück einer allgemeinen Ansteckung ab, außer diesen beiden Opfer und ½ Dutzend Kranker, die nach und nach genasen, blieb Alles gesund[,] obwohl wir, wie die Pickelhäringe beisammen wohnten. Das Deck war so voll Menschen, Kisten und Kasten, daß wenn man nur von einer Seite zur andern gehen wollte, man über Menschen oder Gepäck steigen mußte, – in den Kajütten konnte man der glühenden Hitze und der Ansteckung der Krankheit wegen nicht verweilen. – Da höre ich gewieße Leute wieder ausrufen: Wohlverdiente Strafe für so viel unnöthige Neugierde, könnten die Menschen nicht ruhig daheim sitzen und höchstens eine Rutschparthie in Tivolie machen, nur damit ihnen der gepanschte Cigorienkaffee beßer schmecke.« – Diese wiß- oder neugirigen Leute aber sind unverbeßerlich, und wenn sie nicht einige Magnete im Vaterlande hätten[,] würden sie noch vor Jahren nicht heim finden. Leute, die immer bequem daheim sitzen oder nur auf Eisenbahnen, Dampfschiffen und Postgelegenheiten reisen[,] wißen den Hochgenuß eines guten Bettes, oder Bißens gar nicht zu würdigen, sie denken, so etwas könne gar nie fehlen. –

Ich zweifle gar nicht, daß E. diesen Sommer wieder ganz verwegene Parthien so z. b. nach Neu Holland[81] oder den Sandwich-Inseln [macht.] Letztere rathe ich ihm aber durchaus nicht an, da wurde Coock[82] erschlagen, und man kann nicht wissen[,] ob die christliche Taufe die Gemüther auch wirklich so christlich gemacht hat, um nicht zeitweise in ihre alten Sitten und Gebräuche

---

81 Neuholland – während der europäischen Kolonialzeit gebräuchlicher Name für Australien.
82 Gemeint ist der britische Seefahrer James Cook, der bei seiner dritten Forschungsfahrt in der Südsee 1779 auf der Suche nach der Nordwestpassage Hawaii besuchte und dort den Tod fand. Cook hatte die Inseln nach dem damaligen Leiter der Admiralität John Mantagu, 4. Earl of Sandwich »Sandwich Islands« genannt.

zurück zu fallen. Ich sah auf meinen Reisen so viel dergleichen Christen, die außer den Nahmen von Christenthum gerade so viel innehaben als neugeborne Kinder. –

Der Kapitän treibt zur Eile, ich hätte noch so viel zu sagen, doch darauf wird keine Rücksicht genomen. Leben Sie wohl, grüßen Sie mir Alle auf das Herzlichste. Bitte beiliegenden Brief meinem Oskar einzuhändigen. Ihre
I. Pfeiffer.

Nur wenige Tage nach ihrer Ankunft in Basra – es ist Mitte Mai – trifft ein englisches Kriegsdampfboot ein, dessen Kapitän europäische Passagiere nach Bagdad mitnimmt. Ida Pfeiffer ist also diesmal vom Glück begünstigt, ansonsten wäre die Route nur unter erheblichen Mühen zu bewältigen gewesen. In Bagdad angekommen besorgt sie sich einen Isar, einen Fes und ein dazugehöriges kleines Tuch und kann so ungehindert die Stadt durchstreifen. Natürlich begutachtet die Wienerin hier auch die orientalische Frauenwelt, sie wird in den Harem eines Paschas geladen und besucht ein öffentliches Frauenbad – Schilderungen, die in keinem Reisebericht einer Europäerin der damaligen Zeit fehlen dürfen, waren doch diese »orientalischen Frauenräume« den männlichen Reisenden verwehrt, gleichzeitig aber Ziel vielfältiger (männlicher) Wunschprojektionen (vgl. z. B. Habinger 2010, S. 46f.; Yegenoglu 1998, S. 68ff.). Dass sie die Begebenheiten an diesen Orte negativ wahrnimmt und schildert, ist ein persönliches Spezifikum der Wienerin, das vermutlich auf die rigiden bürgerlichen Erziehungsmaßnahmen, denen sie während ihrer Kindheit und Jugend unterzogen wurde, zurückzuführen ist.

Von Bagdad ausgehend unternimmt Ida Pfeiffer zu Pferd drei – durchaus anstrengende – Ausflüge zu antiken Ruinenstätten, die ersten beiden führen sie zu den Ruinen von Babylon und Ktesiphon, unterstützt durch den englischen Residenten, Sie Henry Creswicke Rawlinson,[83] schließlich reitet sie, mit zwei Arabern »zur Be-

---

83   Rawlinson stand nicht nur in den Diensten der britischen Kolonialmacht, sondern war auch Archäologe und Sprachwissenschaftler; durch seine

deckung«, nach Birs-Nimrud, der antiken babylonischen Stadt Borsippa.

Mitte Juli schließt sich Ida Pfeiffer mit ihrem Maultier einer kleinen Karawane an, um von Bagdad nach Mossul zu gelangen. Man riet ihr zwar ab, sich »allein unter die Araber zu begeben«, doch glaubt sie die Leute mittlerweile gut genug zu kennen, um ihnen trauen zu können. Ihr »kleines Register arabischer Worte«, das sie notiert hat, soll ihr bei der Verständigung helfen (Pfeiffer 1850, Bd. 3, S. 147f.). Die Strapazen des fast zwei Wochen dauernden Ritts nach Mossul sind groß, doch sobald sie sich einigermaßen davon erholt hat – mittlerweile ist der Juli angebrochen und mit ihm eine »fürchterliche« Hitze –, besichtigt sie die Ruinen von Ninive und Nimrud, die, wie der Besuch von Babylon, auch in folgendem Brief angesprochen werden.

Nun brennt sie darauf, endlich Persien kennen zu lernen. Die Auskünfte über die Route durch Kurdistan und das nordwestliche Persien sind allerdings eher beunruhigend. Weil sie kaum auf einen glücklichen Ausgang dieser Unternehmung zu hoffen wagt, sendet sie von Mossul ihr Reisetagebuch nach Hause, denn zumindest dieses sollte sicher in die Hände ihrer Söhne gelangen. Schließlich erreicht sie, mit mehreren Zwischenaufenthalten – es lässt sich keine direkte Karawane nach Täbris finden –, doch wohlbehalten ihr Ziel, allerdings hat man zwei Mal versucht, sie zu überfallen.

Die Reise durch Armenien und Georgien zum Schwarzen Meer bedarf schließlich der Vermittlung des englischen Konsuls, denn aufgrund der politischen Ereignisse in Europa hat das zaristische Russland seine Grenzen für AusländerInnen gesperrt, um den revolutionären Funken nicht überspringen zu lassen. Tatsächlich macht der russische Konsul eine Ausnahme, er erteilt Ida Pfeiffer die Genehmigung zur Durchreise, und sie glaubt dies ihrem

---

bahnbrechenden Sprachforschungen, u. a. im Hinblick auf die Entzifferung der Keilschrift, gilt er heute als ein Begründer der Assyriologie; vgl. Wyhe 2019, S. 100.

Geschlecht und ihrem Alter zu verdanken. Darüber hinaus gibt er ihr freundlicherweise noch einige Empfehlungsschreiben mit auf den Weg. Die Route führt zunächst über Marand nach Erewan und schließlich nach Tiflis.

Da die kurze Reise auf russischem Gebiet für die Wienerin sehr ärgerlich und unbefriedigend verlief, gibt sie hier den Plan auf, über den Kaukasus weiter nach Moskau und Petersburg zu fahren, wie sie auch in einem weiteren Brief an ihre Schwester Marie notiert. Allerdings argumentiert sie in ihrem Reisebericht etwas anders, sie meint hier, das »schlecht geregelte Postwesen«, »die jämmerlichen Straßen« und zuletzt sogar eine kurze Gefangennahme hätten sie von ihrem ursprünglichen Plan abgebracht, sie wolle nun den kürzesten Weg zur Grenze nehmen (Pfeiffer 1850, Bd. 3, S. 264 f.). Mitte September tritt sie schließlich von der russischen Garnison Redutkale aus die Schiffsreise über das Schwarze Meer nach Konstantinopel an, wo sie Anfang Oktober 1848 eintrifft.

Den Verlauf dieser Reise dokumentiert Ida Pfeiffer in komprimierte Form in folgendem Brief, wiederum an ihre Schwester Marie, den sie Ende August 1848 in Tiflis beginnt und in Konstantinopel, fast schon am Ende ihrer Reise, am 4. Oktober beendet. Hier beklagt sie wiederum die Tatsache, dass das hohe Porto für sie ein Problem darstellt.

In nachfolgendem Brief findet sich aber auch ein interessantes Detail zu Ida Pfeiffers Biographie, nämlich zu ihrer Ehe. Sie bittet hier ihre Schwester, »*[b]eiliegend Blättchen*« freundlicherweise »*an Pfeiffer*« weiterzuleiten, dem sie »*gewiß schon seit einem Jahre nicht*« geschrieben habe. Wie hier deutlich wird, dürfte es sich für sie eher um eine lästige Pflicht gehandelt haben, ihrem Ehemann, Mark Anton Pfeiffer, über ihre Aktivitäten Bericht zu erstatten. Bereits 1833 hatte sie sich, nach langen unsteten und mühsamen Jahren aufgrund seiner gescheiterten beruflichen Karriere, von ihrem Mann, mit dem sie seit 1820 verheiratet war, getrennt. Zu diesem Zeitpunkt übersiedelte sie mit ihren beiden Söhnen endgültig nach Wien, wo sie sich – zumindest vorgeblich –, besser um ihre Erziehung kümmern konnte, denn vor allem der jüngere Sohn Oscar, den sie auch des Öfteren in ihren Briefen erwähnt, zeigte ein großes musikalisches Talent, das es zu fördern galt.[84]

Brief an Schwester Marie, Tiflis, 31. August 1848

Tiflis den 31ᵗ Aug. 1848

Meine liebe gute Marie!
Lange ist es schon, daß ich mich mit Dir nicht schriftlich unterhielt, allein nicht keine Zeit sondern die kostspielige Aufgabe der Briefe hinderten mich daran. Hier ist das Ding anders, man zahlt im rußischen Gebiethe von einer Grenze bis zur andern nur 10 x[85] M. und dieß läßt sich doch noch erschwingen. – Mit vieler Mühe drang ich von Bagdad bis hieher[,] allein ich sah dafür höchst merkwürdige Orte. Ich war in Babylonien, ich bringe vom alten Thurmbaue einige Ziegel mit Inschriften mit, die ich selbst fand. Bei Mosul liegt Ninive, von da bringe ich einen schönen Kopf in Marmor en relief mit. Von Ninive ging ich durch Curdistan nach Persien und von da nach Georgien. In einigen Tagen gehe ich über die Gebirge des Kaukasus durch die Krimm nach Odeßa und dem geliebten Wien. Ich kann aber nicht sagen, daß ich mich auf die Heimkehr sehr freue, wer weiß was mich da wieder alles erwarten wird, – doch einmahl muß ich doch wieder nach Hause kehren. – Ich wollte über Moskau und Petersburg gehen, ich war heute wegen dieser Reise bei einigen Herren der rußischen Regierung[,] sie riethen mir aber allgemein jenen Weg ab, da er sehr weit ist, da nicht viel zu sehen sei und daß die Beschwerden mit der Post außerordentlich seien, ich gab also mein Project auf, ich kann diese Städte von Wien aus leichter besuchen. Hier in Tiflis gefällt mir die Stadt, sie gleicht so ziemlich einer europäischen in der Bauart, aber die Bewohner mißfallen mir desto mehr. Das gemeine Volk ist sehr roh, sie stehen an Gemüthlichkeit der Bewohner weit hinter den meisten Völkern[,] die ich bisher sah. Ich muß sagen daß ich froh sein werde sie bald im

---

84 Jedenfalls ist dies ein Beleg dafür, dass Anton Pfeiffer nicht, wie immer wieder in unterschiedlichen Publikationen bis in die jüngste Vergangenheit zu lesen ist, bereits in den 1830er Jahren verstorben war und Ida Pfeiffer deshalb wieder in ihre Heimatstadt übersiedelte. Damals blieb Mark Anton Pfeiffer bei seinem Sohn aus erster Ehe in Lemberg (vgl. Habinger 2022, S. 32 ff.; 2004, S. 42 ff.; Jehle 1989, S. 24 ff.).

85 x – Abkürzung für Kreuzer.

Rücken zu bekommen. Die Kleidertrachten die man hier sieht, sind sehr schön, es gibt Perser, Armenier, Crusier,[86] Czerkeßen und andere Gebirgsbewohner. Die Crusier, welche viele ganz nahe an Tiflis wohnen, leben in Erdhöhlen, man nannte sie einst die Trogloditen. Nichts sieht sonderbarer aus, als solch ein in der Erde halb verborgenes Dorf. Diese Menschen wählen sich meist kleine Anhöhen und Hügeln, in diese graben sie geräumige Löcher hinein[,] in welchen sie wohnen, vorne oberhalb der Öffnungen führen sie ein kleines Vordach auf, das auf dicken Pfosten ruht. – Finden die Leute keinen Hügel zum einnisten so bauen sie sich ihre Hütten von Stein[,] überschütten sie von allen Seiten und auch von oben dicht mit Erde, so daß sie wie Erdhaufen aussehen, nur die Vorderseite bleibt offen. Die Einrichtung besteht aus einigen hölzernen Truhen worüber sie Kotzen [schwere, grobe Wolldecken, Anm. G. H.] breiten.

4^t Oct.
In Tiflis angefangen und zu Constantinopel wird der Brief geendet. – Die erste Nachricht[,] welche ich hier erfuhr[,] war schon eine wahre Hiobspost. Ich hörte daß Bruder Alf.[87] so unglücklich war seinen Koffer mit sammt den Obligationen zu verlieren. Ach, was werd ich noch hören bis ich nach Hause komme, statt mich zu freuen fürchte ich mich gerade wie ein Schuljunge[,] der wieder nach den Ferien in das Joch muß. – Doch in den sauren Apfel muß einmahl wieder gebißen werden, und so wollen wir den Biß herzhaft thun und Ende dieß oder Anfangs November heimkehren. Bitte berichtige den Oskar sogleich von meiner Ankunft in Constantinopel und sage ihm, er solle mir einen ausführlichen Bericht nach Triest schreiben, aber gleich, ich will eher wießen wie es zu Hause aussieht, als ich komme. Beiliegend Blättchen sende gefälligst an Pfeiffer, ich schrieb ihm gewiß schon seit einem Jahre nicht. – In Constantinopel bin ich erst vor 5 Stunden

---

86 Ida Pfeiffer erwähnt in ihrem Reisebericht zwar die Tscherkessen, nicht jedoch die »Grusier«, die sie in diesem Brief etwas ausführlicher und sehr negativ darstellt; auf welche ethnische Gruppe sie sich konkret bezieht, ist nicht klar, jedenfalls lautete früher im Deutschen die Bezeichnung für Georgien auch Grusien oder Grusinien, nach der russischen Bezeichnung *Grusija* für Georgien.

87 Ida Pfeiffers Bruder Alfred Reyer, ein Jahr jünger als sie selbst; vgl. Sperrs-Relation, Verlassenschaftsabhandlung Aloys Reyer, a. a. O.

angekommen, ich freue mich so herzlich auf die gute Balbiany, und die fand ich nicht, sie ging vor einigen Monathen nach der Schweitz. Ich werde von hier mit erster Gelegenheit über Athen nach Triest gehen, die Reise auf der Donau mag ich nicht wiederhollen. In Triest werd ich mich kurz aufhalten, ich muß vor Eintritt des Winters in Wien sein. Oskar soll mir seine Adreße schreiben[,] lebe wohl, grüße alle. Deine treue Schwester Ida.

Ein paar der in obigem Brief erwähnten »Mitbringsel« (deren Aufsammlung aus heutiger Sicht zweifellos eher problematisch erscheint) haben tatsächlich die Zeit überdauert. Einer der »*Ziegel mit Inschriften*« aus Babylon befindet sich in Pfeiffers Teilnachlass in Privatbesitz (siehe Abb. 4, Reisemitbringsel aus China), wo sich die übrigen Ziegelstücke befinden, ist unklar. Der »*Kopf in Marmor en relief*« wurde zunächst von der Ambraser Sammlung angekauft und ging dann in den Bestand der Antikensammlung in Wien ein,[88] 1929 wurde das Objekt schließlich an die Ägyptisch-Orientalische Sammlung abgegeben; das Relieffragment, das den Kopf eines jungen Mannes darstellt und das aus Neuassyrischer Zeit stammt, ist heute in Saal VIa der Ägyptischen Sammlung im Kunsthistorischen Museum in Wien zu sehen.[89]

In Istanbul angekommen, möchte sich Ida Pfeiffer, wie sie in obigem Brief an ihre Schwester schildert, wieder im Gasthof der Witwe Balbiany (Balbiani) einquartieren, wie

---

[88] Der Reliefkopf aus Ninive, den sie auch in ihrem Reisebericht erwähnt, wurde von der Ambraser Sammlung gemeinsam mit drei Karneolen angekauft (vgl. Jehle 1989, S. 247 Anm. 25). Heute findet sich in der Antikensammlung nur noch ein Sasanidisches Siegel, auf dem ein gehendes Zebu abgebildet ist, das Ida Pfeiffer ebenfalls in Babylon fand und das 1850 angekauft wurde, der Verbleib der drei Karneole konnte nicht identifizieren werden. Für diese Auskunft danke ich Dr. Manuela Laubenberger, stellvertretende Sammlungsdirektorin Antikensammlung/Ephesos Museum, KHM Museumsverband Wien, siehe E-Mail vom 2. 9. 2022 an die Autorin. Das Sasanidische Siegel erwähnt Ida Pfeiffer jedoch nirgends in ihren Aufzeichnungen.

[89] Ägyptisch-Orientalische Sammlung KHM, Inventarnummer AE_SEM_941; ein Bild des Reliefs ist auch online zu finden unter: https://www.khm.at/objektdb/detail/376839/?offset=0&lv=list; für diese Information danke ich Mag. Michaela Hüttner, Kuratorin Ägyptisch-Orientalische Sammlung, KHM Museumsverband Wien, Mail an die Herausgeberin vom 21. 9. 2022.

bei ihrem ersten Aufenthalt, während ihrer Pilgerfahrt ins Heilige Land, denn diese kümmerte sich damals, im Gegensatz zu ihren Landsleuten, so vorbildhaft um sie. Doch hat die Gastwirtin, wie im Brief zu lesen ist, das Land verlassen. Ein typisches Merkmal von Ida Pfeiffers Reisepraxis war es, kurzfristig und spontan ihre Pläne zu ändern, manchmal – wie auch in diesem Fall – war sie auch gezwungen dazu, was ihr jedoch augenscheinlich keine größeren Probleme bereitete. So findet sich auf der ersten Seite des Schreibens an Marie eine rasche Notiz, auf dem Kopf stehend: »*Bitte allsogleich nach Triest zu schreiben und zu melden, daß ich mit Lloids Schiff komme[,] das von Konstantinopel am 15^t Oct abgeht.*«

Tatsächlich verlässt sie Istanbul am 7. Oktober, und zwar in Richtung Athen, wie sie auch am Ende des Schreibens ankündigt. Hier trifft sie allerdings erst am 22. des Monats ein, weil für Passagiere aus der Türkei aufgrund der Cholera eine zwölftägige Quarantäne vorgeschrieben ist. In Athen angekommen, erfährt Ida Pfeiffer vom Ausbruch des Wiener Oktoberaufstandes. Schon seit einigen Monaten, seit ihrem Aufenthalt in Bagdad, hat sie immer wieder Nachrichten über die politischen Entwicklungen in der Heimat erhalten. Sie war zwar zunächst überrascht, aber auch begeistert über ihre Landsleute und die Ereignisse der Märztage, sodass sie sich »mit Stolz eine Oesterreicherin nannte« (Pfeiffer 1850, Bd. 3, S. 313).

Ihr Unbehagen über die Heimkehr, das sie noch in Tiflis in ihrem Brief an die Schwester formulierte, hat sich nun in Sorge um ihre Angehörigen verwandelt, vor allem weil sich vermutlich ihr Sohn Oscar am Oktoberaufstand beteiligte (vgl. Umlauft 1893, S. 229). Während des Aufstandes kam es zu blutigen Kämpfen zwischen Revolutionären und kaiserlichen Truppen. Ida Pfeiffer sucht sofort die nächste Transportmöglichkeit, um so schnell wie möglich nach Hause zu gelangen, und verzichtet auf eine eingehende Besichtigung Athens. Am 24. Oktober 1848 verlässt sie die Stadt auf einem kleinen Dampfer Richtung Triest. Dort angekommen, nimmt sie sofort am nächsten Tag einen Eilwagen nach Wien.

Als Ida Pfeiffer vor der Haupt- und Residenzstadt eintrifft, muss sie jedoch noch einige sorgenvolle Tage außerhalb verbringen. Die Stadt konnte erst, wie sie in ihrem Reisebericht notiert, am 4. November betreten werden, da sie »am letzten October im Sturm genommen ward« (Peiffer 1850, Bd. 3, S. 324). Schließlich kann die Reisende all die Ihrigen wohlbehalten in die Arme schließen und sich danach gebührend über den glücklichen Ausgang ihrer Weltumrundung freuen.

Nur wenige Tage nach ihrer Ankunft zu Hause, am 9. November 1848, bemüht sie sich um ein Treffen mit Carl Moritz Diesing,[90] Erster Kustosadjunkt der zoologischen Abteilung des Wiener Hof-Naturalienkabinetts. Die folgende kurze Notiz liefert zwar keinen konkreten Hinweis darauf, dass es Pfeiffer darum ging, ihre Sammelobjekte anzubieten, diese Vermutung liegt jedoch nahe.

Brief (Notiz) an Carl Moritz Diesing, (Wien,) 9. November 1848

Bester Herr v. Dißing!
Da Sie mich schwer zu Hause treffen werden, so komme ich morgen um 10 Uhr in das Naturalienkabinet, vielleicht sehe ich Sie da.
    I. Pfeiffer
den 9ᵗ Nov. 1848.

Doch tauchen in dieser Phase auch neue Sorgen auf. Die Reisenotizen, die Ida Pfeiffer von unterschiedlichen Orten nach Hause geschickt hat, lassen auf sich warten. Sollten die Aufzeichnungen verloren sein, hätte das vermutlich einen schweren Rückschlag für ihre weitere Reisekarriere bedeutet, denn mittlerweile rechnete sie fest mit den Publikationserlösen, um ihre Kosten zu decken.[91] Wie mühsam sich die Suche nach den Unterlagen gestaltet haben dürfte, dokumentiert ein Brief, den sie Anfang Oktober 1849 an

---

90   Zu Karl Moritz (auch Carl Moriz) Diesing siehe die Liste der Adressatinnen und Adressaten.
91   Zur Finanzierung ihrer Reisen vgl. auch Jehle 1989, S. 72 ff.; zu den Einkünften aus der Sammeltätigkeit Habinger 2004, S. 95 f., 136 ff.

eine Bekannte in Graz, Frau Wittum,[92] schreibt – sie wartet also mittlerweile fast ein Jahr auf ihre Reisenotizen, ohne die an eine Publikation vermutlich nicht zu denken war. Das Schreiben beweist aber auch, dass sie trotz der langen Zeitspanne ihren Humor nicht verloren hat.

Im folgenden Brief schickt sie unter anderem Grüße an »*Herrn von Holtei*«, sie dürfte in Graz den Schauspieler, Vorleser und Dichter Karl von Holtei (1798–1880) getroffen haben, der ein unstetes Wanderleben führte, bis er sich 1850 in Graz niederließ, wo auch seine Tochter lebte.[93] Er war es auch, der diesen Brief in seiner Sammlung von »Dreihundert Briefen aus zwei Jahrtausenden« abdruckte, die 1872 erschien (Holtei 1872, S. 224f.).

Brief an Frau von Wittum, Wien, 3. Oktober 1849

Wien den 3ᵗ Oct. 1849.
Liebe gute Frau von Wittum!
Ich benütze die Gelegenheit durch Frau Kicker[,] die ihre neuvermählte Tochter |:Dornbusch:| bis Wien begleitete, Ihnen diese Paar Zeilen zu senden; – sie sollen Ihnen nicht nur den herzlichsten Dank für Ihre mir erwiesenen Gefälligkeiten ausdrücken, sie sollen Ihnen auch sagen, daß ich mit innigem Gefühle, mit wahrer Freude an die Stunden denke, die ich in Ihrer lieben Gesellschaft verlebte. Sollte das Schicksal mich wieder nach Gratz führen, werden Sie meiner Besuche nicht so schnelle los wie diesmahl; ich hoffe da bei heiterer Laune zu sein, und meine Freunde weniger zu langweilen!

Ich gehe in einigen Tagen nach Galizien, daß ist eine Reise, der ich lieber den Rücken als das Gesicht zeigen möchte, – und wenn sie noch von Erfolg wäre, – aber auch das bezweifle ich noch sehr.

Gestern erhielt ich die Nachricht, daß ein Theil meiner Schriften auf den Ocean in den englischen Canal segle, von da den Weg über die Nordsee nach der Elbe nähme und im Hafen von Hamburg zu landen gedenke. – Die Papiere über die ganze Reise

---

92 Zu Frau (von) Wittum siehe die Liste der Adressatinnen und Adressaten.
93 Später übersiedelte er nach Breslau, seinen Geburtsort; vgl. NDB, Bd. 9, 1972, S. 553.

von Indien ließen noch nichts von sich vernehmen, es werden ihnen Steckbriefe von allen Kabinetten nachgesandt, – da aber das Spionirwesen in Europa ein klein bischen über den Haufen geworfen wurde, so weiß ich leider nicht, ob man dieser Ausreißer habhaft wird. Noch will ich hoffen.

Bitte, beiliegendes Blättchen an unsere guten Prenn's auszufolgen.

Leben Sie wohl, liebe Frau von Wittum, sobald ich in Pohlen irgendwo festsitze will ich es Ihnen melden. Empfehlen Sie mich vielmahlen der Familie Angerer und Herrn von Holtei. Ihre ergebene

I. Pfeiffer.

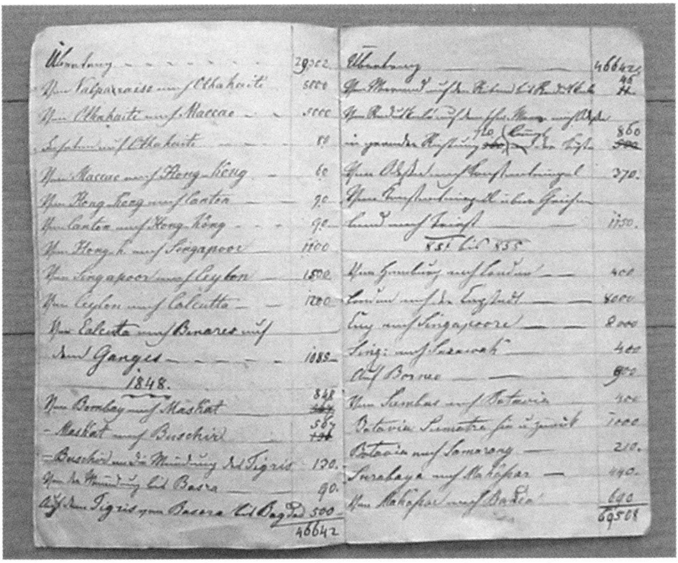

Abb. 5: Seite aus dem handschriftlichen »Reise-Verzeichniss zu Land der Ida P.«. Quelle: Teilnachlass Ida Pfeiffer (Privatbesitz Dr. Friker). Foto: G.H.

Wie nicht zuletzt aus diesem Brief deutlich wird, verkürzt sich Ida Pfeiffer die unangenehme Wartezeit mit diversen Reisen.[94] So besucht sie mehrmals Graz, kurz nach der Rückkehr von ihrer Weltreise fährt sie nach Hamburg,

---

94   Wenn nicht anders angegeben, stammen die folgenden Informationen zu

wo sie vermutlich wieder ihre Cousine,⁹⁵ vielleicht auch andere Bekannte aufsucht. Sie bleibt dort bis zum Mai des folgenden Jahres, dann reist sie nach Köln und Berlin und schließlich nach Prag, wie sich aus einem kurzen Brief schließen lässt, den sie dort am 21. Mai 1849 an ihren ehemaligen Reisegefährten, Graf Friedrich Berchtold, schreibt.

Brief an Graf Friedrich Berchtold, Prag, 21. Mai 1849

Prag den 21ᵗ May 1849
Bester Herr Graf!
Mit unendlicher Freude habe ich erfahren, daß Sie sich gegenwärtig in Prag aufhalten. Leider bin ich unwohl, sonst würde mein erster Gang zu Ihnen gewesen sein. Ich hoffe daher mit Zuversicht, daß Sie, Herr Graf, Ihre alte Reisegefährtin mit einem Besuche erfreuen werden.
Ihre ergebene Pfeiffer.
Gärtnergaße N. 594⁹⁶
im Kainzschen Hause, 1ᵗ Stock

Im Oktober 1849 fährt Ida Pfeiffer schließlich nach Lemberg, wo sie zwei Monate bleibt.⁹⁷ Dies dürfte die anstehende Reise nach Galizien gewesen sein, die sie im obigen Schreiben an Frau Wittum ankündigt. Vermutlich suchte sie hier ihren Mann, Mark Anton Pfeiffer, in Lemberg auf, der dort, nachdem sie 1833 nach Wien übersiedelt war,

---

diesen kleineren Reisen innerhalb Europas aus ihrem handschriftlichen Reiseverzeichnis: *Reise-Verzeichniss zu Land der Ida P.*, TN IP.
95 Zu Beginn ihrer Reise nach Island verbrachte sie, wie erwähnt, acht Tage bei einer Kusine in Hamburg, die sie auch in einem Brief erwähnt; siehe Brief an Freundin N. N., Wien, 21. Jänner (Juni) 1850, WB H. I. N. 151.962.
96 Die Adresse Gärtnergasse No. 594 konnte nicht mit letzter Sicherheit verifiziert werden. So gibt es in der Prager Neustadt sowohl eine Gärtnergasse (Zahradnicka, heute Katerinska) als auch eine Gartengasse (Zahradni ul, auch Schmetschkagasse, tschechisch Ve Smeckach); die Konskriptionsnummer 594 sowie weitere historische Quellen verweisen allerdings auf die Garten- oder Schmetschkagasse; für diese Hinweise danke ich herzlichst dem Historiker Klaus Tantner, einem Spezialisten für Häuser-Nummerierung und Konskriptionsnummern in Prag (hier sind nach wie vor die Konskriptionsnummern an den Häusern zu finden) und Wien, Mail vom 23. 10. 2023 an die Herausgeberin.
97 Vgl. *Reise-Verzeichniss zu Land der Ida P.*, TN IP.

bei seinem Sohn aus erster Ehe wohnte. Wie wir erfahren haben, trat sie diese Reise nur ungern an. So spricht sie davon, dass sie ihr »*lieber den Rücken als das Gesicht zeigen möchte*«. Welchen »*Erfolg*« sie sich dadurch erhoffte, darüber ist nichts bekannt.

Im Dezember kehrt sie, nach einem Zwischenstopp in Wieliczka, südöstlich von Krakau gelegen, nach Wien zurück. Ob in der Zwischenzeit all ihre Reisenotizen wieder aufgetaucht sind, ist nicht ganz klar,[98] jedenfalls ist sie nunmehr mitten in den Arbeiten an ihrem Manuskript, wie ein Brief an den Wiener Verleger Carl Gerold[99] zeigt, den sie an ihn im Dezember 1849 aus Wieliczka schreibt (der Brief belegt darüber hinaus ihren dortigen Aufenthalt).

Wie die Verhandlungen mit dem Verlag verliefen, ob es diesmal wieder mehrere Interessenten für die Publikation gab und wie hoch das Honorar dafür war, darüber existieren keine Informationen. Jedoch gibt es eine detaillierte Vereinbarung zwischen Ida Pfeiffer und »Gerold & Sohn«, wie das Unternehmen nach der Übernahme der Geschäftsleitung durch die beiden Söhne Friedrich und Moritz Gerold im Jahr 1849 hieß, für die Herausgabe der Zweiten Weltreise, die weiter unten abgedruckt ist.

So hatte zwar Carl Gerold zum Zeitpunkt des folgenden Schreibens die Leitung des Unternehmens bereits an seine beiden Söhne übergeben, doch adressierte es Ida Pfeiffer folgendermaßen: »*An Herrn Carl v. Gerold, Wohlgeboren, zu Wien*«, wie dem Umschlag des Briefes, der erfreulicherweise erhalten geblieben ist, zu entnehmen ist.

Brief an Carl Gerold, Wieliczka, 17. Dezember 1849

Wiliczka den 17^t De[c.] 1849

Bester Herr v. Gerold!

Ich beeile mich Ihnen anzuzeigen, daß ich Ihren werthen Brief vom 29^t N[ovember] richtig erhalten habe. Ich ersuche Sie, mir

---

98 Wie sie in ihrem Reisebericht festhält, hielt sie ihre »Schriften von der Reise durch Hindostan bis Mossul« erst nach deren Irrfahrt von eineinhalb Jahren wieder in Händen (Pfeiffer 1850, Bd. 3, S. 173).
99 Zu Carl Gerold siehe die Liste der Adressatinnen und Adressaten.

keine Druckbogen hieher zu senden, indem ich dieser Tage meine
Reise nach Wien fortsetzen werde. Ich gedenke nach den Feiertagen Sie persönlich zu sehen. Mit Achtung
>Ihre ergebene
>I. Pfeiffer.

Eine weitere kürzere Reise unternimmt Ida Pfeiffer im April 1850, und zwar von Wien nach Olmütz, und im Juli fährt sie wieder einmal nach Triest, anschließend über Kärnten zurück nach Wien. Im Februar 1851, knapp vor ihrem Aufbruch zur zweiten Weltumrundung, begibt sie sich noch einmal nach Kärnten, vielleicht um Verwandte zu besuchen, ihr Vater stammte ja von dort.[100]

Die Wienerin beschäftigt sich in dieser Zeit aber auch intensiv mit einer weiteren Leidenschaft, die sich aus ihren Fernreisen eröffnet hatte: mit ihren Sammlungen. Ida Pfeiffer begann bereits auf Island, Naturalien zu sammeln, ein erstes Objekt, das sich heute im Bestand des Naturhistorischen Museums in Wien befindet, stammt allerdings bereits von ihrer Pilgerfahrt ins Heilige Land.[101] Von den folgenden Expeditionen bringt sie eine große Anzahl naturkundlicher Objekte mit, ebenso einige Ethnographica und kulturhistorische Gegenstände. Hier versprach sie sich zweifellos eine neue wichtige Einnahmemöglichkeit, in ihrem Reisenotizbuch notiert sie nicht nur akribisch die gesammelten Gegenstände, sondern auch die erhofften Einnahmen – die allerdings zunächst nicht den Erwartungen entsprochen haben dürften.[102] So nahm sie Kontakt zu Mitarbeitern unterschiedlicher wissenschaftlicher Institutionen auf, nicht nur zu jenen des Wiener Naturalienkabinetts, um die mitgebrachten

---

100 Vgl. *Reise-Verzeichniss zu Land der Ida P.*, TN IP. Zu ihrem Vater Aloys Reyer vgl. Habinger 2004, S. 20f.; Kratochwill 1957, S. 192f.
101 Jedoch konnten im Naturhistorischen Museum keine Objekte der Islandreise aufgefunden werden. Siehe Liste der Aufsammlungen im NHM Wien, Dr. Verena Stagl, 3. Zoolog. Abteilung, NHM Wien; vgl. Habinger 2022, S. 89, S. 188f., FN 156.
102 Genauere Angaben dazu in Habinger 2004, S. 144f. Allgemein zu Pfeiffers Sammeltätigkeit und den Erfolgen, die sie hier erzielte, vgl. u. a. ebd., S. 136ff.; vgl. auch Wyhe 2019, passim.

Sammelobjekte anzubieten. Von ihren diesbezüglichen Bemühungen zeugt die weiter oben angeführte kurze Notiz an den damaligen Kustosadjunkten Karl Moritz Diesing von Anfang November 1848. Im Laufe des Jahres 1850 schreibt sie – wie es den Anschein hat, etwas ungeduldig – an Pater Ferdinand Breunig, den damaligen Kustos der naturhistorischen Sammlung des Wiener Schottengymnasiums. Sie bittet darin den Empfänger des Schreibens, mit dem Abt abzuklären, ob das Schottenstift am Kauf von Objekten interessiert sei, die Pater Ferdinand, gemeinsam mit einem nicht namentlich genannten »Professor«, bereits einige Zeit zuvor bei ihr besichtigt habe (vgl. Rasinger 2017).

**Brief an Seine Hochwürden
Pater Ferdinand Breunig, (Wien) 1850**

Eure Hochwürden!
Verzeihen, daß ich mich mit der Frage an Sie wende, ob der Herr Prälat gesonnen ist[,] etwas von den Gegenständen zu nehmen, die der Herr Profeßor in Ihrer Gesellschaft, bei mir gesehen haben. Ich erwartete täglich einen zweiten Besuch oder eine Antwort, und wollte deshalb nicht über die Gegenstände ferner verfügen!
Sollte im Verlaufe einiger Tagen [sic] keine Antwort erfolgen, so sehe ich diese Angelegenheit als abgefertigt an.
Mit Hochachtung
Ihre ergebene
I. Pfeiffer.

Ob es in der Folge zu einem Geschäftsabschluss kam, lässt sich heute nicht mehr feststellen. Doch gab es seit dem Jahr 1848 verstärkte Bemühungen durch die Benediktinerabtei, die naturhistorische Sammlung des berühmten Gymnasiums weiter auszubauen. So kann es durchaus möglich sein, dass einige der Gegenstände, die heute das »Naturgeschichtliche Kabinett« des Museums im Schottenstift, im ersten Wiener Gemeindebezirk, beherbergt, »im Gepäck von Ida Pfeiffer ihren Weg nach Wien gefunden haben«, wie Larissa Rasinger (2017) festhält.

Dass ihr der Verkauf ihrer Sammlungen sehr am Herzen lag und sie hier viel Energie investierte, zeigt auch eine kurze, jedoch undatierte Nachricht, vermutlich ein Fragment aus einem Brief. Sie meint, sie schreibe (vielleicht unterwegs auf einem Schiff) in »*größter Eile*«, und weiter: »*ich habe mit meinen Muschel- und Naturalien Sammlungen zu thun und zu handeln gleich den ersten Kaufmännern*«.[103]

Nachweislich erfolgreich war, wie oben erwähnt, der Verkauf einiger kulturhistorischer Objekte, die Pfeiffer von ihrer ersten Weltumrundung mitbrachte. Es handelt sich um den bereits erwähnten »Reliefkopf« aus Ninive, der 1850 von der Ambraser Sammlung, gemeinsam mit einem Sasanidischen Siegel, angekauft wurde. Das Relief ging schließlich unter der Bezeichnung »Assyrisches Relief mit weiblichem Kopf (Kalkstein), aus Khorsabad« in den Bestand der Antikensammlung in Wien ein.[104] Dass sie auf dieses Objekt sichtlich stolz war, davon zeugt ein kurzes Schreiben an eine gewisse Baroness von Stipschütz, aufgrund des Ankaufsdatums des Reliefs (Pfeiffer erwähnt hier, dass es von der Ambraser Sammlung abgeholt werden würde) stammt diese Notiz sehr wahrscheinlich aus dem Jahr 1850:

Brief an Baronesse von Stipschütz, 9. August (vermutlich 1850)

Wenn es Sie, Baroneße intereßiren sollte[,] ein Relief aus Ninive zu sehen, so bitte ich, mich heute noch mit einem Besuche zu ehren, indem es schon morgen für die k. k. ambrasische Sammlung abgeholt wird.
    Mit Achtung
    I. Pfeiffer
    den 9/8

---

103   Brieffragment, o. O., o. D., GNM Nbg., Archiv Autographen K. 57 (Pfeiffer, Ida).
104   Dies ist den Akquistions-Unterlagen zu entnehmen, vgl. KHM Antikensammlung, Inv.-Nr. 1271, Inv.-Nr. X 113. Siehe E-Mail Dr. Manuela Laubenberger, stellvertretende Sammlungsdirektorin Antikensammlung/Ephesos Museum, KHM Museumsverband Wien, 2. 9. 2022 an die Herausgeberin.

Tatsächlich handelte es sich hierbei um ein durchaus bedeutsames Fundstück, wie Joseph Arneth, der damalige Direktor des k. k. Münz- und Antiken-Kabinetts, der auch für die k. k. Ambraser Sammlung zuständig war,[105] in einem Zeugnis für Ida Pfeiffer im Februar 1851 bestätigt: die Reisende habe »einen höchst interessanten Porträt-Kopf aus den Ruinen des alten Niniveh mitgebracht«, und da es sich um »das einzige Monument dieser Art im k. k. Antiken-Cabinette, so wie bisher noch in der ganzen österreichischen Monarchie«, handelte, sei man ihr »zu wahrem Danke […] verpflichtet«.[106]

Wie unter anderem aus diesem Dokument hervorgeht, bemühte sich Ida Pfeiffer während ihrer Aufenthalte zu Hause, ihre Kenntnisse zu vertiefen und sich im Bereich der naturkundlichen Sammeltätigkeit zu perfektionieren. Diesbezüglich sprach sie auch bei den einschlägigen wissenschaftlichen Institutionen und deren leitenden Mitarbeitern vor. Dies belegen zwei Zeugnisse, die sich heute in ihrem Teilnachlass befinden, das eine von Joseph Arneth, das andere von Carl von Schreibers, dem Leiter der Vereinigten Naturalien-Kabinette, beide vom 13. Februar 1851.[107] So ließ sie sich etwa einen Monat vor ihrer nächsten großen Fernreise – am 18. März sollte sie dazu über Prag und Berlin Richtung London aufbrechen –von den Direktoren dieser Museen ihre bisherigen Aktivitäten und Beiträge für deren Sammlungen bestätigen. Mit diesen Schreiben wollte Pfeiffer um finanzielle Unterstützung aus dem Staatsschatz ansuchen, sie belegen aber auch ihre Bemühungen, sich in den nötigen Fachkenntnissen für

---

105 Zu Joseph Arneth vgl. Wurzbach, 1. Teil, 1856, S. 67 f.
106 *Zeugniss Joseph Arneth*, Director des k. k. Münz & Antiken-Cabinettes, Wien, den 13. Februar 1851, TN IP. Der Entwurf des Zeugnisses befindet sich in der Antikensammlung des KHM, Akten des Münz- und Antikenkabinetts, Nr. 202 ex 1851 »Ida Pfeiffer«; vgl. dazu Habinger 2022, S. 95.
107 *Zeugniss F. Schreibers, Director [des k. k. Hof-Naturalienkabinets]*, Wien den 13ten Februar 1851; TN IP. Carl (Karl Franz Anton) von Schreibers war bis 1851 der Leiter des »Vereinigten k. k. Naturalien-Cabinete« (danach wurden sie umorganisiert und geteilt) und mehrere Jahrzehnte hindurch sicherlich eine der wichtigsten wissenschaftlichen Persönlichkeiten Wiens; vgl. Feest 1980, S. 15 ff.; Hamann 1979, S. 17, 20; zu Schreibers vgl. auch Riedl-Dorn 1998, S. 69 ff.

die Sammeltätigkeit unterweisen zu lassen. So ersuchte sie Arneth nicht nur um »allfällige Aufträge« für die geplante Reise, sondern auch um »Verhaltungsregeln«,[108] und Schreibers bestätigt in seinem Zertifikat, Pfeiffer sei angesichts ihrer geplanten Reiseziele bemüht gewesen, »sich durch fleißiges Besuchen des Naturalienkabinets über die jenen Ländern eigenthümlichen Producte zu informiren, sich mit der Methode des Sammelns und Präparirens der verschiedenen Gegenstände recht vertraut zu machen, um dieß Mal mit noch beßeren Erfolge naturhistorische Zwecke verfolgen zu können«.[109]

Auch Constant von Wurzbach, der Verfasser des sechzigbändigen Nachschlagewerkes, »Biographisches Lexikons des Kaiserthums Österreich«, berichtet in einem Zeitungsartikel von den Aktivitäten seiner Landsfrau vor dieser großen Unternehmung. Sie habe, »um die Zwecke ihrer Reise zu fördern, vorher einen gründlichen Unterricht in der Behandlung von Naturprodukten« erhalten, sie sei »von den Professoren der kaiserlichen Sammlungen in Wien« aufgrund der von den früheren Reisen nach Skandinavien und in den Vorderen Orient mitgebrachten bedeutenden »naturhistorischen Seltenheiten« mittels »einer Geldsumme« unterstützt worden.[110] Eine Aussage, die allerdings nicht verifiziert werden kann. Vielleicht meinte er Ankäufe von den Reisen durch das kaiserliche Naturalienkabinett, oder er bezog sich auf eine finanzielle Unterstützung der österreichischen Regierung, die Pfeiffer mit Hilfe der Zertifikate Schreibers und Arneths erhielt.

So ist dem Ministerratsprotokoll vom 20. Februar 1851, also eine Woche nach der Ausstellung der Zeugnisse von Arneth und Schreibers, unter Punkt 6, »Unterstützung für die Reisende I. Pfeiffer«, zu entnehmen, der Minister des Inneren, Dr. Bach, habe über ein »Gesuch der bekannten Reisenden M. Pfeiffer, um einen Unterstützungsbeitrag aus dem Staatsschatze, behufs der Unternehmung einer

---

108 *Zeugniss Joseph Arneth*, 13. Februar 1851, TN IP.
109 *Zeugniss F. Schreibers*, 13. Februar 1851, TN IP.
110 [Wurzbach, Constant von:] *Die Weltreisende Ida Pfeiffer*, in: Illustrirte Zeitung, 23. 2. 1856, S. 142.

neuen Reise nach Australien« referiert.[111] Und weiter ist hier vermerkt, weil »diese unternehmende, ausgezeichnete Reisende bereits aus eigenem Antriebe und nach Zulässigkeit ihrer beschränkten Mittel für die kk. Kabinete Etwas gethan hat, und für die wissenschaftlichen Zwecke auf ihrer neuen Reise mehr zu thun bereit ist«, so habe der Ministerrat beschlossen, »dem Antrage des Ministers Dr. Bach beistimmend«, Ida Pfeiffer eine »Aerarium Unterstützung von 100 Pfund Sterling« mittels eines Wechsels zukommen zu lassen. Ein Betrag, der zwar durchaus ansehnlich war, in Anbetracht der großen Pläne der Wienerin jedoch etwas bescheiden zu nennen ist. Dass sich Ida Pfeiffer Hoffnung auf offizielle Sammelaufträge machte und damit auf finanziellen Rückhalt, wird ebenfalls aus diesem Ministerratsprotokoll deutlich. So lesen wir hier, sie mache sich »anheischig, auf ihrer nun zu unternehmenden Reise nach Australien die ihr allenfalls zu ertheilenden Aufträge der kk. Kabinete, zur Sammlung von Insecten, Vögelarten etc. in jenen Gegenden zu besorgen«.

---

111   Ministerratsprotokoll vom 20. Februar 1851, MKZ. 575/1851, KZ. 376/1851, Prot. Nr. 511/1851, Pkt. 6, fol. 158, ÖStA, Wien.

Die zweite Reise um die Welt – die Jahre 1851 bis 1855

Für ihre nächste Reise hatte sich die Wienerin viel vorgenommen,[112] wie bereits aus den oben geschilderten Bemühungen hinsichtlich der naturkundlichen Sammeltätigkeit deutlich wird, die einerseits der Verbesserung ihrer diesbezüglichen Kenntnisse dienen, andererseits auch neue finanzielle Möglichkeiten eröffnen sollten. Jedenfalls findet sich im Reisepass Ida Pfeiffers folgender Eintrag: »Dieselbe reiset von Wien über England nach Asien, Africa und Australien«, deshalb ist der Pass auch drei Jahre gültig, allerdings sowohl zur Hin- als auch zur Rückreise. Und als Zweck ihrer Unternehmung hat sie unter der Rubrik »Geschäfte« ganz selbstbewusst den Passus aufnehmen lassen: »in wissenschaftlicher Hinsicht«.[113]

Sie ist nunmehr vom Ehrgeiz beseelt, in besonders entlegene, wenig oder kaum erforschte Regionen vorzudringen und dabei für die Wissenschaft interessante, wenn möglich bisher unbekannte Naturalien zu finden. Sie fährt zunächst über Prag nach Berlin, wo sie in den bedeutendsten Museen vorspricht, um Kontakt zu den wissenschaftlichen Größen ihrer Zeit aufzunehmen, was ihr tatsächlich gelingt. Mit besonderem Stolz erfüllt sie die Tatsache, dass selbst Alexander Freiherr von Humboldt, einer der bedeutendsten Gelehrten seiner Zeit und mit seinen Expeditionen vermutlich auch Vorbild der Wienerin, sie freundlich empfängt.[114]

---

112 Vgl. zur folgenden Beschreibung dieser Reise: Ida Pfeiffer, »*Meine zweite Weltreise*«, 4 Teile, Wien 1856, neu aufgelegt unter dem Titel »*Abenteuer Inselwelt. Die Reise 1851 durch Borneo, Sumatra und Java*«, Wien 1993 (Teil 1 und 2) bzw. »*Reise in die Neue Welt. Amerika im Jahre 1853*«, Wien 1994 (Teil 3 und 4).

113 Oesterreichisch-kaiserl.königl. Reisepass für Ida Pfeiffer, Wien am 13. Maerz 1851, TN IP.

114 Zu Alexander Freiherr von Humboldt (1769–1859), einem der berühmtesten Naturforscher und Geographen seiner Zeit, vgl. z. B. ADB, Bd. 13, 1881, S. 358ff. Er unternahm selbst 1799–1804 eine Forschungsreise in Südamerika; in seinem bekanntesten Werk, »*Kosmos, Entwurf einer physischen Weltbeschreibung*« (1845–1862), versuchte er das gesamte Wissen über die Erde zusammenzuführen.

So wird in den beiden folgenden Briefen, der eine an ihre Freundin Frau Schwarz, der andere an Joseph Winter, deutlich, dass sich Ida Pfeiffer mittlerweile eines gewissen Ruhms erfreuen durfte. Bekannte Persönlichkeiten suchten ihre Gesellschaft, wie die Dichterin Bettina von Arnim (1785–1859), der Komponist Giacomo Meyerbeer (1791–1864), der 1842 vom König von Preußen zum Generalmusikdirektor ernannt worden war, und nicht zuletzt der eher extravagante und nicht unumstrittene Hermann Fürst von Pückler-Muskau (1785–1871), selbst ein leidenschaftlicher Weltenbummler, dessen geistreiche Reiseschilderungen ihm große Popularität verschafften. In späteren Briefen, vor allem aus Niederländisch-Indien, wo ihr die dort ansässige koloniale europäische Oberschicht umfassende Unterstützung zukommen ließen, wird Pfeiffer sich darüber beklagen, dass ihre Landsleute und die offiziellen Vertreter Österreichs sie weit weniger aufmerksam behandeln, als die Menschen im fernen Ausland, ganz im Gegenteil.

Nach einem weiteren Zwischenstopp in Hamburg, wo sie, wie in Prag, Freunde und Verwandte besucht, trifft die Wienerin am 10. April in London ein. Auch hier wird sie, wie sie in folgendem Brief an Joseph Winter schildert, von den »*Directoren und Professoren*« der Museen »*sehr gut aufgenommen*«. So sucht sie Sir Richard Owen auf, den Chefkonservator am »Hunterian Museum« und Professor für vergleichende Anatomie und Physiologie am »College of Surgeons«, einen der bedeutendsten Anatomen seiner Zeit,[115] und George Robert Waterhouse vom »British Museum« schenkt ihr nach eigenen Aussagen »viele Stunden«, in denen er sie »besonders über die Art des Sammelns belehrte« (Pfeiffer 1856, 1. Teil, S. 20f.).[116] Zu ihm und seiner Frau sollte sich schließlich eine freundschaftliche Beziehung entwickeln, wie späteren Briefen zu entnehmen ist (abgedruckt weiter unten).

---

115 1856 übernahm Richard Owen die für ihn geschaffene Position eines »Superintedet of the natural history« im *British Museum*; vgl. *Dictionary of National Biography*, Bd. 42, 1895, S. 435 ff.; Wyhe 2019, S. 127 f.

116 Zu George Robert Waterhouse siehe die Liste der Adressatinnen und Adressaten.

Außerdem lernt sie den bedeutenden deutschen Geographen und Kartographen August Petermann kennen, der seit 1847 in London lebte und eng mit der »Royal Geographical Society« zusammenarbeitete.[117] Mit ihm diskutiert Pfeiffer ihre Reisepläne (sie steht auch später mit ihm in Briefkontakt) – vielleicht hat er sie auch aufgrund eigener Interessen darin bestärkt, ins Innere des südlichen Afrika vorzudringen. So schreibt Petermann in einem Artikel in der Zeitschrift *The Athenaeum*, erschienen am 6. Dezember 1851, in dem er über ihren Reiseverlauf berichtet, Ida Pfeiffer habe in London ihre ursprünglichen Absichten revidiert und nun neue Ziele ins Auge gefasst: »The recently discovered Lake Ngami in Southern Africa, and the interesting region to the North towards the Equator [...] – and lastly, the suggestion that she might be destined to raise the veil from some of the totally unknown portions of the interior of Africa – made her determine on stopping at the Cape, and trying to proceed thence, if possible, northwards into the Equatorial regions of the African Continent.«[118] Denn ihr ursprüngliches Vorhaben, Australien zu erkunden (wie auch in ihrem Reisepass vermerkt), muss Ida Pfeiffer aufgeben, wie sie in ihrem Reisebericht vermerkt, weil der Goldrausch, der in Australien gerade ausgebrochen war, bewirkte, dass »Auswanderer von allen Seiten dahin strömten und in Folge dessen Leben und Aufenthalt über alle Maßen theuer wurden« (Pfeiffer 1856, Teil 1, Vorrede, o. S.). Dasselbe berichtet sie August Petermann in einem Brief vom 30. Oktober 1853, der hier weiter unten zu finden ist.

Etwas mehr als einen Monat verbringt die Reisende in London, sie besichtigt auch die Sehenswürdigkeiten der Stadt, unternimmt einige Ausflüge in die nähere Umgebung und besucht mehrmals die Weltausstellung, die sie in ihren Briefen als »Kunstausstellung« bezeichnet. Und auch wenn ihr London nicht gefällt, bis hin zum steifen

---

117 Zu August Petermann siehe die Liste der Adressatinnen und Adressaten.
118 August Petermann: *Madame Ida Pfeiffer in Africa*, in: The Athenaeum, 6. 12. 1851, S. 1281.

Benehmen der Oberschicht und deren »*Theegepritschel*«, gestaltet sich der Aufenthalt unglaublich erfolgreich.

Schließlich reist sie mit einem Schiff Richtung Kapstadt ab, in der Absicht, hier nur kurz zu bleiben und dann eine Expedition ins Landesinnere, zu den »unbekannten Binnenseen«, zu unternehmen. Denn man habe ihr allgemein versichert, dass sie »als Frau von den Eingebornen nicht viel zu befürchten hätte« (Pfeiffer 1856, Teil 1, S. 52). Während der Überfahrt verfasst sie einen ausführlichen Brief an ihre Freundin, Frau (von) Schwarz.[119] Sie beginnt auch einen zweiten Brief an Bord, gerichtet an Joseph Winter, den sie schließlich ebenfalls nach der Landung in Kapstadt beendet.

Brief an Frau von Schwarz, Auf dem atlantischen Ocean begonnen und zwar auf dem 30. Breitegrad südlich dem Äquator und dem 19. Längengrad westl., 29. Juli 1851

>Auf dem atlant. Ocean begonnen und zwar auf dem 30t Breiteng. südlich dem Äquat. und dem 19t Längeng westlich.
>
>den 29ᵗ Juli 1851

Meine liebe gute Frau von Schwarz!
Schon von London aus wollt' ich Ihnen einige Nachricht geben von dem Leben und Treiben, das ich führte seit ich Wien verließ, aber ich hatte wahrlich kaum mehr Gelegenheit zum schreiben als höchstens an meine Söhne. – In Berlin hielt ich mich 6 Tage auf, um mich mit den Directoren und Professoren der Museen bekannt zu machen, welches mir so gut und schnell gelang[,] daß sogleich jedes Museum für mich zu jeder Stunde geöffnet war. Außerdem besuchte ich den würdigen Alex. Fr. v. Humboldt, er nahm mich vorzüglich freundlich auf, und meine Reisen schienen ihn nicht nur zu interešieren, er war so erstaunt[,] daß er mehrmalen ausrief: »Sie haben Unglaubliches durchgesetzt.« – Von Freiin Bettina Arnim war ich nicht minder herzlich aufgenommen, ich mußte ihr das Versprechen geben, sie jederzeit zu besuchen wenn ich Berlin berühre. – Compositeur Mayerbeer und

---

119   Zu Frau (von) Schwarz siehe die Liste der Adressatinnen und Adressaten.

Fürst Pükler Muskau ließen sich bei mir aufführen. – In London war ich nicht minder gut aufgenommen. Es erschienen sogleich in mehreren Zeitungen Berichte über mich und ich fing an recht bekannt zu werden, und manche vornehme Dame drückte mir die Hand und sagte: »I am very pride to shake hands with you.« – Man sagte mir, daß meine Reisewerke ins englische übersetzt werden. – Ich bin außerordentlich froh nach London gekommen zu sein, und nie werde ich es jener Freundin vergeßen, die mir zu diesem Zwecke eine so reichliche Unterstützung gab. In London zu leben, könnt ich mich um keinen Preis entschließen[,] keine Stadt war mir so lästig als diese. Die schrecklichen Entfernungen, das ewige Gewühle von Menschen, das steife Benehmen der höchern Classe, und vor allem die garstige Witterung, die trübe, kohlenstinkende Luft, die eisig kalten Zimmer |:nichts als Caminfeuer:| und das Theegepritschel waren mir so zum Eckel, daß ich die Minute segnete, die mich aus dieser Weltstadt führte. Zur Kunstausstellung bekamm ich eine Charte, und zwar eine so liebenswürdige, daß ich durch sie der Eröffnung beiwohnen konnte, und außerdem noch fünfmal freien Eintritt hatte. Über die Kunstausstellung etwas zu schreiben, wäre Wasser in die Donau oder Themse getragen, hierüber werden Sie in den Zeitungen mehr als genug zu lesen bekommen haben.

Eine innige Freude hatte ich, Österreich so wohl vertretten gesehen zu haben. Ich hoffe, daß einige Preise unsern Landsleuten zugefallen sein werden. Ich habe London schon am 25t May verlaßen und da war von der Preisvertheilung noch keine Rede. – Ja, liebe Frau von Schwarz, seit dem 25t May treibe ich mich auf der See herum, und noch sind wir an 1500 Seemeilen vom Ziele entfernt. Wir hatten in dieser langen Zeit, außer einigen Squalls |:Windstößen:| und sehr hoher See, keine Unbilden von der Natur zu erleiden. Dagegen bin ich mit allem unzufrieden[,] was mich auf dem Schiffe umgibt. Der Kapitain ist nur windgebildet, außer vom Winde weiß er durchaus nichts zu sprechen, dabei ist er so karg, daß die Verpflegung an seinem Tische um gar nicht viel besser ist als jene der Matrosen, in den ersten Tagen vermeinte ich, daß der edle Aufwärter falsch gegangen sei, und unsere Cajüte für jene der Matrosen ansah, allein noch heute zu Tage tritt keine Änderung oder Verbeßerung in unsern Speiszettel ein. – Wenn Sie mich wieder einmal fragen sollten, mit welcher

Speise Sie mich beglücken könnten, so gäbe ich Ihnen ein Rezept von einem Mehlknödel den man hier Budding nennt, der schon das non plus ultra der Kochkunst ist. – Man nehme Mehl nach belieben, Wasser so viel[,] daß eine Art dünner Teig gefertiget wird, in diese Masse mische man 3–4 Rosinen, auch noch weniger, nur nicht mehr, als dann gebe man das Ganze in einen leinernen Sack, binde ihn fest zu, und koche es 4–5 Stunden im Wasser. Vom Sacke kömmt es dann auf die Schüssel und auf den Tische. Diese Speise bildet das Festessen, Sie mögen hieraus auf das Übrige schließen. Wenn Sie mit Ihrer Köchin einst unzufrieden sein sollten, will ich mich bemühen Ihnen den hiesigen Koch zu verschaffen! – Dem allem angemessen ist die Reisegesellschaft, sie besteht aus einem jungen Engländer[,] der seine Erziehung in einem Pferdestall oder in einem noch edleren Orte empfangen haben muß, ein so gemeines, rohes Benehmen ist mir noch nicht vorgekommen; ich will Ihnen nur zwei seiner Gewohnheiten mittheilen. Des Morgens[,] wenn wir uns zum mageren Frühstück setzen, putzt er sich mit dem Federmesser die Nägel, auch schneit er sie zeitweise, – wenn ich schreibe, kommt er häufig in die Cajüte, lärmend, singend, pfeifend, wie wenn er gerade von einer Schenke wieder in eine zweite kämme, dazu trommelt er sich mit den Füßen den Tact, daß der ganze Boden, folglich auch der Tisch, an welchem ich schreibe, immerwährend zittert, ich muß oft frei aufhören und etwas anderes beginnen. – Ach, wer keine Reise auf einem englischen Segelschiffe machte, das nicht eigens für Reisende eingerichtet ist, der hat wahrlich keinen Begriff, was es heißt eine Seereise zu machen. Ich wette der Mißionair Knoblecherr[120] wird sich's schon bequemer machen und hübsch mit Dampfschiffen gehen[,] er ist zwar ein Mißionair, allein die Herren verstehen zu leben; auch hat er ja Geld genug

---

120   Gemeint ist vermutlich Ignaz Knoblecher, eigentlich Ignacij Knoblehar (1819–1858), ein slowenischer katholischer Geistlicher, Missionar, Mediziner und Forschungsreisender. Ab 1848 war er apostolischer Generalvikar für Innerafrika und residierte in Khartum, wo er auch eine Missionsstation gründete; 1849 unternahm er eine Forschungsreise auf dem Weißen Nil und veröffentlichte 1850 sein Buch »Reise auf dem weißen Nil«, also nicht lange vor Ida Pfeiffers Abreise. In diesem Jahr war er auch für kurze Zeit nach Österreich zurückgekehrt, um neue Missionare zu rekrutieren und Geldspenden zu lukrieren. Für ihn wurde in Wien der »Marienverein zur Beförderung der Katholischen Mission in Central-Afrika« gegründet. Vgl. Baschnegger/Schlag 1988, S. 262 (online).

gesammelt. – Doch ich muß schließen und noch ein Plätzchen für die Capstadt lassen.

13t Aug. Am 11t sind wir endlich angekommen[,] glücklich und ohne die geringsten Stürme oder Unwetter auf der ganzen Reise. – Ich wohne hier bei Herrn Thalwitzer, Hamburger Consul.[121] Diesen Monath gehe ich noch vermuthlich in das Innere des Landes. Der Caffern Krieg ist noch nicht zu Ende.[122]

Auch hier ist mein Nahme schon bekannt und ich erhielt schon recht interessante Einladungen. Nun leben Sie wohl und empfehlen Sie mich Ihrem Herrn Gemahl.

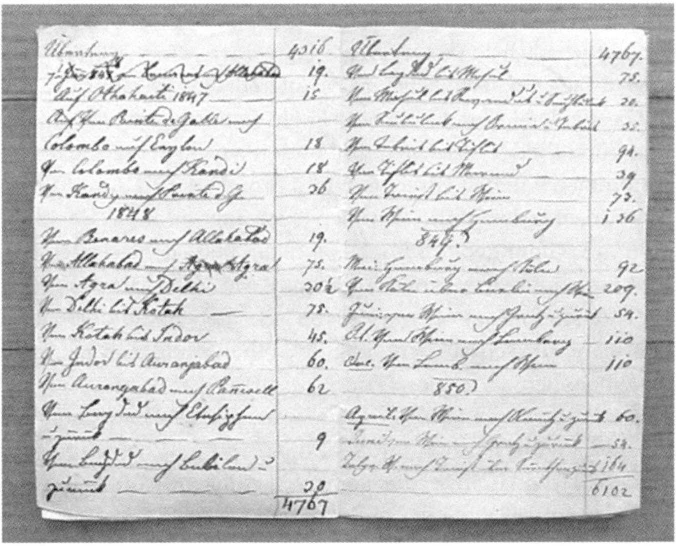

Abb. 6: Seite aus dem handschriftlichen Reiseverzeichnis »Reisen zu Wasser der Ida Pfeiffer«. Quelle; Teilnachlass Ida Pfeiffer (Privatbesitz Dr. Friker).
Foto: Gabriele Habinger.

---

121 Maximilian Thalwitzer war 1838 bis 1855 Konsul der Freien Hansestädte in Kapstadt; vgl. Schmidt-Pretoria 1955, S. 233.
122 In den Briefen spricht Ida Pfeiffer immer wieder – oft nur nebenbei – die politische Situation an. So führte die Kapkolonie zwischen 1779 und 1878 zahlreiche Grenzkriege gegen die Xhosa, die als »Kaffern-Kriege« bezeichnet wurden; Kämpfe zwischen Briten und Xhosa gab es unter anderem 1846 und zu Beginn der 1850er Jahre.

Brief an Joseph Winter,
Auf dem Ocean begonnen, 29. Juli 1851

Auf dem Ocean begonnen
den 29ᵗ July 1851

Bester Herr v. Winter!
Bei meiner Abreise äußerten Sie den Wunsch[,] manchmal ein Lebenszeichen von mir zu erhalten, nun soll Ihnen der erste herzliche Gruß von der Capstadt zukommen. Ich mußte zwar den Brief schon auf der See beginnen[,] denn am Lande habe ich selten mehr Muße zum schreiben, als ich für mein Tagebuch benöthige, schließen will ich diese Zeilen in der Capst: die wir hoffentlich nächste Woche erreichen werden. – In Berlin hielt ich mich 6 Tage auf, ich machte da die intereßanten Bekanntschaften mit bes[onders] Alex. Humboldt, Freiin Bettina Arnim, Mayerbeer und Fürst Pükler Muskau. – In London wurde ich sehr gut aufgenommen von den Directoren und Profeßoren all der Museen, es wurde mir der Zutritt in selben jeden Tage erlaubt. – Mehrere Herren von der geographischen Gesellschaft suchten mich auf, und Einladungen zu einigen gelehrten Meetings kamen mir zu.

Daß ich in London war, ist mir sehr lieb, allein dort zu leben wäre mir schrecklich, noch in keiner Stadt fand ich mich so unheimlich als in dieser, noch in keiner war mir der Aufenthalt so lästig als in London. Diese schrecklichen Entfernungen, dieses Gewühl in allen Straßen, diese rauhe Witterung[,] der ewig nebliche Himmel, die steinkohlenstinkende Luft, die eisig kalten Zimmer |:überall Caminfeuer:| das steife Benehmen der Leute, – kurz alles und alles mißfiel mir in höchstem Grade. – Zur Kunstausstellung bekamm ich eine Charte, und zwar eine solche, womit ich der feierlichen Eröffnung beiwohnen konnte, und noch außerdem zu fünfmaligen Besuchen berechtigt war. Über diese Weltbegebenheit zu sprechen wäre Wasser in die Donau getragen, hirüber werden Sie genug in allen Zeitungen zu lesen bekommen haben, – vielleicht haben Sie auch selbst einen Ausflug nach London gemacht. – Ich sah unter den Waren auch jene[,] die von Ihrer Fabrik gekommen sein mögen, der Nahme »Winter« stand angeschrieben.

Den Brief an Herrn von Schwarz gab ich zwar ab, allein er war so beschäftigt, daß er kaum einige Worte mit mir sprach.

Auch ist es wirklich schwer sich in London mit Jemanden zu befaßen. Ein Glück für mich war, daß ich etwas englisch spreche, ich ging gleich auf meine eignen Faust, wie man zu sagen pflegt, in ganz London und der Umgebung herum. Schon am 2t Tage nach meiner Ankunft lief ich in der Stadt kreutz und quer herum, ohne Führer und ohne Plan, und ich traff überall hin, wo ich hin wollte. – Am 25ᵗ May verließ ich London auf einem Segelschiffe! Seit April gehen auch Dampfer nach der Capst.[,] allein die Preise sind ungleich höher als auf Segelschiffen, und da Geld für mich kostbarer ist als Zeit, so mußt ich zu Letzteren meine Zuflucht nehmen. Wir segeln, wie Sie sehen, schon über 2 Monathe auf dem salzigen Elemente umher und sind dennoch bei 1900 Seemeilen vom Ziele entfernt: Außer einigen Windstößen und sehr hoher See, hatten wir kein Ungemach zu überstehn.[] Desto mehr Ungemach hat man auf dem Schiffe selbst zu überstehen. Der Kapitain ist ganz ungebildet und von einer Kargheit, die schon in Geitz ausartet. Die Kost ist daher so schlecht, wie ich sie noch auf keinem Schiffe fand, wir leben beinah ganz nach Matrosenweise, nichts als Salzfleisch, Erbsensuppe, Stockfisch u. d. g.[,] nur zu Mittag haben wir zwei warme Gerichte, außer dem nichts als kaltes Salzfleisch. – Von Reisegesellschaft ist keine Rede, das Schiff gehört zu den kleinen und ist nur für Waarentransport eingerichtet, außer mir ist nur noch ein junger Engländer an Bord, der so gemein in seiner Art ist, daß er sich am liebsten bei den Matrosen aufhält, mit ihnen singt, pfeift, raucht und tollt wie besessen. – Wie Sie sehen, bin ich in jeder Hinsicht prächtig aufgehoben. Ich spreche oft wochenlang nichts anderes als Good morning Sir, good evening. – Doch das Blatt ist voll und ich sollte es erst in der Kapstadt schließen[,] also leben Sie vor der Hand recht wohl.

[]ot[123] Aug. Am 11ᵗ sind wir glücklich angekommen. Mein Ruf drang schon bis hieher[,] in Folge dessen bekamm ich schon viele Besuche [und] Einladungen.

Wenn ich Sie bitten dürfte, den Einschluß gelegentlich bei Herrn Optikus Prokesch in der Kochgasse abzugeben. Ich weiß die Adreße von Herrn Böck nicht genau.

---

123 Hier fehlt der Rand des Briefes, weshalb diese Stelle nicht rekonstruiert werden kann, das »und« der nächsten Zeile konnte ergänzt werden.

Leben Sie recht wohl, empfehlen Sie mich all den Ihrigen und von Australien sollen Sie wieder einige Worte von mir hören.
Ihre erg. I. Pfeiffer.

Auch dieser Brief von Ida Pfeiffer enthält (auf einem kleinen Zettelchen) die Bitte, einen Einschluss weiterzuleiten, diesmal an »Herrn Optikus Prokesch«. Es handelt sich sehr wahrscheinlich um Wenzel Prokesch, der laut Lehmanns Adressbuch von 1859 in der Kochgasse 46 wohnte (vgl. Lehmann, 1. Jg. 1859, Einwohnerverzeichnis, S. 625). Er baute in den 1840er Jahren verbesserte Kameras für die Daguerreotypie, ein frühes fotografisches Verfahren, das 1839 von Daguerre in Paris vorgestellt worden war. Die ersten derartigen Kameras kamen in Wien bereits ab September 1839 auf den Markt, und hier bemühte man sich in der Folge, die Apparate zu optimieren.[124] Vielleicht hatte Ida Pfeiffer bei ihm auch die oben erwähnte Kamera für ihre Islandreise erworben (vgl. Jehle 1989, S. 71).

Am Ende des obigen Schreibens an Herrn Winter formuliert die Wienerin noch einmal – wie auch in ihrem Reisebericht – die Absicht, nach Australien weiterzureisen, doch muss sie diesen Plan bald endgültig aufgeben. Allerdings erscheinen die Aussagen etwas widersprüchlich, da August Petermann in dem oben zitierten Artikel vom 6. Dezember in *The Athenaeum* meint, Pfeiffer habe bereits in London dieses Vorhaben fallen gelassen, um das südliche Afrika zu erkunden. Dieser Artikel enthält auch einen Auszug aus einem Brief der Wienerin an Petermann. Er erhielt dieses Schreiben, verfasst am 20. August 1851 in Kapstadt, Ende November 1851. Petermann betont hier die bescheidenen Mittel der Wienerin, so sei sie nach Kapstadt mit dem Segelschiff gefahren, ihre übliche Art auf See zu reisen, da Dampfschiffe für sie zu teuer wären. Und bedauernd hält er weiter fest, indem er sich auf eine Aussage in diesem

---

124 Prokesch war Mitglied der sog. »Fürstenhof-Runde«, einer Künstlergruppe, die sich der Daguerreotype widmete und die die Verbesserung der Technik vorantrieb. Zu ihnen gehörten neben Prokesch auch andere Wiener Optiker, wie etwa Wilhelm Voigtländer, die neue Objektive und Kameras bauten; vgl. dazu Jonas o. J. (online).

Brief bezieht, sie habe nur die Summe von 100 Pfund Sterling zur Verfügung, jedoch keine eigenen Mittel: »It is to be regretted that the want of a little pecuniary assistance should deter the enterprising Lady from carrying out her projected journey in Southern Africa.«[125]

Brief an August Petermann, Kapstadt, 20. August 1851 (Auszug)
Abgedruckt in: The Athenaeum. Journal of English and Foreign Literature, Science, and Fine Arts, London, Jg. 1851, No. 1258, Dec. 6, S. 1281.

[Capstadt, 20. August 1851]
Der Eindruck, den dieser Ort auf mich machte, war kein angenehmer. Die Berge, die die Stadt umgeben, sind kahl, die Stadt selbst – ich habe London noch zu frisch im Gedächtnis – gleicht einem Dorfe. Die Häuser sind alle nur einstöckig und haben statt der Dächer Terrassen. Vom Bord des Schiffes war ein einziger Baum zu sehen, der auf einem Hügel stand. Kurz, bei meiner Ankunft war ich sogleich sehr enttäuscht, und diese Enttäuschung wurde in anderer Hinsicht noch verstärkt. In der Stadt ist die europäische Art zu leben vollkommen vorherrschend – mehr als in jedem anderen Land, das ich gesehen habe. Ich habe eine Menge Befragungen hinsichtlich des Reisens in das Innere gemacht; und man versicherte mich allgemein, dass die Eingebornen den Reisenden freundlich gesinnt seien, und daß ich als Frau fähig sein sollte, viel weiter vorzudringen als ein Mann, – und mir wurde sehr angeraten, eine Reise bis zu den unbekannten Binnenseen und sogar noch weiter zu unternehmen. Doch trotz all dieser großartigen Aussichten und Hoffnungen fürchte ich, werde ich in diesem Land weniger reisen als in jedem andern. Das erste, was einem hier gesagt wird, ist, daß man Wagen, Ochsen, Pferde, Esel kaufen müsse, – teure Führer mieten u. s. w. u. s. w. Wie weit könnte ich auf diese Weise mit meinen 100 Pfund Sterling

---

125 August Petermann: *Madame Ida Pfeiffer in Africa*, in: The Athenaeum, 6.12.1851, S. 1281. Der Briefauszug, hier in Englisch abgedruckt, wurde von der Herausgeberin ins Deutsche rückübersetzt, wobei sich Sprachduktus und Wortwahl an Pfeiffers Reisebericht orientieren, der eine ähnliche Schilderung enthält (vgl. Pfeiffer 1856, Teil 1, S. 44f.).

gelangen? Ich werde Ihnen ein Beispiel geben für die Kosten in diesem Land: Für den Transport meines kleinen Gepäcks zu meiner Unterkunft mußte ich 10 s. 6 d. bezahlen! Ich bin früher an Orten gelandet, von denen ich dachte, daß sie die teuersten der Welt wären – London, Calcutta, Canton etc. – mußte überall viel größere Entfernungen vom Schiff zu meiner Unterkunft zurücklegen – und nirgendwo zahlte ich halb so viel, wie sie mir hier berechneten. Unterkunft und Verpflegung fand ich hier ebenfalls sehr teuer. Glücklicherweise wurde ich sehr freundlich im Hause von Herrn Thaewitzer,[126] dem Hamburger Consul, aufgenommen, wo ich sehr angenehm lebe, mich aber nicht wirklich dem Ziel annähere, das mich hieher gebracht hat. Im Laufe des Monats werde ich eine kleine Reise mit einigen holländischen Buren nach Klein Williams unternehmen; und ich fürchte, dieß wird den Anfang und das Ende meiner Reisen in diesem Land ausmachen.

Ein Bruchstück dieses Briefes an August Petermann konnte mittlerweile an der Bibliothek der Universität von Tartu, Estland, aufgefunden werden. Dieser Auszug, der den Schluss des obigen Briefes wiedergibt, ist in der Folge hier abgedruckt. Damit wird deutlich, dass bei der Drucklegung der Briefe Ida Pfeiffers Briefe doch in den Inhalt eingegriffen wurde, das Fragment zeigt kleinere inhaltliche Abweichungen sowie Ergänzungen.

Brief an August Petermann, Kapstadt, 20. August 1851 (Bruchstück, Original)

[Capstadt, 20. August 1851]
Ich will Ihnen als Beispiel nun anführen, was ich für mein geringes Gepäck vom Schiffe bis in die Wohnung zu schaffen, zu zahlen hatte, 10 Schil. und 6 Pc. Ich landete bereits in den theuersten Orten der Welt, in London, Calcutta, Canton u. a.[,] hatte stets vom Hafen bis zur Wohnung eine viel größere Entfernung als hier und zahlte nirgend halb so viel. Die erste Nacht schlief ich

---

126 Hier (wie auch an anderen Stellen) hat sich ein Lese- oder Druckfehler in den Zeitungsartikel eingeschlichen, es müsste heißen: Thalwitzer.

in einem Privat Hause, welches man mir als höchst billig empfahl, ich zahlte 2 Schill. für das Bett, 6 Pc. für eine erbärmliche Tasse Caffe oder Thee. – Jetzt wohne ich bei dem Hamburger Consul Hr: Thalwitzer; ich lebe da sehr angenehm, – Allein für meinen Zweck ist nicht viel zu erlangen. – Nach diesem Monath will ich eine kleine Reise mit holländischen Buren nach Klein Williams machen und diese Reise soll der Anfang und Schluß in diesem Lande sein.

Wenn ich zurück sein werde, will ich wieder an Sie schreiben. Leben Sie wohl und empfangen Sie nochmalen meinen Dank für Ihre Gefälligkeiten.

Ihre ergebene
I. Pfeiffer

Auch bis hieher ist der Ruf meiner Reisen schon gedrungen. Ich bekomme Einladungen und Besuche von allen Seiten!

Empfehlen Sie mich gütigst Herrn Bentheim

In Kapstadt muss Ida Pfeiffer, nachdem sich eine Expedition ins Landesinnere als zu kostspielig herausgestellt hat, wie sie auch in obigem Brief andeutet, schließlich feststellen, dass auch ein Besuch Australiens von der Spitze Südafrikas aus nicht realisierbar ist, denn es verkehren keine Schiffe zum australischen Kontinent. So ergreift sie die Gelegenheit, mit einer Bremer Brigg, die gerade im Hafen liegt, nach Singapur zu reisen. Sie überlegt nicht lange, denn von dort »findet man Schiffe nach allen Himmelsgegenden« (Pfeiffer 1856, Teil 1, S. 53). Noch dazu wird sie vom Kapitän, durch Vermittlung eines englischen Beamten, zu äußerst günstigen Bedingungen mitgenommen.

In Singapur wird sie, wie vier Jahre zuvor, von der Familie Behn gastfreundlich aufgenommen, sie erhält ein eigenes Häuschen mitten im Dschungel, wo sie »nach Herzenslust der Natur und dem Insektenfange leben konnte« (ebd., S. 57). Darüber hinaus stellt ihr Herr Behn ein Boot und fünf Männer zur Verfügung, die sie allgemein unterstützen und ihr beim Sammeln helfen sollen. Ida Pfeiffer ist begeistert, sie verbringt hier glückliche Tage. Ihre Ausbeute schickt sie an das Wiener Naturalienkabinett, wie wir einem Brief an Vincenz Kollar (auch Collar), dem langjährien Mitarbeiter des Wiener Hof-Naturalienkabinetts und damals bereits Leiter des k. k. Zoologischen Kabinetts,[127] vom 30. November 1851 entnehmen können.[128]

Brief an Vincenz Kollar, Singapur, 30. November 1851

Singapore den 30.^t Nov. 1851

Bester Herr v. Collar!

Ich hoffe daß Sie ein Kistchen vom Cap d. g. H. bereits empfangen haben. Ich wünschte nur, daß einiges darinnen enthaltene wäre, daß neu und brauchbar für unser Museum wäre. Die Seetangen werden wohl das Beste darunter sein. Auch von hier sende ich ein Kistchen ab, ob Sie es aber vor Ende May bekommen[,] weiß ich nicht. Der Hauptinhalt ist ebenfals aus der See, Theils Tangen, einige Fischchen, ein Paar kleine Seesterne u. s. w.

Ich war hier 5 Tage ganz allein in einem Urwald, nur mit einigen Eingebornen[,] wir gingen von Morgens bis Abends herum nach Insecten zu suchen. Die Ausbeute fiel mager aus, obwohl wir viele faule Baumstämme, andres Holzwerk und dürres Laub untersuchten. Von Käfern war nichts zu sehen, eben so wenig von Landschneken. In einem Glase werden Sie eine ungeheuer große weiße Raupe finden, sie kroch unter gefallnem Laub, ich konnte sie daher nicht mit nach Hause zum verpupen nehmen, da ich ihre Nahrung nicht kannte. Ein hiesiger Artzt sagte mir, daß er glaube[,] es entwickle sich eine sehr große Hummel??[129] daraus. – Die Paar kleinen Würmer, die Sie in den großen Flaschen finden werden, sind vom Seegestade. –

Leider hatte ich auf meiner Excursion zu wenige Spiritus mit, es verdarben mir die größeren Gegenstände so sehr[,] daß ich sie wegwerfen mußte, darunter war ein runder ganz schwarzer Fisch ohne Floßen, wenn man ihn berührte[,] war er so weich wie eine schwach gefüllte Blase, er gab von vorne und rückwärts eine weiße, schleimige Materie von sich, der ganze Fisch bestand im Innern aus Eingeweide, worunter eine Menge Gedärme von der

---

127 Zu Vincenz Kollar siehe die Liste der Adressatinnen und Adressaten.
128 Dem Brief ist eine handschriftliche Verfügung von Vincenz Kollar beigelegt, datiert 27. August 1853, mit der er dieses Dokument für »die Autographen-Sammlung der kuk Hof-Bibliothek« bestimmt.
129 Fragezeichen im Original.

Dicke eines starken Zwirnes und ganz weiß. Eine schwarz braune Schlange, die sich an den Baumwurzeln in der See aufhielt, mußte ich auch wegwerfen, und leider noch mehreres. – Ach Sie glauben nicht, bester Herr Collar, wie schwer es ist[,] die gesammelten Gegenstände fort zu schaffen, wenn man mit dem Gelde so beschränkt ist, wie ich es bin. Gott weiß wie es mir in Borneo gehen wird, denn da glaube ich, daß ich viel zu Fuße wandern werde müßen, – und was kann man wohl dann mit sich führen? Nun werde ich bald an der Quelle sitzen |:in einigen Tagen gehe ich nach Sarawak auf Borneo:| und kann nicht trinken. – –

Sollten Sie, Herr v. Collar, unter den Sachen[,] die ich einsende, etwas neues oder seltenes finden, so sehen Sie, daß es in eine der gelesenen Zeitungen oder Journale kommt, vielleicht würde sich dann die Regierung herbeilassen, mir noch eine weitere Unterstützung zu gewähren.

Unter den Insecten in der kleinen Blechdose sind 2 grüne wandelnde Insecten, es ist ein Ehepaar, das ich so glücklich war sammt den Eyern zu bekommen. Die 2 Schlangen sind vom Land Singapoor, nicht von der See. Die 2 großen Spinnen hielten sich in ihren Geweben zwischen Bäumen gezogen auf. Das durchlöcherte Holz soll von einer ganz kleinen Seeschnecke durchbohrt sein, es soll durchaus unmöglich sein ein Thier davon zu bekommen.

Leben Sie wohl, bester Herr v. Collar[,] empfehlen Sie mich den lieben Ihrigen auf das herzlichste, so wie auch Herrn Dr. Tißing[130] und Allen die mein gedenken. Dr Ti. soll sich von den Tangen nehmen was er für sich benöthigt, den Rest möchte ich ihn bitten, wenn möglich zu versilbern, für mich hat jeder Zwanziger großen Werth.

Wenn ich von Saravak Gelegenheit finde an Sie zu schreiben, werd ich es nicht unterlassen. Ihre ergebene

I. Pfeiffer

Aus diesem Schreiben wird deutlich, dass Ida Pfeiffer durchaus gute Kontakte zu einzelnen Mitarbeitern des Wiener Hof-Naturalienkabinetts hatte, insbesondere zu

---

130 Gemeint ist hier sehr wahrscheinlich der bereits erwähnte Karl Moriz Diesing, vgl. die Liste der Adressatinnen und Adressaten.

Carl Moriz Diesing, bittet sie ihn doch um einen durchaus persönlichen Gefallen, nämlich die von ihm nicht benötigten Naturalien zu »versilbern«, also zu Geld zu machen.

Darüber hinaus enthält das Schreiben auch einigermaßen detailliertere Angaben zu ihrer Sammeltätigkeit. Bislang handelte es sich dabei um den einzigen Beleg in dieser Form, deshalb war davon auszugehen, dass Pfeiffer ihre Aufsammlungen nicht ausreichend dokumentierte. Doch konnten einige Notizen der Wienerin aufgefunden werden, die von der zweiten Weltumrundung stammen, zum Teil auch aus späterer Zeit, und die augenscheinlich mehrere Lieferungen von naturkundlichen Sammelobjekten begleiteten und erläuterten. Sie dürften von Graf Ferrari, ab 1860 Assistent am Zoologischen Hof-Cabinet in Wien, der begeisterter Autographensammler war, den Lieferungen entnommen worden sein, ohne dass er sich darüber Gedanken machte odere dies vor Ort dokumentierte. So befindet sich heute in der Kantonsbibliothek Vadiana St. Gallen ein Zettelchen, und auf der Rückseite folgende Anmerkung, unterschrieben mit »Graf Ferrari, Assistent«: »Ida Pfeiffer's eigenhändige Notiz, einer Sendung entnommen[,] die sie an das Wiener Museum machte und bei deren Eröffnung ich zu gegen war.« Die von Pfeiffer übersandten Insekten wurden sehr wahrscheinlich zu Beginn der zweiten Weltumrundung gesammelt, als sie schließlich am 25. Mai 1851 London mit einem Segelschiff Richtung Südafrika verließ. In der zweiten Juniwoche passierte das Segelschiff die kanarischen Inseln, am 13. Juni 1851 in einer Entfernung von knapp zwei Meilen die südwestlichste der Inseln, das »Eiländchen Ferro« (spanisch El Hierro), wie wir in Ida Pfeiffers Reisebericht nachlesen können (Pfeiffer 1856, Teil 1, S. 42). Schließlich legte das Schiff am 11. August, nach mehr als zwei Monaten, an der Reede von Kapstadt an. Da sich die folgenden Angaben auch auf Aufsammlungen in Kapstadt beziehen, dürfte die Notiz dort im August 1851 fertiggestellt worden sein.

Notiz an das Wiener Hof-Naturalienkabinett, beiliegend einer Naturaliensendung, o. O. o. D. (vermutlich Schiffsreise und Kapstadt, Juni/August 1851)

Jede Glasröhre fängt bei mir oben an[,] wo ein Papierchen steckt. Röhrchen Nr. 4
Die 2 winzigen Fliegen im Papier gewickelt sind vermuthlich junge Fliegen derselben Gattung wie die darauf folgenden größeren schwarzen. Beide kammen häufig in unserm Schiffe vor, als wir den canarischen Inseln vorbei waren. Die einzelne gelblichte Fliege kamm auf das Deck geflogen, ebenfalls an den canarisch. Inseln, von dieser Gattung erzeugte [?] sich keine auf dem Schiffe. Die darauf folgenden Insecten sind von der Capstadt. Die Blattläuse von einem Kohlblatte. Nach den Blattläusen eine ganz […]

Da der Text unvermittelt abbricht, dürfte es sich um ein beschnittenes Stück Papier handeln, denn Johann Baptist Angelo Graf Ferrari ging es weniger um den Inhalt der Nachricht, als vielmehr um die Schriftprobe einer bekannten Zeitgenossin.[131] Er war überzeugt davon, dass die Schriftzüge einer Person Wesentliches über diese aussagen, ein »unmittelbares« und »echtes Lebenszeugnis« darstellen würden (Marwinski 1981, S. 40). So erstellte er nicht nur eine umfangreiche Koleopteren-Sammlung, ein weiterer wichtiger Teil seiner jahrzehntelangen privaten Sammeltätigkeit waren Autographen. Mitte des 19. Jahrhunderts war dies ein äußerst beliebtes Betätigungsfeld. Im Gegensatz zu vielen anderen Sammlern seiner Zeit, die sich meist Persönlichkeiten des literarischen oder gesellschaftlichen Lebens widmeten, lag der Fokus des Grafen auf Naturwissenschaftlern und Ärzten. Darüber gibt auch der Titel seines Inventarverzeichnisses (das insgesamt aus sieben Teilen besteht) Auskunft: »Autographen-Sammlung

---

131 Zu Johann Baptist Angelo Graf Ferrari (1803–1876), seiner privaten Sammeltätigkeit und seiner (relativ späten) Beschäftigung am k. k. Zoologische Kabinett vgl. Marwinski 1981, S. 39ff.; Svojtka in ÖBL.

von Naturforschern, Aerzten, Astronomen, Chemikern und überhaupt allen Personen, die sich mit irgend einem directen oder indirecten Zweige der gesammten Naturwissenschaften wissenschaftlich beschäftigen« (Marwinski 1981, S. 40).

Obwohl es sich also bei obiger Notiz »nur« um eine Schriftprobe handelt und sie (heute für uns) unvollständig ist, erfahren wir doch einige Details zu Ida Pfeiffer Sammelpraxis. Eine größere Anzahl von derartigen kleinen, manchmal beschnittenen Zettelchen mit Erläuterungen der Wienerin findet sich heute im Archiv des Senckenberg Deutschen Entomologischen Instituts in Müncheberg. Sie wurden ebenfalls von Ferrari gesammelt, sind Teil der dortigen »Autographensammlung Ferrari« (SDEI, Inv. 76), die über Umwege in das Archiv gelangte.[132] Einige stammen ebenfalls aus den Monaten Juni bis September 1851, dem Beginn der zweiten Weltumrundung. Während der Seereise von London nach Südafrika notiert sie auf einem rhombusförmiges Stück Papier: »*Am 10ᵗ Juni [1]851 an Bord [der] Allandale 133 gefangen[,] vermutlich von den nördlichen Canarinen verschlagen worden, es war uns das nächste Land*«, und im gegenüberliegenden Dreieck, auf dem Kopf stehend, lesen wir die kurze Notiz: »*Obwohl noch an 50 Seem. entfernt.*«[134] Auch nach der Landung in Kapstadt und während einiger Ausflüge sammelt Ida Pfeiffer weiter fleißig Insekten und schickt diese samt ihren Anmerkungen an das Wiener Naturalienkabinett:

---

132 Details dazu bei Marwinski 1981, S. 39ff. Im Bestandsverzeichnis von Marwinski sind jedoch keinerlei Hinweise auf handschriftliche Dokumente von Ida Pfeiffer zu finden, denn diese fehlen auch in den handschriftlichen Verzeichnissen (7 Heftchen) von Ferrari, die sich heute im Bestand des SDEI befinden (Autographensammlung Ferrari, Inv. 76), siehe E-Mail von Editha Schubert, Senckenberg Deutsches Entomologisches Institut, Archiv, vom 25. 7. 2023 an Autorin. Ich möchte Editha Schubert herzlich danken, die mir freundlicherweise und völlig unkompliziert die Digitalisate der acht handschriftlichen Dokumente von Ida Pfeiffer zur Verfügung gestellt hat (Sig.: SDEI-Inv76-Ferrari-Pfeiffer-Ida-01 bis SDEI-Inv76-Ferrari-Pfeiffer-Ida-08).

133 Im Reisebericht nennt sie das Schiff »Allanadale«, Pfeiffer 1856, Teil 1, S. 42.

134 SDEI-Inv76-Ferrari-Pfeiffer-Ida-04; auf der Rückseite wieder eine Notiz von Graf Ferrari, dass es um Proben von Ida Pfeiffer handelt, vgl. SDEI-Inv76-Ferrari-Pfeiffer-Ida-04-rev.

**Notiz an das Wiener Hof-Naturalienkabinett,
beiliegend einer Naturaliensendung,
Kapstadt, August 1851**

Fliegen aus der Capstadt.
Die 2 klein[en] darauf folgende[n] Insecten im Kuhdunge gef.
Die Inseckten unterhalb der Fliegen auf gelben Wiesenblühmchen. Die 6 schwarzen Käferchen auf Jasmin
Aug. [1]851

**Notiz an das Wiener Hof-Naturalienkabinett,
beiliegend einer Naturaliensendung,
Kapstadt, 6. September 1851**

Der ganz einzelne Käfer auf ein[em] Grashalm, die grau[en] und braunen Käfer, die zusammen in einer Abtheilung liegen, auf Rosenblätter gefunden[,] die oberhalb der einzelnen Käfer liegenden Käferchen auf Jasmin gef. Die 4 Käfer auf Grashalm gefunden, die andern auf Feldblumen
6ᵗ Sept. [1]851

Über ihre Aktivitäten während des vierwöchigen Aufenthaltes in Kapstadt berichtet Ida Pfeiffer auch in ihrem Reisebericht. So habe sie anfänglich »häufig die Umgebung« »durchstreift«, »um Insekten zu suchen«, doch wurde ihr, wie sie schreibt »diese Unterhaltung« bald »verleidet«, denn eines Morgens wird sie von zwei schwarzen Frauen attackiert und bedroht (Pfeiffer 1856, Teil 1, S. 48). Längere Ausflüge unternimmt sie in der Folge nur noch in Begleitung, Mitte September etwa nach Weinberg und Konstantia (ebd., S. 59), wie auch die folgende Notiz belegt:

**Notiz an das Wiener Hof-Naturalienkabinett,
beiliegend einer Naturaliensendung,
Kapstadt, 12. September 1851**

Oben[,] wo das Papier klebt[,] sind Käferchen und Spinnen von der Gegend Weinsberg und Constantia 10 und 15 engl. Meilen von Capstadt. Viele von den Käferchen auf

Poteen gefunden. Die Potea wächst zu einem hohen |6 Fuß| umfangreichen üppigen Strauch. Die Eingebornen sammeln nach einem Regen den Saft dieser großen Blumen und kochen ihn zu Syrup ein.

Die kleinen Abtheilungen der Käfer von der Kapstadt, detto Blattläuse von Kohlstauden.

den 12^t Sept. [1]851

Vincenz Kollar, an den vielleicht einige dieser Sendungen von Ida Pfeiffer gingen, sollte sich als ein beständiger Förderer der Wienerin erweisen. So setzte er sich immer wieder dafür ein, dass vom Zoologischen Kabinett Ankäufe von Ida Pfeiffer getätigt werden konnten.[135] In obigem Brief aus Singapur, vom 30. November 1851, bittet sie den Museumsfachmann, wenn möglich die Medien für ihr Anliegen einzuschalten, um eine weitere staatliche Zuwendung zu erhalten. Tatsächlich verfasste Kollar schließlich im Dezember 1852 ein »Certificat«, in dem er sich für eine nochmalige finanzielle Unterstützung Pfeiffers ausspricht.[136] Er bestätigt hier, daß die Reisende »ihren Versprechen gemäß, naturhistorische Sammlungen, nach den ihr ertheilten Instructionen, veranstaltet habe, daß sie ferner bereits drey Sendungen von Naturprodukten, die sie theils auf dem Cap, theils auf Borneo u[nd] Java mit vieler Mühe und unter mancherley Beschwerden und Entbehrungen, ja selbst mit Lebensgefahr zusammengebracht an das eben genannte kaiserliche Kabinet eingeschickt u[nd] demselben die erste Auswahl aus den erbeuteten Naturschätzen überlaßen habe«. Diese Sammlungen erstrecken sich, wie Kollar weiter ausführt, »über das ganze Thierreich, enthielten aber in überwiegender Anzahl Amphibien, Fische, Insecten u[nd] Conchylien«, also »gerade jene

---

135 Die Ankäufe durch das Wiener Naturalienkabinett lassen sich unter anderem anhand der Akten des Oberstkämmereramtes eruieren, hier auch immer wieder Eingaben von Vincenz Kollar, vgl. z. B. O.Kä.A. 1852 r. 58/1; vgl. dazu Habinger 2004, passim. Aufgrund seiner Fürsprache wurde auch eine beträchtliche Summe für den Ankauf von Objekten von der letzten Reise Pfeiffers nach ihrem Tod verwendet (vgl. Habinger 2004, S. 95f.; Habinger 2022, S. 92ff., S. 99).

136 *Certificat V. Kollar*, Wien den 14ten December 1852, NHM, AfW.

Thier-Classen, aus denen noch am meisten zu entdecken« sei, und tatsächlich sei dadurch das kaiserliche Kabinett nicht nur »um mehrere hundert Arten bereichert« worden, sondern es hätten sich darunter auch einige »gänzlich unbekannte« befunden. Deshalb könne er bezeugen, »daß Frau Ida Pfeiffer sich der gnädigen Unterstützung [...] würdig bewiesen u[nd] dieselbe gewißenhaft zum Nutzen der Naturwissenschaft u[nd] zur Bereicherung einer vaterländischen Anstalt verwendet habe«. Er spricht sich daher für eine weitere »Allergnädigste Unterstützung« der Reisenden aus, umso mehr, als sie »die Absicht hat noch mehrere im indischen Ocean u[nd] in der Südsee liegenden u[nd] in naturhistorischer Hinsicht noch wenig durchforschten Eilande, sowie auch Neuholland zu besuchen u[nd] daselbst ähnliche Sammlungen zu machen«.[137]

Trotz dieser äußerst engagierten Fürsprache wurde der Staatsschatz der Monarchie nicht übermäßig belastet, Ida Pfeiffer erhielt noch einmal 50 Pfund. Dies entschied die Ministerkonferenz am 18. Dezember 1852, den Antrag hatte wiederum der Innenminister eingebracht. Allerdings fiel die Abstimmung mit vier zu drei Stimmen eher knapp aus, so sprach sich der Finanzminister, Andreas Freiherr von Baumgartner, gegen die Zuwendung aus, würden doch bereits »Hunderte von Kisten mit ähnlichen Sammlungen« »noch unausgepackt« herumstehen, weshalb er »kein hinreichendes Motiv zu einer solchen neuen Auslage« sehe. Vor allem aber zweifelte er an den fachlichen Qualitäten Pfeiffers, so sei es für ihn »kaum zu glauben, daß eine Frau ohne wissenschaftliche Vorbildung wahrhaft Wertvolles in wissenschaftlicher Hinsicht zu sammeln verstehe«.[138]

Von Singapur reist Ida Pfeiffer weiter nach Sarawak, wie sie im Brief an Vincenz Kollar bereits anmerkt. Das Angebot eines Kapitäns, zu einem günstigen Preis

137 *Certificat V. Kollar*, Wien den 14ten December 1852, NHM, AfW, Unterstreichungen im Orig.
138 *Die Protokolle des österreichischen Ministerrates 1848–1867*, 1975, Nr. 76/VI., S. 380. Andreas Freiherr von Baumgartner war nicht nur Minister, sondern von 1851 bis 1865 auch Präsident der Akademie der Wissenschaften in Wien (vgl. Heindl 1984, S. 228, 231, Anm. 60, 61; ÖBL, Bd. 1, 1957, S. 58), für eine Anerkennung in der Wissenschaftsgemeinde kein unbedeutendes Faktum.

mitgenommen zu werden, kann die sparsame Frau auch diesmal nicht ausschlagen. Sarawak, an der Westküste Borneos gelegen und heute ein Bundesstaat Malaysias, wurde seit 1841 von James Brook regiert, der als »Weißer Raja« in die Geschichte eingehen sollte. Er hatte hier einen Stützpunkt für den britischen Kolonialismus geschaffen.[139] Dass die Wienerin bei ihrer Abreise von Singapur Australien als Reiseziel noch immer nicht endgültig aufgegeben hatte (anders als dies in ihrem Reisbericht anklingt, vgl. Pfeiffer, 1856, Teil 1, S. 60), beweist folgender Brief aus Sarawak an ihren Gastgeber in Singapur, Theodor Behn, datiert mit 17. Dezember 1851, in dem sie ihn bittet, ihre Koffer noch nicht nach Adelaide zu schicken, wie sie ursprünglich mit ihm vereinbart haben dürfte. Hier wird also auch ein weiteres Merkmal ihrer Reisepraxis deutlich: Ida Pfeiffer trug nicht immer ihr gesamtes Gepäck mit sich, Teile davon ließ sie zurück, um sie an andere Orte verschicken zu lassen (oder erledigte dies vielleicht auch selber). Und wir sehen auch, wie der Postverkehr manchmal vonstatten ging: Ida Pfeiffer beeilt sich mit ihrem Schreiben – was auch an hastigen Schriftbild deutlich wird –, will sie es doch einem Kapitän mitgeben, der am folgenden Tag nach Singapur ablegt, wo sie soeben hergekommen ist. Nach Australien sollte sie jedenfalls niemals kommen, sie erkundete die nächsten zweieinhalb Jahre die Inseln des Malaiischen Archipels, des heutigen Indonesiens.

Brief an (Theodor) Behn, Mündung des Sarawak/Borneo, 17. Dezember 1851

17^t Dec. 1851
Bester Herr Behn!
Obwohl schon so lange zur See[,] so liegen wir doch erst seit Einer Stunde in der Mündung des Saravaks und Gott weiß wann wir nach Saravak selbst kommen. Ich schreibe in höchster Eile,

---

139 Zur Geschichte von James Brooke und seiner Nachkommen als »White Rajahs« auf Borneo vgl. Runciman 1960; auch Pfeiffer selbst liefert eine ausführlichere Darstellung von James Brooke, vgl. Pfeiffer 1856, Teil 1, S. 61; vgl. dazu auch Habinger 2004, S. 79.

ein Kapitain von einem kleinen Schoner kam so eben zu uns an Bord, der Morgen nach Singapoor geht: Ich benutze diese Gelegenheit um Ihnen zu sagen[,] daß einen eine solch herrliche Reisegelegenheit wohl schwerlich mehr in diesem Leben zu theil wird. Der Kapitain, Hr. Martin sind die artigsten Leute, die Kost verschwenderisch, meine Kajütte ein wahrer Schatz. Gott weiß, wie dankbar ich Ihnen und den Ihrigen bin, für alles was Sie an mir, die ich Ihnen doch so wenig sein kann[,] gethan haben, nie wird mein Dank erlöschen.

Wenn Sie meinen Koffer noch nicht nach Adlaide [sic!] gesandt haben, so bitte ich selbes zu unterlassen bis ich Ihnen durch Herrn Martin ein Näheres bestimmen werde. Der Kapitain und Herr M. meinen, daß ich vor allem nach Batavia kommen werde, dies wird in Saravak entschieden[,] dann werde ich schon anzeigen wohin ich bitte den Koffer zu senden, wenn es nicht schon zu späth ist.

       Mit Achtung ihre ergebene
       I. Pfeiffer
An die Ihrigen viel Schönes

Als Ida Pfeiffer an der Westküste Borneos eintrifft, hält sich James Brooke zwar gerade in London auf, doch dessen ältester Neffe, John Brooke,[140] schickt ihr sein bequemes Prauh, ein malaiisches Boot, entgegen, was die mühsame Fahrt den Sarawak flussaufwärts, die mit dem Segelboot zu erwarten gewesen wäre, beträchtlich verkürzt. Er empfängt Ida Pfeiffer schließlich persönlich an der Anlegestelle von Kuching, heute die Hauptstadt des malaysischen Bundesstaates Sarawak. Als sie ihm ein Empfehlungsschreiben überreichen will, versichert er ihr gar, wie sie geschmeichelt auch in ihrem Reisebericht vermerkt, »daß mein Name schon hierher gedrungen sei und ich keines Empfehlungsbriefes bedürfe« (Pfeiffer 1856, Teil 1, S. 66). Ganz stolz berichtet die Wienerin von diesen Begebenheiten auch in ihren Briefen. Immer wieder erwähnt sie, wie groß ihr Bekanntheitsgrad mittlerweile sei, vor allem

---

140   Vgl. dazu und zu weiteren Fakten dieses Reiseabschnittes Jardin 2021; Wyhe 2019, S. 140ff. Zu den »White Rajahs« vgl. auch Runciman 1960.

in Briefen an Joseph Winter, wobei sie sich Seitenhiebe auf ihre Landsleute nicht versagen kann – vielleicht hatte ihr ja gerade ihr Freund Winter diverse Empfehlungsschreiben mitgegeben.

Brief an Joseph Winter, Sarawak (Borneo), 1. Jänner 1852

Diese beiden Briefchen
Herrn v. Winter zu senden.

Sarawak |:Borneo:| den
1ᵗ Jänner 1852.

Bester Herr v. Winter!
Glück und Segen sende der Allmächtige dieses und viele künftige Jahre Ihnen und den Ihrigen. Sie sehen, daß ich mein Versprechen halte und an Sie schreibe, wenn sich mir eine Gelegenheit darbiethet, meine Zeilen ohne Postporto an meine Freunde zu senden, ich will Niemanden unnütze Auslagen verursachen. – Ich befinde mich jetzo auf Borneo und will diese Insel von mehrfachen Seiten besuchen. Ohne Gefahr wird es freilich nicht abgehen, ich werde gleich jetzt auf meiner nächsten Wanderung mit Menschenfreßern zusammenstoßen. Ich hoffe mein Fleisch wird ihnen schon zu alt sein, sie lassen mich gewiß laufen, auch sagt man allgemein, daß sie nur die im Kriege erschlagenen Feinde dieser Ehre werth finden. Auch hält man diese Canibalen für so artig[,] daß sie einer hülflosen Frau nichts anhaben werden. Kurz ich gehe und achte auf keine Reden, wie ich es bisher that und immer wohl gefahren bin. – Ein großes Glück für mich war der kurze Aufenthalt in London. Ich wurde mit Journalisten und anderen gewichtigen Leute bekannt, die einen verbreiteten schriftlich, die andern mündlich meinen Ruf und so kam es, daß man von mir überall weiß und spricht, wo es Europäer gibt. Hier auf Borneo wurde ich ganz vorzüglich ausgezeichnet. Der hiesige Rajah, ein Engländer von Geburth, biethet alles auf, mich zu unterhalten und mir nützlich zu sein. Welch ein Unterschied zwisch[en] den Engländern und unsern liebenswürdigen Diplomaten. Als ich in London war und unsern Minister einen Besuch machte[,] fand er es nicht einmal der Mühe werth[,] mich seiner Mutter vorzustellen und mich eines Abends auf eine Tasse Thee zu laden, – na

mit Hülfe dieser Leute würde ich wahrlich nicht weit kommen. Ich frage auch in keinem Orte mehr nach einem österr. Consul oder sonstigem Thiere. Nichts bedaure ich so sehr als diesmal, wie immer mit dem Gelde so beschränkt zu sein. Was könnte ich hier z. B. für wunderschöne Waffen, die sogenannten Kris kaufen[,] ich weiß daß ich 100 und noch mehr Procente daran verdienen könnte, und so muß ich diese schönen Gelegenheiten unbenutzt dahingehen lassen.

Bitte senden Sie beiliegendes Blättchen durch Optikus Prokesch, dem Sie gefälligst meinen Gruß entrichten, an Frau v. Böck.

Leben Sie wohl und empfehlen Sie mich all den Ihrigen auf das herzlichste; auch Domherrn Salzbacher.[141]

Ida Pfeiffer brennt darauf, die einheimische Bevölkerung der Insel kennen zu lernen, und so unternimmt sie zunächst in Begleitung von John Brooke einen ersten Ausflug zu den Dayak, die als Kopfjäger gefürchtet sind. Brooke versorgt diese Menschen mit Branntwein und fordert sie im Gegenzug auf, ihre Tänze zu zeigen, wie Pfeiffer eher unkritisch in ihrem Reisebericht schildert. Schließlich bricht sie von Kuching zu einer Expedition durch das Innere der Insel, bis zur mittleren Westküste, auf. Diese Expedition ist nicht ganz ungefährlich, wie sie auch in ihrem Brief an eine Freundin namens Eliese schildert, führt sie doch durch das Gebiet von »freien« Dayak, die nicht unter der Kontrolle der Kolonialverwaltung stehen. Damit bahnte die Wienerin für zukünftige westliche Expeditionen erstmals eine Route über Sintang und Sanggau nach Pontianak.[142] Begleitet wird sie nur von einem malaiischen Diener, den ihr Brooke mitgegeben hat.

Ida Pfeiffer spielt in folgendem Brief, nicht ohne eine gewisse Ironie, auf die Todessehnsüchte in ihrer Kindheit und Jugend an, zwei mögliche Ereignisse könnten gemeint sein: Das erste Mal wurde sie schwer krank, als sie von

---

141 Josef Salzbacher dürfte Ida Pfeiffer vor ihrer Reise ins Heilige Land kennen gelernt haben, als sie diesbezüglich nach Informationen suchte, vgl. dazu die Ausführungen weiter oben.
142 Vgl. Helbig 1955, S. 137; Posewitz 1889, S. 31 f.; zur Route vgl. auch Helbig 1982, Bd. 1, passim.

ihrer Mutter nach dem Tod des Vaters im Jahr 1806 gezwungen wurde, Mädchenkleider zu tragen, die zweite schwere, ja lebensbedrohliche Erkrankung folgte, als die Mutter eine Heirat mit ihrem Hauslehrer Emil Trimmel verweigerte. Doch mittlerweile hält das Leben unglaubliche Freuden und Vergnügungen für sie bereit, wie sie im Brief gesteht.

**Brief an Freundin Eliese,
Pontianak (Borneo), 12. Mai 1852**

Pontiana[k] |:Borneo:|
den 12^t May. 1852.

Meine gute Eliese!

In der Jugend wünschte ich zu sterben, jetzt da mir der Tod vielleicht schon sehr nahe ist, wünsche ich zu leben; – muß denn ein ewiger Wiederspruch das schwache Herz befangen halten? – Jetzt habe ich ein Leben, wie es Wenigen gegönnt ist, Nichts als Vergnügen, Auszeichnungen, Ehren und Gefälligkeiten von allen Seiten! Wo ich hinkomme, ist der Ruf meiner kühnen Reisen gedrungen. Man kömmt mir 20–30 engl: Meilen entgegen, um mich zu empfangen und zu bewillkomm[n]en. Man macht mir das Reisen ins Innere der Länder so leicht als möglich, man versieht mich mit gewichtigen Schreiben an all die Rajahs und Sultane daß sie sich meiner annehmen und mich von einem Gebiethe in das andere befördern. – Auf Borneo hatte ich schon so manches schaurige und auch lächerliche erlebt. Unter den wilden Dayaks war ich keines Tages meines Lebens sicher, ich mußte durch einige dieser Stämme, die im Kriege begriffen waren, die selbst mein Prahus |:langes Boot:| für ein feindliches ansahen, und ein gräßliches Kriegsgesang und eine höllische Musik begannen. Im Nu war ich von vielen Caanots umzingelt und von allen Seiten drangen sie auf mein Prahus, und nur die Flagge des Rajah Brooke, die ich schnell aufhießen ließ, rettete mich und meine Bootleute.

Unter den malaischen Fürsten und Sultanen gab es oft so lächerliche Empfange, daß ich Mühe hatte das Lachen zu verhalten. Diese guten Menschen hatten noch nie eine Europäerin gesehen, sie wußten gar nicht[,] wie mit solch einem Wunderthiere umzugehen sei. – Ach was werde ich Euch wieder alles zu erzählen haben. Diesen Winter komme ich aber noch nicht, vielleicht erst den nächsten.

Lebt alle wohl, denkt manchmal an mich und betet für mich, daß ich auch die künftigen Gefahren, wie die Vergangenen glücklich überstehe. Empfiel mich Allen[,] die mein Gedenken. Deine treue Freundin
    Ida Pfeiffer

Pontianak, an der Westküste Borneos gelegen (und heute die Hauptstadt der indonesischen Provinz West-Kalimantan), ist die erste holländische Besitzung, die Ida Pfeiffer erreicht. Mit etwas bangen Gefühlen trifft sie hier am 6. Februar 1852 ein, wie sie in ihrem Reisebericht erzählt, nicht sicher, ob die Holländer, die von anderen Reisenden als »kalt« und »unzugänglich« geschildert werden, sie ebenso zuvorkommend behandeln werden wie bisher die Engländer, die sie auch schon während ihrer ersten Weltreise mit ihrer Hilfeleistung so sehr verwöhnt haben. Doch die Wienerin erlebt eine erfreuliche Überraschung. Der holländische Resident Willer – in Niederländisch-Indien wurden viele der Gouverneure einer direkt kontrollierten Provinz (einer »Residentur«) Residenten genannt – hält sich zwar gerade in Batavia auf, doch sein Stellvertreter empfängt sie freundlich und stellt ihr auch ein kleines Häuschen zur Verfügung.

Die Wienerin war vornehmlich nach Pontianak gekommen, um von hier ausgehend die berühmten Diamantenminen von Landak zu besuchen (die sie auch im Brief an Carl weiter unten vom 3. Juni 1852 aus Batavia erwähnt). Unglücklicherweise ist das holländische Regierungsboot, das einzige Transportmittel dorthin, kurz vor ihrer Ankunft abgefahren, so entschließt sie sich zu einer Landreise. Und dies, obwohl die Hälfte der mehr als dreihundert Kilometer langen Strecke zu Fuß absolviert werden muss. Nach einer beschwerlichen Woche ist das Ziel am 17. Februar erreicht, gerade rechtzeitig, um zwei Tage später mit dem holländischen Boot nach Pontianak zurückzufahren.

Ida Pfeiffer fasst hier eine weitere Expedition ins Auge, nämlich quer durch das Landesinnere nach Banjarmasin, im Süden der Insel gelegen (heute die Hauptstadt der indonesischen Provinz Südkalimantan), damals ebenfalls eine niederländische Besitzung. Doch lässt sich die Reise, die zwei bis drei Monate in Anspruch genommen hätte, nicht realisieren, es ist kein verlässlicher Führer aufzutreiben. Und alleine, ohne Kenntnisse der dayakischen Sprache, möchte die Wienerin sie doch nicht antreten.

Während dieses zweiten Aufenthalts von Ida Pfeiffer in Pontianak kehrt Resident Willer dorthin zurück, er quartiert sie nicht nur bei sich zu Hause ein, sondern verschafft ihr darüber hinaus auf einem holländischen Schiff zunächst Anfang April 1852 eine Reise nach Sambas, nördlich von Kalimantan an der Küste gelegen, wo sie zweieinhalb Wochen verbringt – so hat sie doch noch Gelegenheit, etwas mehr von der Insel zu sehen. Es folgt ein weiterer Zwischenstopp in Pontianak, von 8. bis 22. Mai – nun dürfte die Wienerin endlich die Muße zum Schreiben gefunden haben, denn in dieser Zeit entstanden die drei hier abgedruckten Briefe, in denen sie zum Teil äußerst komprimiert ihre Erlebnisse auf Borneo schildert. Zuletzt wird Willer auch eine freie Überfahrt nach Batavia organisieren. Die tatkräftige und großzügige Unterstützung der holländischen Kolonialbehörden, die sie auch im unten folgenden Brief an Frau Schwarz hervorhebt, sollte auch während der nächsten zwei Jahre andauern und wird Ida Pfeiffer ausgedehnte Expeditionen in dem von ihnen beherrschten Gebiet in Indonesien ermöglichen.

Brief an Joseph Winter, Pontianak (Borneo), 13. Mai 1852

Pontiana |:Borneo|
den 13ᵗ Mai 1852.

Bester Herr von Winter!
Sie sehen ich vergeße mein Versprechen nicht, mich Ihnen zeitweise durch einige Zeilen in's Gedächtniß zu rufen. – Bisher waren meine Reisen glücklich und von gutem Erfolge. Ich glaube mir schmeicheln zu dürfen, daß ich für unser Naturalien Kabinett ziemlich reichhaltige und interesante Sammlungen sende.

Besonders interessant mag die jetzige sein, mit welcher ich auch diese Zeilen sende. Beiliegendes Blättchen bitte ich wieder an den Optikus Prokesch abzugeben, mit der Bitte es an Frau v. Böck gelangen zu lassen.

Auf Borneo machte ich sehr große Ausflüge und zwar in höchst gefährliche Gegenden, nähmlich in die Bereiche der freien, unabhängigen Dayaks, ein wilder Stamm[,] unter denen es noch Menschenfreßer geben soll. – Die englischen und holländischen Behörden biethen alles auf, mich durch Anempfehlungen, unentgeltliche Reisegelegenheiten u. s. w. kräftig zu unterstützen, sie bewundern mich und nehmen das wärmste Intereße an mir. Wo ich hinkomme, ist mir der Ruf schon vorangegangen[,] man kömmt mir 20–30 Meilen entgegen, ich wohne immer bei den vornehmsten Beamten oder Officiere[n] und jeder Wunsch wird mir erfüllt. Welch Unterschied zwisch[en] den Fremden und meinen liebenswürdigen Landsleuten. Zu London fand es unser Charger d'affaire Baron Neumann[143] nicht der Mühe werth mich eines Besuches zu beehren oder mich auf eine Tasse Thee zu bitten, während der preuß. Minister v. Bunsen[144] mich beständig einlud und mir seine Dienste anboth. Durch die Hülfe meiner Landsleute käme ich nicht hundert Schritt weit. All' die Wiener an denen ich Empfehlungen mit hatte |:Herr Buscheck ausgenommen:| bothen mir nicht die geringste Gefälligkeit an. Es war Schade, daß ich Einen Brief abgab. In dieser Hinsicht schäme ich mich recht sehr für meine Landsleuthe. – Nächsten Monath hoffe ich nach Batavia zu kommen[,] auf welche Insel ich dann meine Aufmerksamkeit wende, weiß ich noch nicht. Auf jeden Falle wird diese Reise länger währen als ich dachte. Die Reiseverbindungen zur See sind in diesen Gegenden etwas seltenes, man muß oft viele Monathe warten[,] bis man weiter befördert wird.

---

143   Es ist nicht klar, wen Ida Pfeiffer hier meint, eventuell Philipp Freiherr von Neumann, einen österreichischen Diplomaten; er war Botschaftsrat in London und fungierte immer wieder auch als Geschäftsträger, zuletzt war er außerordentlicher Gesandter am englischen Hof, starb allerdings bereits im Jänner 1851; vgl. http://en.wikipedia.org/wiki/Philipp_von_Neumann; Wurzbach 20. Teil, S. 291.

144   Zu (Christian) Karl (Josias) Freiherr von Bunsen (1791–1860) vgl. DBE, Bd. 2, 1995, S. 224; NDB, Bd. 3, 1957, S. 17ff.; er war seit 1844 preußischer Gesandter in London.

Leben Sie wohl, grüßen Sie all die Ihrigen und auch Dommherrn Salzbacher. – Ihre liebe Kleine werde ich wohl kaum mehr erkennen bis ich wiederkehre.

Ihre aufrichtige Freundin
Ida Pfeiffer

Brief an Frau von Schwarz, Pontianak, Borneo, 15. Mai 1852

Pontiana den 15ᵗ May 1852
| :Borneo: |

Beste Frau von Schwartz!

Wo anfangen, wo enden! Viel gibt es zu berichten von den Gefährlichkeiten meiner Reisen auf Borneo, von den kriegführenden wilden Dayacks, mit welchen ich in einen Conflikt kam. Von den Besuchen[,] die ich bei den malaischen Fürsten und Sultanen machte, und viel von den außerordentlichen Auszeichnungen, Ehren und Gefälligkeiten mit welchen ich von den englischen und holländischen Gouvernementen überhäuft wurde. Überall kennt man meinen Nahmen, in allen indischen Zeitungen spricht man von meinen kühnen Ausflügen unter die unabhängigen Dayacks auf Borneo. Man ist begierig mich kennen zu lernen und höchst bereit meine Reisepläne zu unterstützen und zu befördern. So machte ich z. B. über 1000 engl: Meilen im Binnenlande von Borneo, ohne einen Gulden auszugeben. Man verschafte mir Boote und Leute unter den Eingebornen durch Briefe von Sultanen und Rajah. Ja, der holländische Resident von Pontiana gab mir im Nahmen seiner Regierung eine freie Reisegelegenheit auf einem europeischen Schiffe nach Sambas, Mattang[145] und Batavia[,] wofür man wenigstens 150 oder 200f[146] bezahlt, – das nenne ich eine artige Gallanterie. –

Wenn das Ding so fortgeht komme ich gar nimmer heim, ich habe mir vorgenommen so lange zu reisen, als meine Casse aushält, dazu mein Alter | :54 Jahre: | nu, wir werden sehen! – Auf

---

145   Vermutlich meint sie hier Matan, an der Küste Borneos, vielleicht legte hier das holländische Schiff, mit dem sie nach Batavia (Jakarta) fuhr, ebenso an.
146   f. bzw. fl. – Abkürzung für Gulden, abgeleitet von Florin, einer ursprünglich in Florenz geprägten Goldmünze, die Vorbild des deutschen Goldguldens war.

Borneo lernte ich mit blossen Füßen tagelang zu reisen, und habe gefunden, daß man auf diese Weise viel weniger leidet als mit Schuhen. Ich machte einst eine Fußreise von 9 Tagen, jeden Tag an 20 engl: Meilen[,] was zwar nicht viel sagen würde, wenn die Wege gut wären. Aber auf Borneo geht es entweder nur durch undurchdringliche Waldungen oder durch 6 Fuß hohes Savanengras, man weiß wahrlich nicht welches beschwerlicher ist. Dazu kommen die vielen Bäche, Flüße und Sumpfgegenden, über welche nur ganz dünne Baumstämme oder gar nur einzelne Bambusrohre gelegt sind. Ich mußte über mehrere Flüße setzen[,] über die einzelne Bambusrohre gespannt waren, und über 50 Fuß hoch, auf Baumästen gestützt waren. Einst fiel ich von solch einer Brücke in den Stromm, zum Glück schon ziemlich am Ende[,] wo die Brücke nicht mehr sehr hoch und der Strom nicht tief war. Dies Unglück wäre mir nicht begegnet wenn ich damalen ohne Schuhe und Strümpfe gelaufen wäre. Mit Schuhen gleitet man gar zu leicht aus.

Bitte, liebe Frau von Schwarz, lassen Sie dies Gekritzel ja Niemanden sehen sonst kömmt am Ende etwas davon in ein Journal: Ich schrieb einiges über Borneo und sandte es Jemanden der es vielleicht in irgend einer Zeitschrift wird setzen lassen, da werden Sie eine höchst gefährliche Scene aus meinem Leben auf Borneo kennenlernen.

Leben Sie wohl, liebe, gute Frau v. Schwarz, gedenken Sie manchmal meiner und schließen Sie mich in Ihr Gebeth ein. Empfehlen Sie mich Ihrem Herrn Gemahle auf das herzlichste. Ihre ergebene
  I. Pfeiffer.

Den Aufenthalt in Pontianak nutzt Ida Pfeiffer, trotz »Hitze und Moräste«, wie sie in ihrem Reisebericht vermerkt, fleißig für die »Insekten- und Reptilienjagd«. Dabei bereitete es ihr ein »kindisches Vergnügen« während ihrer ausgedehnten Spaziergänge »täglich zu Fuße den Aequator zu passiren«, von dem Pontianak nur eine Meile entfernt lag (Pfeiffer 1856, Teil 1, S. 158). Auch in obigem Brief an Joseph Winter erwähnt sie ihre »*ziemlich reichhaltige[n] und interessante[n] Sammlungen*«, die sie an das Wiener Naturalienkabinett von hier abgeschickt hat. Und es sei nebenbei erwähnt, dass der Brief an ihren Freund Winter dieser Sendung beigelegt war, mit einem Einschluss an eine weitere Adressatin, die wiederum durch einen Mittelsmann, den bereits erwähnten Optiker Prokesch, das Schreiben ausgehändigt bekommen soll. Vielleicht handelt es sich bei der von Pfeiffer als »*besonders interessant*« bezeichnete Sammlung um jenes Objekt, das wiederum auf einem Zettel aus der oben erwähnten Sammlung von Graf Ferrari stammt. Das Blatt, wiederum beschnitten, ist beidseitig beschrieben, auf der Vorderseite, links oben, vermutlich in der Handschrift Ferrari findet sich der Hinweis: Ida Pfeiffer, auf der Rückseite lässt die Wienerin einen britischen Reisenden namens »Meridith« zu Wort kommen.

Notiz an das Wiener Hof-Naturalienkabinett, beiliegend einer Naturaliensendung, Borneo, (zwischen 6. Februar und 22. Mai 1852)

> 2 seltenes Gewebe.
> Borneo.

Sehr vorsichtig zu öffnen. Ich war so glücklich[,] eines dieser Gewebe sammt dem Deckel zu finden. Da ich der engl. Sprache nicht so mächtig bin um jedes Wort zu verstehen[,] so ist auf der inwandigen Seite in engl. Geschrieben was ein Reisend[er] darüber sagt, der dieses Gewebe in Süd-Aust [Australien? Anm. G. H.] fand.

Und auf der Rückseite findet sich zunächst ein Hinweis von Ida Pfeiffer, danach der Text des englischen Reisenden namens »Meridith«, in einer anderen Handschrift:

Ein englisch: Reisender hat dieses Ding auch in Süd-Aust. gefunden. Er schreibt:
I have two examples like a very small bird's egg of a brown ashcolour, with one end, open and the other firmly attached to a twig. At first it might be mistaken for the empty seed-capsule? of a plant, had I not gathered it from a poad-bearing shrub; but on inspection the cell seems evidently built open, not grown out of the spray. The egg-shape is perfect, and the open end smoothly finished. Both those I found were

empty, their texture was quite smooth and hard, the same substance to all appearance as the bark on which they were so firmly lodged.
Meredith. [Es folgt ein Hinweis, wieder in der Handschrift von Ida Pfeiffer, Anm. G.H.] Der Nahme des engl. Reisenden

Von Pontianak ausgehend gelangt Ida Pfeiffer, wie oben erwähnt, auf einem holländischen Schiff schließlich Ende Mai 1852, reichlich mit Empfehlungsschreiben versehen, nach Batavia. Es ist die Hauptstadt des damaligen holländischen Kolonialbesitzes Niederländisch-Indien, das heutige Jakarta. Am 3. Juni 1852, nur wenige Tage nach ihrer Ankunft, schreibt sie an den bekannten deutschen Geographen Carl Ritter,[147] den sie vermutlich zu Beginn ihrer zweiten Weltreise in Berlin kennen gelernt hat. In diesem Brief thematisiert sie ebenfalls Freud und Leid ihrer eifrigen Sammeltätigkeit auf Borneo. Die Konservierung der Objekte sei aufgrund der dort herrschenden hohen Luftfeuchtigkeit besonders schwierig gewesen. Doch dürften einige Sendungen durchaus in gutem Zustand in Wien angekommen sein, wie wir dem oben angeführten »Certificat« von Vincenz Kollar vom 14. Dezember 1852 entnehmen konnten, der auf die Bedeutung der von Pfeiffer gesammelten Naturalien, unter anderem aus Borneo, hinweist.[148]

Brief an Carl Ritter, Batavia, 3. Juni 1852

Batavia den 3^t Juny 1852.
Bester Herr Geheimrath!
[Vor][149] wenig Tagen bin ich von Borneo [hier] angekommen.

---

147 Zu Carl (auch Karl) Ritter siehe die Liste der Adressatinnen und Adressaten.
148 Vgl. *Certificat V. Kollar*, Wien den 14ten December 1852, NHM, AfW. Zu weiteren beachtlichen Funden Ida Pfeiffers in dieser Region, die z. T. in internationale Museen (wie etwa nach Berlin und London) gelangten, siehe Baker 1995, S. 157; Wyhe 2019, S. 158 ff.; eine größere Anzahl an Fischen ging an den holländischen Ichthyologen Pieter Bleeker in Batavia, darunter wurden auch Typen gefunden (vgl. Martin 2017, S. 83 ff.; Wyhe 2019, S. 142 f., 152, 179).
149 Der Brief ist mit anderen Autographen in einen relativ umfangreichen Band eingebunden, wodurch auf der Kopie Textverluste im Falz auftreten (für diese Auskunft danke ich Bibliotheksamtsrätin Dorothea Barfknecht Staatsbibliothek zu Berlin – Preußischer Kulturbesitz, Handschriftenabteilung,

Mein guter Genius [blie]b mir getreu, er führte mich nu [zu]letzt durch alle Gefahren, denen [ich] auf jener Insel bei meinen [er]sten Wanderungen ausgesetzt [war]. Ich besuchte viele Stämme der [una]bhängigen Dayaks längs des [Lup]ar Flußes, ich fuhr den Kapuas [2]oo Meilen | :englische:| ¹⁵⁰ stromabwärts[,] [ei]ne nicht kürzere Fahrt machte [ich] auf dem Landak, um die berühm[ten] Diamanten Minen alldort zu besuchen. Vergebens blieb mein Forschen und Suchen nach einem Diamanten im Urgesteine. Die Leute sagten, daß sie sich nie erinnern können, eine solche Erscheinung gesehen zu haben. – Man weiß den Werth der Diamanten so zu schätzen[,] daß sie hier beinah eben so viel kosten als ein Europa. Die Zeiten, welchen man um einige Nägel oder rothgefärbte Lappen Gold und Edelgesteine eintauschen konnte, [sind] schon lange verschwunden. Auf Borneo halten die Malayen selbst viel von diesem Geschmeide, doch ein Mensch schon höchst arm sein muß wenn er keine goldenen Knöpfe[,] keine Diamantringe trägt. Die Weiber tragen Ohrgehänge, Brust und Haarnadeln und Ringe reich mit diesem Edelstein besetzt und die Kinder haben schwere Goldreifen um die Handgelenke und die Mitte des Körpers.

Wie Sie also sehen, lieber Herr Geheimrath, könnte ich in diesen Gegenständen keine Geschäfte machen. Ich hielt mich dafür wacker an das Sammeln von Naturalien, und kehrte mich wenig um das Gelächter der Eingebornen, wenn sie mich so emsig nach Insecten oder andern Thieren suchen und jagen sahen.

Ich glaube daß Naturaliensammlungen nirgend so schwer zu bewahren sind als auf Borneo, die Feuchtigkeit in der Luft ist über alle Maßen groß. Heute hat man etwas getroknet und in wenig Tagen zeigt sich Schimmel und Fäulniß, ich fürchte, daß von den Gegenständen, die ich an mein Museum sandte, gar manches arg verdorben sind [sic!].

Im hiesigen Museum gibt es sehr wenig von Naturalien, sie lassen diesen Zweig ziemlich eingehen[,] weil Alles verdirbt.

Referat Nachlässe und Autographen, vgl. E-Mail an Herausgeberin vom 30. 4. 2008). Es wurde versucht, den fehlenden Text auf der ersten Seite des Briefes, soweit möglich zu ergänzen, diese Ergänzungen wurden in eckige Klammern gesetzt.

150 Pfeiffer verweist hier auf die Tatsache, dass sie in englischen Meilen rechnet, denn üblicherweise verwendet sie die geographische oder deutsche Meile, die umgerechnet etwa 7,2 km umfasst.

Leben Sie recht wohl, lieber Herr Geheimrath, empfehlen Sie mich all den Ihrigen und vergeßen Sie nicht ganz Ihrer
ergebenen I. Pfeiffer

Eher widerwillig tritt Ida Pfeiffer in Pontianak die Reise nach Jakarta an, wie sie in ihrem Reisebericht erwähnt, denn Java soll sehr teuer sein. So glaubt sie, diese Insel, die zwar unbestreitbar schön sei, auf dem schnellsten Wege wieder verlassen zu müssen (diesmal vielleicht wirklich Richtung Australien). Doch wird sie neuerlich äußerst positiv überrascht, der holländische Resident van Rees sucht sie sofort in ihrem Hotel auf und lädt sie zu sich ein. Diese erfreuliche Begebenheit schildert sie auch im folgenden Brief vom 3. Juni 1852. Das Schreiben befindet sich zwar ebenfalls im Nachlass Ritter (in der Staatsbibliothek zu Berlin – Preußischer Kulturbesitz), vermutlich war der Empfänger jedoch nicht Carl Ritter selbst, da es dasselbe Datum aufweist wie der obige Brief an ihn und sich auch die Inhalte der beiden Schriftstücke zum Teil überschneiden. Es handelt sich vermutlich um eine Abschrift eines Briefes von Ida Pfeiffer, da das Schreiben nicht ihre Handschrift aufweist, es enthält auch weder Anrede noch Schluss.[151] Doch weisen Inhalt und Stil eindeutig darauf hin, dass der Brief ursprünglich von der Wienerin stammt.

Brief an unbekannt, Batavia, 3. Juni 1852

Batavia den 3ᵗ Juny 1852.
Nach langer, langer Zeit sende ich wieder einen recht herzlichen Gruß an Sie und die lieben Ihrigen.

---

151   Meine Vermutung, es könnte sich um eine Abschrift durch Carl Ritter selbst handeln, wurde jedoch nicht bestätigt. Dies ergab eine entsprechende Anfrage in der Handschriftenabteilung der Staatsbibliothek zu Berlin – Preußischer Kulturbesitz (Referat Nachlässe und Autographen) und ein Schriftvergleich mit Ritter-Autographen in anderen Nachlässen und Sammlungen. Für die entsprechenden Bemühungen und diese Auskunft bedanke ich mich herzlich bei Bibliotheksamtsrätin Dorothea Barfknecht (vgl. E-Mail vom 9. 5. 2008). Vielleicht war dieser Brief auch im Schreiben an Ritter zur Weiterleitung eingeschlossen (wie das Pfeiffer so häufig tat), und er ließ ihn abschreiben, bevor er ihn weitergab.

Was habe ich wieder erlebt, gesehen und durch den Beistand einer höheren Macht glücklich überstanden. Ich war auf Borneo und bin mitten durch die unabhängigen Dayaks gewandert, die als Köpfabschneider höchst berühmt, als Menschenfresser von manchen Reisenden geschildert werden. Die erstere Eigenschaft kann ich nur zu sehr bekräftigen, ich sah der Köpfe noch bei dutzenden in den Hütten der Dayaks hangen; ja, nicht selten brachte ich die Nächte neben diesen Trophäen schlafend zu. Der Ehrenplatz in einer Dayak Wohnung ist unmittelbar an der Stelle über welcher die Köpfe hängen. Die ersten Paar Nächte konnte ich denn wohl wenig Schlaf finden, doch mit der Zeit gewöhnt man sich an Alles.

Ueberall wo ich hinkomme und Europäer finde, werde ich mit einer Zuvorkommenheit und Aufmerksamkeit behandelt, die weit meine Erwartung übertrifft. In Batavia, wo die Holländer als ungemein kalt, stolz und unzugänglich geschildert werden, beeifert man sich von allen Seiten meine Bekanntschaft zu machen, mir Dienste anzutragen und mir in allem[,] was ich wünsche, behülflich zu sein. Der Resident |:eine hohe Person im Gouvernemente:| kam am Tage meiner Ankunft in's Gasthaus wo ich abgestiegen war, mich zu bitten in seinem Hause eine Wohnung einzunehmen. Er selbst begleitet mich zu den Hahnengefechten, den Volksbelustigungen, und hat mir sogar eine kleine Reise auf Java vorgeschlagen, die ich in seiner Gesellschaft machen soll. Meine Reisen sind bereits ins englische übersetzt, gegenwärtig werden sie auch in das holländische übertragen. Ich genieße wahrlich einen Weltruf. Welche Unterstützungen würde man mir zukommen lassen, hätte ich nicht das Unglück eine Oesterreicherin zu sein. Meine Regierung thut wenig, meine Landsleute gar nichts; – ich muß jetzt, wie auf meiner ersten Reise, das Kreutzerchen zehnmal umwenden, bis ich ihn ausgebe, Entbehrungen erdulden, die man oft mit kleinen Summen umgehen könnte.

Jedenfalls haben die Holländer auch auf Java sehr viel übrig für die große österreichische Reisende, wie auch in obigem Schreiben deutlich wird. Schließlich lädt sie sogar der Generalgouverneur von Niederländisch-Indien, Duymaer van Twist,[152] in seine Sommerresidenz nach Bogor,

---

152 Albertus Jacobus Duymaer van Twist (1809–1887), bei Ida Pfeiffer Deimar

das von den Holländern »Buitenzorg« (»Sorglos«), genannt wurde, und Herr van Rees stellt sich als ihr Reiseführer zur Verfügung. Besichtigt werden die öffentlichen Plätze und Gebäude, nicht nur das Museum (das Pfeiffer nicht besonders interessant findet), sondern auch das Spital und das Gefängnis, ebenso besucht die wissbegierige Frau eine Kaffeemühle und eine Teeplantage oder auch eine »Cochenille-Pflanzung«, eine Plantage zur Zucht der Koschenille-Schildlaus, die sie besonders fesselt. Ihr Gastgeber nimmt sie aber auch zu diversen »Volksbelustigungen« mit, wie Tänzen und anderen Vorführungen, einmal sogar zu einem bei der männlichen Bevölkerung sehr beliebten Hahnenkampf, obwohl diese von der holländischen Kolonialverwaltung eigentlich strengstens verboten wurden, wie die Wienerin in ihrem Reisebericht notiert.

Von Jakarta begibt sich Ida Pfeiffer Anfang Juli 1852 nach Padang auf Sumatra, dem dortigen Zentrum der Holländer. Hier beabsichtigt sie eine weitere spektakuläre Expedition: Trotz zahlreicher Stimmen, die ihr davon abraten, möchte sie die Batak aufsuchen, auch sie gefürchtete Kopfjäger. Seit zwei Jahrzehnte zuvor einige Morde passiert sind, wagt sich kein Europäer ohne Militärschutz in dieses Gebiet. Doch die Wienerin lässt sich nicht abschrecken: Sie will eine wirklich große Leistung für die Forschung erbringen und als erste Weiße bis zum Tobasee, den sie als »See Eirer-Tau« bezeichnet, vordringen. Die Europäer wussten zwar von der Existenz dieses Sees, die Toba-Batak bedrohten jedoch Fremde, die sich Zutritt verschaffen wollten, mit dem Tod. – Und natürlich brachen im 19. Jahrhundert immer wieder europäische Expeditionen dorthin auf, die begierig derartige »weiße Flecken« für den Westen erschließen wollten.[153]

Es ist nicht nur ein gefährlicher, sondern auch ein äußerst beschwerlicher Weg, ein Großteil muss zu Fuß

---

van Twist, war Anwalt und Politiker und von 1851 bis 1856 Generalgouverneur von Niederländisch-Indien.

153 Zu den Bemühungen im 19. Jahrhundert durch westliche Forschungsreisende und die Kolonialmächte, ins Gebiet der Batak vorzudringen, vgl. Sibeth 1990, passim.

bewältigt werden. Ida Pfeiffer beschreibt diese Expedition ausführlich im folgenden Brief an August Petermann, der im Mai 1853 in der Zeitschrift »*Carinthia*« abgedruckt wird (das Original des Briefes ist leider nicht erhalten). Doch letztlich erreicht die Wienerin das ersehnte Ziel nicht: Nur wenige Kilometer vom See entfernt wird sie endgültig aufgehalten; allerdings ist sie weiter gekommen als jeder Europäer vor ihr.[154] Dennoch bezeichnet Ida Pfeiffer diese Reise durch Sumatra an anderer Stelle als »die interessanteste von allen« (Pfeiffer 1856, Teil 2, S. 2).

Brief an August Petermann, Surabaya auf Java, 12. September 1852

Abgedruckt in: Carinthia. Zeitschrift für Vaterlandskunde, Belehrung und Unterhaltung, Klagenfurt, 43. Jg., 14. Mai 1853, Nr. 39, S. 155–156.[155]

Ein Schreiben der Frau Ida Pfeiffer,
gerichtet an Herrn Petermann in London

Surabaya auf Java,
12. September 1852

Nun, lassen Sie mich Ihnen von meiner letzten Tour unter die Menschenfresser von Sumatra erzählen. Noch muß ich Ihnen sagen, daß diese Reise nicht auf meinem Register gestanden hat, allein die deutsche Kaufmannswelt zu Battavia war so liebenswürdig, mir eine Freikarte zur Seereise nach Sumatra auf einem Dampfboote zuzusenden, und so fuhr ich denn nach Padang, dem Hauptsitze der holländischen Niederlassung daselbst. Da wurde ich sogleich vom Gouverneur, Herrn van Swieten, sehr zuvorkommend aufgenommen, blieb jedoch nur einige Tage und begann sogleich meine Reise in das Innere, die zu Pferde unternommen werden mußte. Mein erster Halt war zu Fort de

---

154 Vgl. Posewitz 1889, S. 31 Fußnote 2; vgl. auch Jehle 1989, S. 50. Pfeiffer war bis in die Nähe des heutigen Tarutung vorgedrungen (vgl. Sibeth 1990, S. 18).

155 Der Brief ist auch abgedruckt in: The Athenaeum, 7. Mai 1853, Nr. 1332, S. 562 f., mit anderem Einstieg und etwas geändertem Wortlaut. Hier ist im Datum darüber hinaus Dezember angeführt.

Hock[156] (50 Paal, 4 Paal = eine deutsche Meile[157]) beim Herrn Oberstlieutnant und Residenten van der Hardt. Mit Hilfe dieses Herrn wurde der weitere Reiseplan entworfen; er zeichnete mir die Tagesstationen vor, er schrieb mehrere Briefe an Beamte, die ich noch hie und da bis an die Grenzen der unabhängigen Bataken finden würde[,] und empfahl mich ihrer Sorgfalt. Ihm selbst waren alle diese Gegenden wohl bekannt, da er vor ungefähr 10 Jahren den Kriegszug gegen diese Völker geführt und bis Silindong vorgedrungen war. Mein Ziel sollte noch weiter bis an den See Eirer-Tau seyn. So ausgerüstet, ging ich mit festem Vertrauen auf Gott meinem gefährlichen Ziele entgegen.

Bis Padang-Sinimpecang[158] (200 Paal), dem letzten Orte, wo ich einen Europäer fand, hatte ich mit nichts zu kämpfen, als mit stützigen[159] unabgerichteten Pferden, die oft so halsstarrig waren, daß man ihnen einen Fuß aufheben und die Nase zukneipen [sic!] mußte, damit sie mich nur aufsitzen ließen; dann ging es eine Weile wie im Fluge über Stock und Stein fort. Von Tigern, Elephanten und Rhinozerossen, von denen das Land voll ist, fürchtete ich mich am hellen Tage nicht; ich ritt oft stundenlang durch dichte Waldungen, durch Alang-Alang (3 bis 6 Fuß hohes Sawannengras); ich kam durch Klein- und Groß-Mandelling und durch Anhola.[160] Zu Pad-Si, das in Anhola liegt, kehrte ich bei Herrn Hammers ein. Ich blieb 2 Tage, denn hier mußte nach einem Wegweiser gesucht werden, auch ließ Hr. Hammers mehrere Briefe in batakischer Sprache an verschiedene Radjah's, ja einen sogar an die Königin von Eirer-Tau schreiben. Nachdem alles geordnet war, sagte ich dem letzten Europäer ein herzliches Lebewohl und machte mich mit meinem batakischen Führer wieder auf den Weg. Noch konnte ich weitere 20 Paal zu Pferde

---

156 Im Reisebericht: »Fort de Kock, auch Buckiet-tingi genannt« (Pfeiffer 1856, Teil 2, S. 9), Fort de Kock war eine niederländische Befestigungsanlage, errichtet 1925 auf einem Hügel über der Ansiedlung Bukittinggi, heute die zweitgrößte Stadt in Westsumatra.
157 Ida Pfeiffer verwendet hier die geographische oder deutsche Meile, die rund 7,4 km entspricht.
158 Im Reisebericht Padang-Sidimpuang (Pfeiffer 1856, Teil 2, S. 40), eigentlich Padangsidempuan.
159 stützig – störrisch, widerspenstig.
160 Im Reisebericht: Ankola (Pfeiffer 1856, Teil 2, S. 40); die heute gebräuchlichen Namen Angkola und Mandailing werden auch zur näheren Bezeichnung von Batak-Gruppen verwendet.

zurücklegen, dann aber hieß es die eigenen Füße in Bewegung setzen. Die Wanderung in den ersten 3 Tagen gehörte zu den beschwerlichsten, die ich je gemacht habe. Es ging durch undurchdringliche Waldungen, wo man oft keinen anderen Pfad hatte, als den von Rhinozerossen getretenen, durch Alang-Alang, das mir über den Kopf zusammenschlug, durch Pfützen und tiefe Sümpfe, über senkrechte Hügel hinauf und hinab, und das alles ohne Fußbekleidung, denn in den Sümpfen wäre sie am Ende doch immer zurückgeblieben. Aus den Sümpfen und Pfützen brachte man übrigens stets eine Menge kleiner Blutsauger mit. Das Alang-Alang schnitt in die Füße ein, daß man oft laut hätte aufschreien mögen, besonders wenn es in schon wunde Stellen kam; aus den Waldungen brachte man genug der Dornen mit. Jeden Abend mußte ich mir letztere vom ersten besten Bataker mit seinem eben nicht sehr spitzigen Messer ausziehen lassen. Einmal hatte ich einen Strom zu passiren, der mir über dem Kopfe zusammenschlug; zwei Bataker reichten mir die Hände und zogen mich durch. Kein Tag verging ohne Regen, und nie konnte ich Kleider oder Wäsche wechseln. Eine Nacht mußte ich im Walde unter Bäumen zubringen, da fürchtete ich mich am meisten vor Tigern und Schlangen. Nebst diesen Beschwerden mußte ich auch noch immer auf kahlem Boden schlafen, nicht selten mit trockenem Reis, ohne Fett und im Wasser halb gar gekocht und mit etwas Salz vorlieb nehmen. Die Nacht, die wir im Walde zubrachten, sah ich den Reis auf eine mir ganz neue Art zubereiten. Man wickelte ihn in große Blätter, schob ihn in frisch gekappte Bambusröhre, gab etwas weniges Wasser darauf, legte die Röhre über brennendes Feuer und ließ sie so lange liegen, bis sie selbst zu brennen anfingen, was sehr lange währte, da sie frisch und saftreich waren.

Am dritten Tage gegen Abend kamen wir an den ersten batakischen Uta (Dorf). Da gab es schon kleine Anstände, mich aufzunehmen. Glücklicherweise war ein Radjah, Namens Hali Bonar, hier auf Besuch, der einst in Pad-Si bei Herrn Hammers gewesen war, und für den ich einen Brief hatte. Seiner Verwendung gelang es, mir eine Aufnahme zu verschaffen, und man wies mir und meinem Gefährten einen Soppa,[161] d. i. ein von allen Seiten

---

161   Im Reisebericht: Soppo (Pfeiffer 1856, Teil 2, S. 64).

offenes Häuschen, an, man gab uns Reis und ein Huhn. Hali Bonar versprach mir mich bis Eirer-Tau zu begleiten, das von hier noch 70 Paal entfernt sein mochte.

Am folgenden Tage ging die Reise noch gut von Statten; wir kamen in des Hali Bonars Uta, und mußten den folgenden Tag daselbst verweilen. Er ließ mir zu Ehren ein Kalb schlachten. Zu dieser Feierlichkeit wurde ich auf den Schlachtplatz geführt. Unter Musik und Gesang hauchte das arme Thier sein Leben aus. Das Blut wurde sorgfältig aufgefangen, das Kalb in viele Stücke geschnitten und die Leber, als das Kostbarste, mir überreicht. Während all' dieß vor sich ging, wurden Tänze aufgeführt, die, wenn sie nicht den bösen Geistern gegolten hätten, sehr erbaulich gewesen wären. (Die Bataken verehren nämlich nur die bösen Geister und bringen diesen Opfer dar, weil sie Furcht vor ihnen haben. Die guten Geister, sagen sie, thun uns ohnedieß nichts zu leide, und brauchen daher nicht angerufen zu werden.) Zwei Tänzer machten ziemlich lebhafte Sprünge und Bewegungen; nach einer Weile nahm der ältere ein wassergefülltes Büffelhorn, das er während des Tanzes mehrere Male gegen den Himmel erhob, als wollte er dessen Segen darüber erflehen. Dann goß er einen Theil des Wassers gegen mich, gegen die Umsitter [sic!] und den Rest gegen das Volk. Dasselbe that er mit Reis und mit kleinen Reiskuchen, welche letztere nur mir allein auf einem Teller überbracht wurden.

Nach diesem Tanz führte man mir noch einen zweiten auf, der nur zu Ehren eines zum Tode verurtheilten Menschen gefeiert wird. Sie banden zu dieser Vorstellung einen Sorong [Sarong] an einen Pflock. Ersterer sollte den Verurtheilten, letzterer einen Baum vorstellen. Nun wurde unter Musik um den Pflock herumgetanzt. Einer der Tänzer sprang aus der Reihe, stieß mit dem Parang (langes Messer) nach dem Gefangenen; dann folgten ein zweiter, ein dritter und noch einige der Tänzer. Jener, der den ersten Stoß führte, hat das meiste Recht auf den Feind. Nachdem das Schlachtopfer getödtet war, machten sie die Pantomime des Kopfabhauens. Sie legten statt eines Menschenopfers jenen des geschlachteten Büffelkalbes auf eine Matte und setzten um dieselbe ihren wilden Rundtanz fort. Zeitweise hob einer der Tänzer den Kopf in die Höhe und sog mit Begierde das träufelnde Blut auf; andere warfen sich auf die Matte, um das rieselnde Blut aufzulecken. Die Physiognomien der Leute waren dabei nicht wild leidenschaftlich, sondern lustig und aufgeräumt. Die Nase, die Ohren, die Fußsohlen, die Wangen, die Handballen und die Leber werden für die feinsten Theile gehalten und erstere drei Gegenstände fallen dem Radjah zu.

Am Tage nach diesem Feste ging unsere Reise weiter; die Erscheinung eines europäischen Wesens in den freien Batakenländern gehört zu den größte Seltenheiten, besonders seit dem Jahre 1835, in welchem zwei Missionäre daselbst getödtet und aufgefressen worden waren. Daß also die Nachricht meiner Ankunft das ganze Land wie ein Lauffeuer durchflog, ist natürlich. Vor jedem Uta, an dem ich vorbei mußte, stellte sich die ganze männliche Bevölkerung auf, versperrte mir den Weg, und im Augenblick war ein Kreis von Bewaffneten um mich geschlossen, die mit Lanzen, Schwertern und gezogenen Parangs bewaffnet waren. Ihr Aussehen war über alle Maßen wild und furchterregend. Die Leute waren groß und stark, von hässlicher Gesichtsbildung; sie hatten große Mäuler mit ganz besonders stark hervorstehenden Oberkiefern, die nicht selten mit vorragenden Fangzähnen besetzt waren. Die Haare trugen sie lang oder kurz, in welch letzterem Falle sie struppig wie Borsten abstanden. Um den Kopf hatten sie ein schmutziges Tuch oder um einen farbigen Lappen ein Strohband gewickelt, oder auch ein Strohkäppchen auf von der Form eines viereckigen Körbchens. Das eine Ohrläppchen war mit einem so großen Loche versehen, daß sie ein bis zwei Cigarren darin stecken hatten. Gekleidet waren sie anständig genug. Ein Sarrang deckte [den] Unterkörper bis an die Waden, ein zweiter den Oberkörper. Ihr Geschrei aber war erschreckend; sie wollten mich nicht weiter ziehen lassen; sie zeigten an die Kehle, daß man mich ermorden, und nagten an ihren Armen, um mir zu verstehen zu geben, daß man mich auffressen wolle. Wenn ich mit ähnlichen wilden Stämmen nicht schon vertraut gewesen wäre, würde mir das Herz oft ängstlich gepocht haben. Ich wußte, daß Ruhe und Vertrauen die Wilden Völker am besten gewinnt, und antwortete gewöhnlich lächelnd: Ich weiß, du wirst mich nicht tödten, nicht auffressen – laß' mich nur weiter gehen – ich gehe mit dir allein, wenn du meinem Führer mißtraust. Das Kauderwelsch, das ich sprach, die Geberden, die ich dazu machte, die Ruhe und das Vertrauen, das ich zeigte, gewannen mir die

Herzen, sie sprachen freundlicher, sie reichten mir die Hände, ließen mich weiter ziehen, oder beherbergten mich in ihren Utas und gaben mir zu essen. Eine Kleinigkeit ist bei wilden Völkern hinreichend, sie in Wuth zu bringen, und eine Kleinigkeit macht sie wieder gut. Letzteres zu thun war ich immer bemüht, und nie ohne Erfolg. So kämpften wir uns einige Tagreisen durch. Wir kamen in das herrliche Thal Silindong, das größte und fruchtbarste, das ich in Sumatra gesehen. Es mag über 15 Paal lang und gegen 5 Paal breit seyn. Es ist mit hohen Hügelketten umgeben, die allmälig gegen das Meer zu die höheren Gebirgszüge vertreten, die Sumatra von Süden nach Osten durchkreuzen.

Die Bevölkerung muß groß seyn; es liegen sehr viele Utas zerstreut umher. Sie sind mit 5–6 Fuß hohen Erdwällen umgeben, mit Bambus- und anderen lebenden Hecken umzäunt, oft noch mit Wassergräben eingefaßt. Von den Häusern selbst sieht man nichts, da die Bambusse 40–50 Fuß das ganze Uta in Gebüsch einhüllen. Das Thal ist vom schönen Strom Patang-Toon und von einigen kleinen Flüssen durchschnitten; es ist reich mit Reis und Ubi (süße Kartoffeln) bebaut; man sieht viele Heerden von Büffeln und Kühen auf den Feldern weiden; allenthalben scheint Ueberfluß zu herrschen.

Von der grenzenlosen Unreinlichkeit des Volkes, von dem harten Lose der Weiber, die hier wie Lastthiere behandelt werden, von einigen Sitten und Gebräuchen, die ich während meines dreiwöchentlichen Aufenthaltes unter diesem Volke sah, ein andermal. Ich will Ihnen nur schließlich sagen, daß alle meine Bemühungen vergeblich waren, daß ich allen Gefahren trotzte, und dennoch nicht bis zum See Eirer-Tau kam. Ich war nach Angabe der Leute vom See vielleicht kaum 15–20 Paal entfernt. Wenn man mich nur die Hügelkette hätte hinansteigen lassen, würde ich ihn vermuthlich gesehen haben. Allein, Niemand wollte weiter mit mir gehen. Sie gaben vor, mit den Leuten von Eirer-Tau in Zwist zu leben und daß selbst für sie ein Gang dahin mit Lebensgefahr verbunden sey.

Ich mochte vielleicht im Batakenlande ein Dutzend Paale weiter vorgedrungen seyn, als es bisher einem Europäer gelang. Daß man mir nichts anthat, daran war mein Vertrauen und mein Geschlecht Schuld. Auch die Bataken hielten mich, wie die Dayaker, für ein mehr als irdisches Wesen. Sie sagten, sonst würde ich es nicht gewagt haben, mich ohne jegliche Hilfe und Unterstützung in ihre Mitte zu begeben.

Meine Reisen auf Sumatra betrugen 721 Paal zu Pferde und 146 zu Fuß. Ich kam zwar mit dem Fieber in Padang an; meine starke Natur hat mir jedoch bald wieder auf die Beine geholfen und so denke ich Ihnen noch manchen Bericht von meinen ferneren Streifzügen zu geben.

Ida Pfeiffer berichtet nun erstmals davon, an Fieberanfällen zu leiden, vermutlich war sie an Malaria erkrankt. In ihrem Reisebericht schreibt sie, dass sie bei ihrer Rückkehr von ihrer Expedition zu den Toba-Batak in Fort de Kock am 9. September 1852 »sehr leidend« eintraf und dann einen heftigen Anfall des »Sumatra-Fiebers« erlitten habe, ein Wechselfieber, das sich als sehr »hartnäckig und bösartig« erweisen könne (Pfeiffer 1856, Teil 2, S. 90). Dies sollte sich in der Folge auch an ihr selber bewahrheiten. Auf dem Weg zurück nach Padang, wo sie am 7. Oktober 1852 eintrifft, ereilt sie eine neuerliche heftige Fieberattacke. Nach sieben Tagen fühlt sie sich wieder so weit hergestellt, um mit dem Dampfschiff zurück nach Jakarta zu reisen.

Mitte November verlässt sie Jakarta wieder, sie fährt auf dem Seeweg weiter Richtung Osten nach Semarang (früher Samarang), ebenfalls an der Nordküste Javas gelegen, um ihre Besichtigungstour auf der Insel fortzusetzen. Sie besucht, wie auch in folgendem Brief an ihre Freundin, Frau Schwarz, nachzulesen, die Sultanate von Yogyakarta und Surakarta, ebenso den Borobudur. Die Besichtigung dieses buddhistischen Tempels schildert sie in einem späteren Brief an ihre Freundin, vom 20. Mai 1853 aus Makassar, auf Celebes. Nachdem diese kolossale Tempelanlage erst 1814, nach einem Dornröschenschlaf von mehreren hundert Jahren, von einem britischen Kolonialbeamten unter Schichten vulkanischer Asche und Erde wiederentdeckt worden ist, wird sie während Ida Pfeiffers Besuch gerade genauer erforscht. Frans Carel Wilsen, der von der holländischen Regierung mit dieser Forschung betraut wurde, führt sie persönlich herum. Doch ist das beeindruckende Bauwerk, das einer Stufenpyramide ähnelt, damals stark vom Verfall bedroht, wie sich dem Reisebericht der Wienerin entnehmen lässt, erst im späten 19. Jahrhundert wird das Bauwerk restauriert.

Anfang Dezember 1852 geht die Reise weiter nach Surabaya, ebenfalls auf Java gelegen, doch die Regenzeit hat eingesetzt, und so beschließt Ida Pfeiffer Mitte des Monats nach Celebes, dem heutigen Sulawesi, zu fahren. Nach einer stürmischen Überfahrt kommt sie in Makassar an – Ida Pfeiffer muss wieder einmal dem Meer Tribut zollen und leidet fürchterlich an der Seekrankheit –, wo sie schließlich den folgenden Brief verfasst.

Brief an Frau von Schwarz, Makassar (auf Celebes), 18. Dezember 1852

Makassar |:auf Celebes:|
den 18ᵗ Dec 1852

Liebe gute Frau von Schwarz!
Wenn Sie mein Briefchen auch erst lange nach dem Beginne des Jahres 1853 erhalten, so mag es Ihnen wenigstens zeigen, daß ich meiner lieben Freunde gedacht habe. – Ist Ihr Wunsch im vergangenen Frühjahre oder Herbst erfüllt geworden? Haben Sie Sicilien, Neapel, Rom besucht? oder bleibt das Vornehmen stets ohne Ausführung? Könnte ich doch Ihren Herrn Gemahl ein Fünkchen meiner Reiselust einimpfen! Wo hätten sie ihn schon überall hingebracht! – Ich sehne mich, daß meine Lust abnehmen möchte, denn die unerbittliche Zeit stielt mir ein Lebensjahr nach dem andern, und bald wird eine Reise nach jenseits den Reisen für diesseits ein tragisches Ende machen.

Von meinen Reiseabentheuern kann ich wohl schweigen, denn wenn die Posaunen der deutschen Journalisten und Zeitungsschreiber so viel Lärm davon machen, wie die indischen, so sind Sie stets aú fait der Sache.

Einen großen Zuwachs wird mein Privat Museum von all den Orten bekommen, die ich besuche, darunter wird es sogar an Todtenschädeln nicht fehlen. – Von den batakischen Menschenfreßern auf Sumatra eroberte ich einen schön geschnitzten Stab, der aus dem Baumstamme geschnitzt wird, an welchem ein Mensch getödtet wird, der zum Aufzehren bestimmt ist. – Auf

Djogokarta bekamm ich eine weiße Schildkrötte, eine so seltene Erscheinung, daß nicht einmal die Naturgeschichte eine Erwähnung von solchen macht. – Ferner sollen Sie einen Ring sehen, den der javanische Kaiser von Surakarta vom Finger zog, um ihn mir anzustecken. Von Insecten und Schmetterlingen, von Schlangen und anderen Reptilien wird gesammelt mit einer Beharlichkeit, die seinesgleichen sucht, nur weiß ich nicht[,] wie sie in unsern Museen ankommen, denn die Jahreszeit ist für solche Gegenstände stets schlecht; entweder regnet es, oder die Luft ist feucht. Auf Makassar ist das Wetter so grenzenlos schlecht, daß es des Tages nicht mehr als 24 Stunden regnet. Ich weiß wahrlich nicht was ärger ist, ein wienerischer Winter oder eine tropische Regenzeit, nur so viel weiß ich, daß ich die langen Abende hier bei weitem nicht so angenehm dahinbringe wie bei uns. Die Gesellschaften sind höchst unangenehm zu besuchen, wenn man auch nur auf ein – zwei Stunden zusammen kömmt, putzt man sich wie zu einem Ball parée,[162] die Gespräche enthalten ein Nichts und gespielt wird hoch. Daß ich mich von diesen Gesellschaften so gut losmache als von den heimischen, können Sie sich wohl denken. Im Grund genommen sind die Europäer, die hier auf mehr als die halbe Zeit ihres Lebens gebahnt [gebannt] sind, sehr zu bedauern, und doppelt die Frauen, deren Jugend und Schönheit hier um so schneller zu Grabe geht als in Europa. – Ich liebe das Reisen in solche Länder, aber danke Gott tausendmal[,] daß ich nicht verbahnt [verbannt] bin da zu leben.

Von den Empfehlungsbriefen Ihres Herrn Gemahl nach Australien, werd ich diesmal vielleicht wieder nicht Gebrauch machen können. Von all den Orten, wo die Leute so eifrig Jagd nach Gold machen, bleibe ich ferne. Wenn ich von den Molukken zurückkomme, weiß ich selbst noch nicht welchen Weg nach dem lieben Vaterlande einzuschlagen, daß er auf jeden Falle nicht der kürzeste sein wird, möchte ich schier glauben, der Ciclus meiner Reisen muß ja doch den Niagarra machen, ohne diesen gesehen zu haben, könnte ich mich unmöglich zur Ruhe begeben. Wie schön und wie leicht wäre es, uns dort ein Rendez Vous zu geben! Denken Sie [über] diesen Plane nach, an Zeit hiezu soll es Ihnen

---

162   Bal paré – eine veraltete, aus dem Französischen übernommene Bezeichnung für einen besonders festlichen Ball.

nicht fehlen, da ich wohl schwerlich vor einem Jahre sein Toben und Rauschen sehen und hören werde. – Also leben Sie wohl, und auf ein glückliches Wiedersehen in der neuen Welt. – Grüßen Sie Ihren Herrn Gemahl auf [das] herzlichste, und noch viel viel herzlicher wenn er Sie mir entgegen bringt. –
     Ihre wahre Freundin I. Pfeiffer

bitte Zulage an F. v. Sonnleithner zu geben.

In ihrem Brief erwähnt Ida Pfeiffer einige Schätze, die sie mit nach Hause bringt, für ihr kleines »Privat Museum«, unter anderem »einen schön geschnitzten Stab«, den sie von den Batak auf Sumatra »eroberte«. Vermutlich ist damit der »tunggal panaluan« gemeint, ein »Zauberstab« der Batak, der sich heute im Besitz des Weltmuseum in Wien befindet, 1880 wurde er aus den Beständen der Ambraser Sammlung dem damaligen Museum für Völkerkunde (dem heutigen Weltmuseum) in Wien übergeben.[163] Heute ist der wunderbar geschnitzte Stab, ein bedeutendes Ritualobjekt der Batak Nordsumatras, als Leihgabe des Weltmuseums in der Dauerausstellung des Literaturmuseums der Österreichischen Nationalbibliothek in Wien zu bewundern (vgl. Habinger 2015). Jedenfalls richtete die Wienerin nach ihrer zweiten Weltreise (vielleicht auch schon davor) ein privates »Naturalien- und Kunstcabinet« ein, das allen »Neugierigen und Wissenschaftsmenschen« offen stand.[164] Wo die anderen Objekte geblieben sind, die sie in ihrem Schreiben anführt, ist heute nicht mehr bekannt.[165]

---

163 Vgl. *Inventar 1806–1875* und *Inventar 1880* sowie *Alphabetisches Register der Sammlungen von 1806–1917*, WMW, Archiv; vgl. auch Habinger 2004, S. 149 ff. Zum »tunggal panaluan« vgl. auch Leigh-Theisen in Seipel 2001, S. 272; vgl. auch die Ausführungen von Leigh-Theisen im Katalog *Bürgersinn und Aufbegehren* 1988, S. 456. Eine Abbildung des oberen Abschnitts dieses Zauberstabes findet sich in Habinger 1997, S. 77 sowie Seipel 2001, S. 273.

164 *Ein Winter in Wien. Erster Brief*, in: Unterhaltungen am häuslichen Herd, 1856, Nr. 15, S. 236. Von Ida Pfeiffers privatem Museum berichtet ausführlich ein Zeitungsartikel in der *»Ost-Deutschen Post«*, vgl. *Ida Pfeiffer. Die Weltreisende*, in: Ost-Deutsche Post, 1855, Nr. 262.

165 Auch der Verbleib anderer Gegenstände, die Ida Pfeiffer in ihren Briefen erwähnt, ist heute unbekannt, vgl. dazu Habinger 2004, S. 152 ff., das Kapitel »Verschollene Fundstücke«.

In Makassar muss sie jedoch zu ihrem Leidwesen feststellen, dass auch auf Celebes bereits Regenzeit herrscht, wie auch aus obigem Schreiben hervorgeht. So ergreift sie sofort die Gelegenheit, mit dem Dampfschiff »Ambon« weiter zu den Molukken zu reisen, in der Hoffnung, bei der Rückkehr das Landesinnere von Sulawesi besuchen zu können. Die Molukken waren damals als »Gewürzinseln« berühmt, wie auch in den folgenden Briefen zum Ausdruck kommt. Am Heiligabend ist der Hafen der Insel Banda erreicht, und am nächsten Tag erfolgt die Ausschiffung. Doch hat, wie Pfeiffers Briefen ebenfalls zu entnehmen ist, ein Erdbeben den Ort verwüstet, und auch am Abend der Ankunft erschüttert, wie sie in ihrem Reisebericht schildert, ein weiteres Beben die Insel und reißt die Schiffe aus ihrer Verankerung.

Nach der Besichtigung einer großen Plantage für Muskatnüsse – die Insel gilt als deren Heimat – reist Ida Pfeiffer nach zwei Tagen bereits wieder ab. Ein etwas längerer Zwischenaufenthalt erfolgt auf Ambon, der Heimat des Gewürznelkenbaums, wo sie den Jahreswechsel erlebt, und von dort gelangt sie über die kleinen Inseln Haruku und Saparua, wo sich aufgrund befürchteter Unruhen gerade der holländische Gouverneur Visser (bei Pfeiffer Vischer) aufhält, nach Seram (früher Ceram). Hierher kommt sie besonders wegen der Bewohner, der »wilden Alforen« (Pfeiffer 1856, Teil 2, S. 158), wie die einheimischen Bevölkerungsgruppen im Inneren dieser Inseln damals eher abwertend bezeichnet wurden, die ebenfalls der Kopfjagd nachgehen sollen. Ihr spektakuläres Vorhaben, zu Fuß die Insel von Süd nach Nord zu durchqueren, haben vor ihr erst zwei Europäer gewagt, einer der beiden mit 150 Mann Bedeckung. Vom holländischen Gouverneur erhält sie zwanzig Einheimische als Begleitschutz, ein Minimum an Personen, denn darunter würde niemand mitgehen, da sich eine Gruppe vor der anderen fürchten würde, wie der Gouverneur versichert. Es ist jedenfalls die größte Eskorte, die Ida Pfeiffer jemals haben sollte. In Wahai an der Nordküste angekommen, will der Kommandant des holländischen Forts, J. W.C Kern, gar nicht glauben, dass eine Frau diese Landreise geschafft hat. Diese Insel-Durchquerung war tatsächlich so spektakulär, dass einige sensationelle Presseberichte in den kolonialen Zentren dieser Region erschienen, etwa in Singapur oder Java (Wyhe 2019, S. 189). Tatsächlich erschienen seit ihrer Ankunft in Niederländisch-Indien im Februar 1852 vor Ort Artikel in der kolonialen Presse, und die mediale Aufmerksamkeit nahm beständig zu, ebenso in den Niederlanden selbst – nicht zuletzt wollte man durch die Berichte Pfeiffers ein positiveres Image der Kolonie befördern (vgl. Toivanen 2019, S. 59ff.). Darauf spielt auch Pfeiffer in ihren Briefen an, so schreibt sie etwa am 15. Mai 1852 an ihre Freundin Frau Schwarz, »*in allen indischen Zeitungen spricht man von meinen kühnen Ausflügen unter die unabhängigen Dayacks auf Borneo*«.

Sie bleibt sechs Tage in Wahai, wieder einmal widmet sie sich intensiv ihrer Sammeltätigkeit, so kann sie während dieser Zeit ihre Insektensammlung, wie in ihrem Reisebericht zu lesen ist, »beträchtlich vermehren«. Darüber berichtet sie auch in folgendem Brief an Joseph Winter, wieder einmal klagt sie darüber, wie schwierig es unter den Bedingungen rund um den Äquator ist, die Objekte zu bewahren und zu konservieren.

Am 30. Jänner tritt sie die Rückreise an, zunächst in Begleitung des holländischen Kommandanten, mit dem sie zwei Ansiedlungen der Alforen besucht, denn bis dahin hatte sie noch keine zu Gesicht bekommen, wie sie in ihrem Reisebericht beklagt. Es handelt sich also aus heutiger Sicht durchaus um eine problematische Konstellation. Ihr Drang, diese fremdartigen Menschen, »dieses wilde und scheue Volk«, kennen zu lernen, gipfelt schließlich während ihres weiteren Fußmarsches zurück nach Süden durch das Landesinnere darin, dass ihr einheimischer Begleiter (ein Dorfvorsteher, der vermutlich den Holländern nahestand) die Leute, die sich, vielleicht ängstlich, in ihre Häuser zurückgezogen haben, mehr oder weniger gewaltsam aus ihren Behausungen heraustreibt. Entgegen ihres Rufes als blutrünstige Kopfjäger lernt Pfeiffer hier die Alforen als scheue und »harmlose« Menschen kennen, selbst die besten Krieger mit »gutmütigen, sanften Gesichtern«, wie sie in ihrem Reisebericht meint (Pfeiffer 1856, Teil 2, S. 180ff.).

Die Wienerin kehrt nun kurz nach Saparua zurück, wo sie der nach wie vor anwesende Gourverneur mit einem gewissen Erstaunen emfpängt, dann fährt sie wieder nach Ambon, und wird dort von ihrem früheren Gastgeber wieder freundlich aufgenommen.

Brief an Joseph Winter, Makassar, 14. Mai 1853

Makassar den 14^t May 1853.
Bester Herr v. Winter!
Lange ist es schon, daß ich nicht an Sie schrieb, allein meine Zeit ist so vielseitig in Anspruch genomen, daß mir für die Corespondenz wenig übrig bleibt. Ich liege nie lange stille an einem Orte, ich bin in stetter Bewegung wie der ewige Jude. – Ich glaube was die Reise auf Sumatra betrifft, so werden Sie schon so manches darüber gehört haben, es war eine der gefährlichsten und beschwerlichsten, die ich je unternommen hatte. Wie oft ich da in Lebensgefahr schwebte, von den Battakern getödtet und gefressen zu werden, kann ich kaum zählen. So oft ich in eines ihrer Dörfer kamm wiesen sie mir an die Kehle, und machten dabei die Minen des Freßens!

Von Sumatra ging ich zurück nach Batavia und von da nach den Molukken. Ich sah die niedliche Insel Banda, auf welcher die Muskatnuß heimisch ist; man wandelt da in nichts als Waldungen dieses schönen Baumes. Leider wurde diese Insel kürzlich von einem furchtbaren Erdbeben heimgesucht, das Städtchen Banda glich einem Schutthaufen, kein Mensch wagte sich in die Ruinen der Häuser, Alles lebte in kleinen, neu erbauten Bambushütten. – Ich war froh diesem Orte den Rücken kehren zu können, denn kein Tag verging ohne noch Erschütterungen gefühlt zu haben. Von Banda ging ich nach dem Vaterlande der Gewürznelken, nach Ambon. Dann nach Saparua und Ceram. Auf letzerer Insel suchte ich die Alforen auf, daß ist ein Volk gleich den Dayakern auf Borneo, sie gehen nach nichts lieber als nach Menschköpfen aus. Ich zählte in mancher der Hütten, die nur zur Bewahrung der Köpfe gebaut ist, über 150 Köpfe in zierlichen Reihen aufgehangen. Scheußlich sahen die Köpfe aus, die erst einige Tage alt sind.

Sie rösten sie gelinde über dem Feuer, und trocknen der Art das Fleisch langsam aus. – Von Ceram ging ich nach Celebes, welche Insel ich auch stark bereiste, und weiter ging, als je ein Europäer war. Hier gibt es zwar keine Menschenesser und Kopfabschneider, allein nahe der Küste sind die Piraten zu fürchten, und im Innern das Gebirgsvolk, das wild und sehr räuberisch ist. – Daß es bei all diesen Reisen viel des Schreckens und der Gefahren gab, können Sie sich denken. Ich behalte mir vor, Ihnen vieles hievon mündlich zu erzählen, zum schreiben erforderte zu viel Zeit und an dieser habe ich stets Mangel. – Ich sammle viel für unsere Museen, bis es aber dahin gelangt, verdirbt wieder mehr als die Hälfte davon. Die Witterung um den Äquator herum ist so feucht, daß man nichts bewahren kann; eine 2t große Plage sind die Ameisen. Letztere kammen mir in einen Koffer und verdarben mir Alles so sehr, daß ich es wegwerfen mußte.

Bitte diesen kleinen Einschluß an Frau v. Böck gelangen zu lassen. Leben Sie wohl und empfehlen Sie mich all den Ihrigen, auch Domherrn Salzbacher, wenn er noch lebt, woran ich sehr zweifle.[166] Mit Achtung Ihre ergeb[ene]
I. Pfeiffer.

Anfang März 1853 fährt Ida Pfeiffer, mit einem kurzen Zwischenstopp auf Ternate und einem Besuch des dortigen Sultans, zurück nach Sulawesi (Celebes). Zunächst bereist sie, wie sie auch in dem nachfolgenden Brief an Frau Schwarz vom 20. Mai 1853 berichtet, den nordöstlichen Zipfel der Insel, in der Gegend um Manado, »*in Kreutz und Quer*«. Mit dem Schiff fährt sie Anfang April zurück in den Südwesten Sulawesis, nach Makassar. Von hier unternimmt sie eine weitere nicht ungefährliche Tour ins Landesinnere, zu den kleinen Königreichen außerhalb des unmittelbaren Einflussbereichs der Holländer. Nachdem Gefahren und Mühsale dieser Reise überstanden sind, schildert sie diese, recht aufgekratzt und, wie es scheint, in Hochstimmung, ihrer Freundin Frau Schwarz. Denn mit »*Kölnerwasser*« als Geschenk im Gepäck sind

---

166 Hier irrt sich Ida Pfeiffer, tatsächlich verstarb Josef Salzbacher erst 1867, also fast ein Jahrzehnt nach Pfeiffer; vgl. ÖBL, Bd. 9, 1988, S. 399.

Freundschaften selbst in entlegensten Weltgegenden rasch geschlossen, wie sie schließlich in einem Schreiben vom 30. Mai 1853 an eine Tante, vermutlich Constantia von Reyer, in Triest meint.

Am Beginn des folgenden Schreibens findet sich wiederum, auf dem Kopf stehend, folgende Bitte, das eingeschlossene Schreiben weiterzuleiten: »*bitte, allerbeste Frau v. Schwarz, diesen Einschluß unter der Adreße: Herrn Doctor Glücker [Glöcker], Mehlmarkt N: 1090 zu übermachen*«.[167]

Brief an Frau von Schwarz, Makassar, Celebes, 20. Mai 1853

Makassar Celebes den 20ᵗ May 1853
Liebe gute Frau v. Schwarz!
Bin ich doch eine zudringliche Person, werden Sie denken, – so weit entfernt und dennoch schon wieder einen Brief! – Nu, ich verspreche Ihnen, daß Sie dieses Jahr keinen mehr empfangen sollen. – Ich gebe Ihnen nun eine ganz kleine Nachricht von meinen winzigen Ausflügen[,] die ich nach der Rückkehr von Sumatra auf Batavia machte. – Kaum daß ich mich 14 Tage ausgeruht hatte, schiffte ich mich für Samarang ein, besuchte die kochenden Schlammquellen; ferner die noch unabhängigen Fürstenthümer auf Java, so wie die berühmten Tempel Buda's, worunter der vorzüglichste der Borro Bodu[168] ist, – er enthält allein 500 mehr den[n] Lebensgroße Statuen des Gottes Buda. – Meinen Schluß auf Java machte Surabaya. Da schiffte ich nach den Molukken, stieg auf dem Inselchen Banda zu Lande, das ganze Waldungen von Muskatbäumen besitzt. – Gräßlich war das Städtchen Banda anzusehen, es war von einem Erdbeben, das einen Monath vor unserer Ankunft statt hatte, in einen beinahigen Schutthaufen verwandelt, – noch in der Zeit als ich auf Banda war, gab es mehrere Erdstöße. Mit Vergnügen sagte ich daher diesem Platze »Lebewohl« und zog nach Ambon, den Gärten der Gewürznelken. Auch hier litt es mich nicht lange, ich mußte nach Saparua,

---

167 Ein Auszug dieses Briefes »an eine Dame in Wien« findet sich, allerdings mit etwas abweichendem Wortlaut, in: Carinthia, 27. 8. 1853, S. 276, Notizen.
168 Gemeint ist der buddhistische Tempel Borobudur, den Pfeiffer auf Java, ausgehend von Semarang, besuchte, vgl. dazu weiter oben.

aber besonders Ceram steckte mir im Kopfe, denn da carambolirt man doch wieder mit einem wilden Volke, daß unter die Kopfabschneider gehört, wie die Dayaker. Von Ceram ging ich über Ternate nach Menado. Letzterer Ort liegt im Norden der Insel Celebes und ist nicht nur seiner Üppigkeit sondern auch seines angenehmen Climas wegen, ein angenehmer Aufenthaltsort. Ich reiste da in Kreutz und Quer herum, besuchte alle Mißionaire, deren es ziemlich Viele gibt. Ihr Wirken ist nicht ohne Erfolge, sie ernten in der That, nachdem sie gesäet haben. Mir gefiel ihre Lebensweise viel besser als jene der englischen und amerikanischen Mißionaire. Sie leben viel einfacher und viel mehr mit und unter dem Volke. – Von Menado ging ich nach der Südküste von Celebes, nähmlich nach Makassar. Da machte ich wieder große und sehr beschwerliche Reisen. Einmal sank ich so tief in Morast ein, daß ich kaum mit Hülfe von zwei Menschen wieder an das Tageslicht kam. Ein andermal mußte ich mit 21 Leuten eine ganze Nacht auf einem großen See in einem ausgehölten Baumstamme zubringen, – wir saßen wie die Pikelhäringe eingequetscht und eingepreßt, als ich an's Land kam konnte ich nicht gleich stehen, ich dachte schon die Füße eines anderen erwischt zu haben. Jetzt sitze ich auf Rosen und Lorbern zu Makassar und warte[,] bis der Dampfer wieder flügge wird und nach Batavia segelt. Da will ich dann nur all meine gesammelten Schätze an Insecten, Fischen, Schlangen, Elephanten und Rhinocerusen einpacken und dem indischen Archipel[169] ein Schnippchen schlagen und weiter ziehen. – wohin? das weiß ich jetzt noch nicht zu sagen. Vermuthlich erhalten Sie mein nächstes Geschreibsel aus irgendeinem fremdartigen, noch nicht entdeckten Welttheile, vielleicht aus »Pfeifferia« oder vielleicht gar aus dem Monde. Bis dahin leben Sie wohl und vergessen Sie mich nicht ganz. Ihren Herrn Gemahl, meinen heimlichen Geliebten[,] grüßen Sie mir herzlichst.
    Mit recht viel Achtung Ihre
    wenig ergeb. I. Pfeiffer.

Am 20. Mai, am Tag des obigen Schreibens, verlässt Ida Pfeiffer Sulawesi, wieder einmal mit der Destination Java.

---

169   Indischer Archipel – frühere Bezeichnung für den Malaiischen Archipel, die Inselkette zwischen Südostasien und Neuguinea.

Zunächst hält sie sich einige Zeit in Surabaya auf, von wo sie den folgenden Brief an ihre Tante schreibt, vermutlich Constantia Reyer. Dafür spricht einerseits der erwähnte Wohnort der adressierten Tante, nämlich Triest, aber auch die Tatsache, dass Ida Pfeiffer am Ende des Briefes ihren »Vetter Constantin« grüßen lässt, einen Sohn von Constantia und Franz Thaddäus Reyer (Letzterer war allerdings mittlerweile verstorben).[170]

Doch wird ihr der Aufenthalt auf Surabaya einigermaßen verleidet, denn sie fühlt sich krank und geschwächt, einerseits durch die Anstrengungen ihrer Expeditionen auf den Molukken und auf Celebes, aber auch aufgrund der Fieberanfälle, die seit ihrem Aufenthalt auf Sumatra ständig wiederkehren. So muss sie auf eine Fahrt ins Gebirge verzichten und begnügt sich für die Zeit ihrer Rekonvaleszenz mit Streifzügen durch die Stadt und in die nähere Umgebung.

Brief an eine Tante in Triest (vermutlich Constantia von Reyer), Surabaya, 30. Mai 1853

Surabaya den 30ᵗ May 1853.
Meine gute, liebe Tante!
Nun hoffe ich bald wieder die Freude und das Glück zu haben, Sie liebe Tante, zu sehen. Meine Reisen nahen sich ihrem Ende, und wenn ich jetzt wieder nach Hause komme, so habe ich wahrlich genug gereist. Mein erster Besuch soll denn in Triest sein, – wie viel habe ich nun neuerdings zu erzählen! Es wirbelt mir oft im Kopfe, wenn ich an alles denke, was ich gesehen, erlebt und erfahren habe. – In Sumatra war ich unter Menschenfreßern, auf den Molukken unter Kopfabschneidern. Täglich war ich großen Gefahren ausgestellt, und Gottes Schutz war so sichtlich mit mir, daß ich überall ganz unbeschädigt durchkam. All' die wilden

---

170 Es handelt sich um Konstantin August (ab 1859 Freiherr von) Reyer (1801–1875), Großkaufmann und Industrieller; er führte nach dem Tod seines Vaters 1846 dessen Firma, das Großhandelshaus Reyer & Schlik, mit Niederlassungen in Wien und Triest, gemeinsam mit seinen beiden jüngeren Brüdern weiter; vgl. ÖBL 1815–1950, Bd. 9 (Lfg. 42, 1985), S. 106 (online).

Völker, durch deren Länder ich reiste hatten den Glauben, daß ich ein höheres Wesen sein müßte, um mich so ganz allein, ohne allen Schutz und Schirm in ihre Mitte zu begeben. Dieser Glaube war mein Schutzgeist. – Die letzte Reise, die ich seit Sumatra unternahm, war nach den Molukken und der Insel Celebes. Auf den Molukken besuchte ich die Insel Banda, die, bekannt als Vaterland der Muskatnuß ist. Man wandelt da in Waldungen von diesen Gewürzbäumen. – Einen Monath [be]vor ich nach Banda kamm, hatte ein fürchterliches Erdbeben statt. Das Städtchen war halb in einen Schutthaufen verwandelt, die Menschen mußten sich in Eile kleine Bambushütten erbauen, keiner wagte sich mehr in sein Steinhaus zurück. Noch in der Zeit als ich dort war, verging kein Tag, ohne daß es einige Erdstöße gab. Ich war sehr froh, glücklich von dieser Insel weg gekommen zu sein. Viel besser gefiel es mir auf Ambon, dem Vaterlande der Gewürznelken. Daß ist eine überaus freundliche, liebliche Insel, ich blieb da mehrere Wochen, und machte beträchtliche Sammlungen für die österreichischen Museen. Dann ging ich nach Ceram. Dieses Inselchen ist [wegen] seiner wilden Einwohner vorzüglich berühmt. In den Gebirgen hausen die Alforen, die nach Menschenköpfen auf die Jagd gehen. Ich trieb mich sechs Tage in ihren Bergen und Wäldern herum, ich besuchte ihre Wohnplätze und sah die großen Hütten, in denen sie nichts als die Köpfe bewahren. In einer solchen Hütte zählte ich über 150 Köpfe, die in Reihen angefasst [?], in allen Ecken aufgehangen waren. – Von Ceram ging ich nach Celebes und reiste da weit in der Insel herum, weiter als es je ein Europäer gewagt hat. – Nahe der Küste sind die Seeräuber, und im Lande die Landräuber zu fürchten. Ich kehrte da überall bei den Fürsten und Königen zu und wurde recht gut empfangen. Ich brachte diesen Leuten einige Geschenke mit, besonders Kölnerwasser für die Frauen, und dann war unsere Freundschaft schnell geschloßen. Ich sah sehr viel von ihren Sitten und Gebräuchen, und werde Ihnen einst, liebe Tante, viel davon zu erzählen haben.

Jetzt gehe ich bald nach Batavia, und von dort weiß ich noch nicht[,] wohin mich das Schicksal führen wird.

Ich küße Ihnen vielmalen die Hände liebe Tante, und bitte [mich] nicht ganz zu vergessen
  Ihre Sie innigst liebende
  Nichte I. Pfeiffer

An Vetter Constantin, und Alle die an mich denken, viele herzliche Grüße. – Bitte den Einschluß an meine gute Leopoldine zu übermachen.

Ida Pfeiffer kehrt schließlich, wie im Brief an ihre Tante angekündigt, nach Jakarta zurück – wann, darüber lässt sie uns im Unklaren. Von hier möchte sie die weitere Route planen. Sie ist jedoch unschlüssig, wohin sie sich nun wenden soll – Australien kommt, wie einem früheren Schreiben an Frau Schwarz vom 18. Dezember 1852 zu entnehmen ist, nach wie vor nicht in Frage, außerdem gib es dorthin keine Schiffe, und von Indien hat sie, wie sie meint, während ihrer letzten großen Reise das Interessanteste gesehen. Als sie durch Vermittlung des amerikanischen Konsuls, Alfred Reed, vom Kapitän eine Freikarte für ein Schiff nach San Francisco erhält, greift sie, wie sie es bisher gehalten hat, kurz entschlossen zu. So haben auch die vielen Schiffspassagen, die sie äußerst günstig oder gar umsonst in den letzten zwei Jahren bekommen hat, letztendlich ihren Zick-Zack-Kurs durch die indonesische Inselwelt bestimmt, wie auch anhand ihrer Briefe deutlich wird. Dieses Gratisticket nach Amerika ist auch eine glückliche Fügung des Schicksals, ihr sehnlichster Wunsch ist es, die Niagarafälle zu sehen, davor kann sie sich, wie sie ebenfalls ein paar Monate zuvor ihrer Freundin mitgeteilt hat, »*unmöglich zur Ruhe begeben*«.

Anfang Juli 1853 geht sie an Bord, eher wehmütig, Niederländisch-Indien nun den Rücken kehren zu müssen. Damit enden ihre Inselabenteuer, es beginnt der zweite Abschnitt ihrer Weltumrundung. Dass sich ihre Reisen nun einem Ende nähern, wie sie in obigem Brief an ihre Tante meint, sollte sich jedoch nicht bewahrheiten, erst knapp zwei Jahre später wird sie wieder zu Hause eintreffen.

Nicht ganz drei Monate dauert die Schiffsreise über den Pazifik, dann geht Ida Pfeiffer Ende September in Kalifornien an Land. Von San Francisco, allgemein als »Stadt der Wunder« bezeichnet, ist die Wienerin eher weniger beeindruckt, wie sie in folgendem Brief an August Petermann schildert. Natürlich besichtigt sie auch die »öffentlichen

Unterhaltungsorte«, die Spielhallen und »Tanzhäuser«, wo es nicht sehr sittsam zugeht, wie in ihrem Reisebericht zu lesen ist (Pfeiffer 1856, Teil 3, S. 18f.). Die großen Verkaufslokale mit ihrer Warenvielfalt findet sie allerdings bemerkenswert.

**Brief an August Petermann,
San Francisco, 30. Oktober 1853**[171]

St. Franzisco den 30ᵗ Oct. 1853[172]

Bester Herr Petermann!

Ich kann mir das Vergnügen nicht versagen mich manch kleinen Augenblick mit Ihnen zu unterhalten. Aus den Zeitungen werden Sie zwar häufig ersehen auf welchen Plätzen der Welt ich mich herumtreibe, aber das Wie, Warum u. s. w. fällt dabei hinweg. Als ich London verließ, hatte ich den festen Entschluß Australien zu besuchen. Ich war diesem Weltheile ziemlich nahe, als ich mich im indischen Archipel herumbewegte! und dennoch kamm ich nicht hin. Die Entdeckung des Goldes, der europäische Durst und Heißhunger nach selbe[m] war Ursache, daß ich meinem Plane entsagte. Die Theuerung im Lande stieg so ungeheuer, daß nur ein Goldsucher oder Mäckler dahin wandern könnte, aber nicht Leute[,] deren Säckel mehr als bescheiden gefüllt, und deren Streben nach Insecten und Reptilien geht. – Ich mußte also diesem Wunsche entsagen und eine andere Fährte aufsuchen, – und wo führte diese mich hin? – auch in ein solch verwünschtes Goldland, – daß ist doch sonderbar! – Allein die Überfahrt kostete mich nichts, ein Amerikaner nahm mich umsonst mit. Wir hatten eine gute Fahrt, 79 Tage brachten uns nach St: Fr: – Obwohl ich durch 60 Tage nichts als Himmel und Wasser sah, so machte die Küste von Californien doch keinen freundlichen Eindruck auf mich, sie both nichts als kahle Sandhügel, hie und da mageres Gebüsch, düstere Bäume, deren Blätter klein und schmutzig grün sind. – Die Stadt Franzisko ist in ihrer Art ein Wunderwerk, aber

---

171 Der Brief ist auch abgedruckt in: The Athenäum, 31. 12. 1853, S. 1594f., sowie in: Die Gartenlaube, Jg. 1854, Nr. 1, S. 12 (allerdings etwas verändert im Wortlaut).

172 Unter der Datumsangabe von Ida Pfeiffer findet sich folgende handschriftliche Notiz, vermutlich von August Petermann: Erh. 22. Dec. 1853.

nicht alle Wunderwerke sind reitzend und bezaubernd. – Die Stadt ist seit 5 Jahren 6 mahl abgebrannt, im Jahre 1851 wurde sie 2 mal gänzlich in Asche gelegt und heut zu Tage prangt sie mächtig, als hätte sie nie Feuer gesehen. Die steilsten Sandhügel tragen Häuser und Hütten bis an die höchsten Spitzen, die Bucht wurde ⅓ englische Meile zurückgedrängt, mit Sand aufgefahren um nur einiger Maßen ein ebenes Fleckchen für den Mittelpunkt der Stadt zu schaffen. Da herrscht ein Leben, gleich dem in der City in London, da wird gefahren, geritten[,] gelaufen mit einer Hast, als gäbe es kein Morgen mehr. Da werden überall so schnelle die größten Ziegelhäuser gebaut, daß eine Straße in 1–2 Monathen kaum wieder zu erkennen ist. Der Luxus in Einrichtung, im Leben ist so groß, wie er nur immer in Paris und London sein kann; dabei herscht ein Schmutz[,] eine Unsauberkeit auf den Straßen, daß jene von Constantinopel als Muster von Nettigkeit aufgestellt werden könnten. Eine halb Fuß dicke Staub- und Sandlage deckt den Boden, aller Unrath wird auf die Straßen geworfen, – Kisten und Fäßer, Reifen und Flaschen, Kleider, Wäsche und Schuhwerk, todte Hunde und Ratten, liegen wie Kraut und Rüben durcheinander. Ein Gang in der Stadt ist eine Buße, ein Gang außer derselben eine wahre Höllenpein; Ihr Fuß muß sich im tiefen Sand ermüden, Ihr Auge nicht minder an dem kahlen, leblosen Einerlei. Die Bucht ist zwar hübsch, sie bildet manichfaltige Einschnitte in's Land, und der Hafen ist reich mit Fahrzeugen als [aus] allen Weltgegenden belebt. – In der Regenzeit soll auch das Land eine ganz andere Gestaltung annehmen, ein Überreichthum von Blumen und Gras soll es bekleiden, – leider werd ich es nicht in seinem Schmucke sehen, die Zeit der Blüthe beginnt in einigen Monathen und ich verlaße das Land in einigen Wochen. Ich gehe nach der Stadt Mexiko, sehe mich vielleicht noch mehr im Lande herum und gehe dann nach Vera-Crutz, Havanna u. s. w. nach den vereinigten Staaten, ohne den Wasserfall Niagarra gesehen zu haben kann ich nicht nach Europa kommen. – O, daß ich doch um 10 Jahre jünger wäre, wie möchte ich die Reise noch mehr ausbreiten! Überall kömmt man mir so hülfreich entgegen, daß ich wahrlich nicht viel brauche um recht viel zu sehen. Die Schiffsgelegenheiten, die wahre Gelddiebe sind, bekomme ich meist umsonst, so wie in den Städten die Aufenthaltsorte. – Von Californien habe ich noch die neu entstandenen Städte Sacramento und Marry's Ville gesehen, – vielleicht mache ich noch einige weitere Ausflüge. Die Quarz Mienen, die Plätze an welchen Gold gewaschen wird, habe ich auch besucht, es herrscht an all diesen Orten eine beispiellose Sicherheit des Eigenthumes. Die Leute gehen an ihre Arbeit, kein Mensch wird zur Bewachung ihrer Zelte zurückgelaßen, und nie soll man von Entwendung des Goldes hören.

Nun, Gott befohlen, vielleicht sehe ich Sie doch im nächsten Jahre.

Mit Achtung Ihre ergebene
I. Pfeiffer.

Ida Pfeiffer besucht, wie in obigem Schreiben erwähnt, die Goldwäschereien am Yuba-Fluss bei Marysville, ebenso die Farm von Johann August Sutter, der im Sacramento-Tal die Kolonie »Neu-Helvetien« gründete, sein großer Besitz ging allerdings im Zuge des Goldrauschs verloren.[173] Besonders neugierig ist sie aber auch hier auf das Leben der indigenen Bevölkerung, und so fährt sie nach Crescent City, im Norden an der Küste Kaliforniens gelegen, wo zurückgezogen im Landesinneren noch zahlreiche Shasta leben, damals als Rogue-River-Indianer bezeichnet (vgl. Silver 1978, S. 222f.). Wieder einmal hält sie sich nicht an die wohlmeinenden Ratschläge, dass ein derartiges Unterfangen nur mit einigen bewaffneten Männern unternommen werde könne. Nur in Begleitung eines Matrosen bricht sie auf – doch ist die Wienerin auch nicht wirklich erstaunt über das feindselige Verhalten der IndianerInnen, die von den weißen Eindringlingen nicht nur ihres Landes beraubt, sondern ihrer Meinung nach abscheulich behandelt werden.

Von San Francisco geht Ida Pfeiffer nicht, wie oben angekündigt, nach Mexiko City und Havanna, sondern sie fährt Richtung Südamerika. Wieder einmal nimmt sie ein Kapitän gratis mit, diesmal ist es ein amerikanisches Schiff, ein wahrer »Wasserpalast«. Dieser bringt sie, mit einem kurzen Zwischenstopp in Acapulco, nach Panama, wo sie

---

173 Weitere Details sowie kritische Anmerkungen dazu finden sich in Habinger 2022, S. 154f.

den Jahreswechsel 1853/54 erlebt. Von hier geht die Reise weiter nach Peru. Lima soll der Ausgangspunkt für eine weitere außergewöhnliche Expedition werden: über die Anden zum Amazonas und weiter mit dem Schiff an die Ostküste, doch die politische Lage vereitelt dies. So kehrt Ida Pfeiffer nach Ecuador zurück, vielleicht lässt sich die Durchquerung des Kontinents von hier bewerkstelligen. Bei der Ankunft in Guayaquil Anfang März 1854 muss sie jedoch feststellen, dass hier die Regenzeit herrscht, wodurch jede Fortbewegung, wie sie in folgendem Brief an Frau Schwarz vom 5. April 1854 schildert, äußerst beschwerlich wird. Darüber hinaus zwingt ein neuerlicher heftiger Fieberanfall die Wienerin, drei Wochen in Guayaquil auszuharren.

Die Reise nach Quito geht zunächst mit dem Boot des Postboten, die zum Teil halsbrecherischen Andenpfade müssen auf Maultieren bewältigt werden. In der Nähe des Chiborasso (auch Chimborazo, dessen Höhe Ida Pfeiffer mit bis zu 24.000 Fuß annimmt, tatsächlich ist er knapp 6.300 Meter hoch) überquert die Wienerin schließlich, wie sie auch in den folgenden beiden Briefen schildert, einen Pass der Westkordilleren in über viertausend Metern Höhe. Trotz der Beschwerden denkt sie nicht ans Aufgeben, eifert sie doch großen Vorgängern nach, wie Johann Jakob von Tschudi und vor allem dem berühmten Alexander von Humboldt, dessen Gipfelbesteigung im Jahr 1802 zwar scheiterte, der aber auf etwa 5.600 bis 5.800 Meter vordringen konnte, weiter als jeder vor ihm.[174] Humboldt und sein Reisebegleiter Bonpland hielten dreißig Jahre lang diesen »Höhenrekord«, die Besteigung gelang erst im Jahr 1880.

Ida Pfeiffer erlebt schließlich, bereits in der Nähe von Quito, einen Ausbruch des Vulkans Cotopaxi, und sie schildert diese Beobachtung recht amüsant in ihrem Brief an Frau Schwarz. Als Humboldt einige Zeit später von

---

174 Die Angaben schwanken diesbezüglich, laut Waldmann/Wexler (1992, S. 332) erreichten Humboldt und Bonpland 5.800 Meter; Laufenberg (1969, S. 222) gibt nur 5.400 Meter erreichte Höhe an.

diesem besonderen Ereignis erfährt, schreibt er begeistert in einem Brief an die Wienerin: »Sie waren in meinem majestätischen Hochlande von Quito; Sie haben, was so selten ist, den Cotopaxi speien sehen! Dieser neue Ausbruch soll mir Gelegenheit geben, meinen vierten Band des ›Kosmos‹ mit dem Namen Ida Pfeiffer zu schmücken.«[175] – Humboldt machte dieses Versprechen jedoch nicht wahr. In seinem fünfbändigen Hauptwerk, »Kosmos, Entwurf einer physischen Weltbeschreibung«, auf das er sich in seinem Brief bezieht, findet sich nur eine Widmung in Band eins (erschienen 1845), das Werk ist zugedacht »Seiner Majestät dem König Friedrich Wilhelm IV«. Der Band vier aus dem Jahr 1858 trägt keine Widmung für Ida Pfeiffer, es wird jedoch darin erwähnt, dass sie »einen heftigen Ausbruch« des Cotopaxi »von dicken Rauchsäulen« im April 1854 beobachtet habe (Humboldt 1845–1862, Bd. 4, S. 170).

Brief an Frau von Schwarz, Quito, 5. April 1854

Quito den 5^t April 1854
Meine gute Frau v. Schwarz!
Wohl hätte ich mir nie träumen lassen, je so angenehm in den 1t April geschickt zu werden; – dies war der Tag in dem ich hier ankamm. Freilich war es von Guayaquil bis hieher eine Tour, die nicht nur Quito, sondern den Eingang in's Himmelreich verdient hätte. Alle Unannehmlichkeiten und Beschwerden, die einem Menschen auf Reisen nur immer vorkommen können, vereinigten sich hier. Anfänglich geht es zwei Tage in einem kleinen Boote auf den Flüßen Guaya und Savanette, da begrüßen einem ganze Schwärme von Mosquittos, sie treiben ihre Artigkeit so weit, daß sie weder Tag noch Nacht den Fremdling verlassen, ihre Liebkosungen waren so arg, daß man oft laut hätte aufschreien mögen. Ich mordete rechts und links, vergebene Mühe, – sie wurden nur um so zudringlicher. – Von Savanette aus ging es zu Pferde

---

[175] Der Brief Humboldts vom 22. Februar 1856 ist abgedruckt in: Pfeiffer 1861, Bd. 2, S. 195 f., Anhang: Briefe von Alexander v. Humboldt an Ida Pfeiffer, erster Brief.

und zwar unausgesetzt 10 Tage. Im Sommer gehört dieser Ritt gerade nicht zu einer Parthie im Prater, dazu ist der Weg gar zu uneben und felsig, aber in der Regenzeit |:hiesigem Winter:| ist es so arg, daß außer der Post, keine Menschenseele geht. – Was sollte aber ich arme Menschenseele thun? Quito, die Cordilleren unbesehen lassen? Ne, daß hätte meine Seele so gewurmt daß ich keinen ruhigen Augenblick mehr gehabt hätte, den Winter konnt ich nicht verschlafen wie ein Murmelthier und so ging ich trotz aller Wahrnungen, in Begleitung eines Eingeborenen meines Weges. – In Savanette bestiegen wir ein Paar langohrige Saumthiere, und fielen gleich beim ersten Schritte so tief in eine Pfütze, daß es mich jetzt noch Wunder nimmt, wie die edlen Maulthiere im Stande waren sich da heraus zu arbeiten. So ging es 5 Tage unausgesetzt fort. Pfützen, Löcher, steil auf und abgehende Berge, Felsen, reißende Gebirgsbäche, kurz was sich der Mensch nur denken mag, mußte durchgemacht werden. An manchen Stellen mußten wir uns zu Fuße durcharbeiten, wir mußten die Schuhe in die Hand nehmen, es war vom naßen Lehme so schlüpfrig, daß man sogar mit bloßen Füßen oft ausglieht [ausglitt] und statt einem Schneemännchen als Lehmsäule aufstand. Außer diesen Annehmlichkeiten regnete es häufig, und wenn des Nachmittags die Tour zu Ende war, mußte man sich mit einem eklichen, jämmerlichen Loche begnügen, wo alles hinein kroch, was rings umher lebte. Die Kost bestand aus einer Kartoffelsuppe, die, statt der Fleischwürze sich des rothen Pfeffers und frischem Käse, bei uns Topfen genannt, erfreute; und ich versichere Sie, daß mir dieser Pantsch ebenso trefflich, wenn nicht besser mundete als Ihre Lukulus Tafel, seeligen Angedenkens. – Am 6ᵗ Tage der Reise überstiegen wir den Großpapa der Cordilleren, den Chimborasso, der sein Haupt 2[0] oder gar 24,000 Fuß hoch erhebt. Der höchste Punkt für uns war 14,600 F.[,] hoch genug, um durch den Druck der feinen Luft Brustbeschwerden zu fühlen. Am 8 und 9ᵗ Tage ging es stets in der Nähe des Cotopaxi herum. Dieser Vulkan gebehrdete sich jetzt wie ein recht verzogener Fratz, nicht nur daß er in umfangsreichsten Rauchsäulen, Feuer und Blitze aufschießen läßt, so erschütterte er auch die Erde so kräftig, daß Alles aus den Hütten stürzte, und beständig Misericordia [spanisch für Erbarmen!, Anm. G. H.] schrie. Am 10ᵗ Tage ritt ich endlich wohlbehalten in der so hoch gelegenen Hauptstadt von Equatore ein. Ich habe schon viel schlechtes gesehen, aber s[olche]¹⁷⁶ Vorstädte wie ich hier erblickte, hat mein Auge n[och nie] gesehen, ebenso wenig eine so erbärmliche Bea[mten]schaft. Die Häuserchen wären für ... [Punkte im Orig., Anm. G. H.] zu schlecht, [die] Leute waren so zerlumpt und schmutzig gekleidet, daß man jedermann für einen der ärmsten Bettler oder ärgsten Lumpen hätte halten können. Die Umgebung von Quito ist nur schön durch ihre vielseitigen hohen Bergen, die Vegetation ist in [der] Nähe der Hauptstadt etwas mager[,] man findet sie erst wieder in ihrer Pracht und Herrlichkeit 8–10 Leguas entfernt von ihr.

Ich schließe, obwohl die Feder noch über viele Bogen laufen könnte und der Stoff des Erzählens nicht ausginge. Einen großen Gefallen könnten Sie mir thun, wenn Sie diese Zeilen auf einige Stunden an meinen lieben Freund Doctor Glücker sandten, damit er es durchlesen möge Doct. Glücker wohnt auf dem Mehlmarkte 1090 im 3ᵗ Stocke.

Zu Lima sprach ich mit Mr. Cley sehr häufig von Ihrem Hause. Er war sieben Jahre in Wien, es machte ihn viel Vergnügen von jener Zeit, und besonders von Ihrem Hause zu sprechen. Er ist in Lima Charcher d'Affair, er ist verheurathet [sic!] und hat eine allerliebste kleine Frau, nebst zwei Söhnleins. Nun Gott befohlen bis auf ein baldiges Wiedersehen. Vielleicht schmeckt mir Ihre Tafel dann doch besser als die berüchtigte Cartoffelsuppe.

Der Brief an Frau Schwarz endet eher unvermittelt, ohne Grußworte, dies dürfte daran liegen, dass Ida Pfeiffer hier jedes freie Fleckchen Papier ausnutzt. Zwei Tag später schreibt sie aus Quito an ihren Bruder Cäsar Reyer,¹⁷⁷ dabei schildert sie, dass sie in der ekuadorianischen Hauptstadt, auf mehr als 2800 Metern Seehöhe gelegen, unter Symptomen der Höhenkrankheit leidet. Der Brief enthält aber auch Hinweise auf Pfeiffers Praxis der brieflichen Kommunikation, so bittet sie ihren Bruder, einen Brief postlagernd an die nächste geplante Station zu senden und dabei einen Einschluss von »Alf.« mitzuschicken – ob damit ihr älterer

---

176 Der Brief ist hier zerrissen, es fehlt ein kleiner Teil, der Text in eckigen Klammern enthält Ergänzungen.
177 Zu Cäsar Reyer siehe die Liste der Adressatinnen und Adressaten.

Sohn Alfred Pfeiffer oder ihr Bruder Alfred Reyer gemeint ist, ist unklar. Doch kann angenommen werden, dass es sich um ihren Sohn handelt, dem sie vielleicht die hohen Portokosten ersparen will.

Brief an Bruder Cäsar Reyer, Quito, 7. April 1854

Quito den 7^t Ap. 1854

Mein geliebter Bruder Cäsar!

Ich kann doch nicht einen der berühmtesten Orte der Welt verlassen, ohne Dir von dort ein Paar Zeilen zu schreiben. Quito ist hinsichtlich der Lage ein höchst intereßanter Ort. Er Liegt hoch in den Cordilleren, jenseits des Chimborasso. Besonders merkwürdig sind auf diesen Höhen hier |:10 und 12000 Fuß:| die ungeheuren Plateaus; man kann oft 12–15 deutsche Meilen reisen ohne auf Hügel und Berge zu stoßen. Der höchste U[e]bergang, den ich über die Cordilleren zu paßieren hatte, betrug 14,600 F.[,] die Luft ist für uns Erdgebornen, besonders für Fremdlinge, schwer zu vertragen, man leidet die ersten Wochen an starken Beklemmungen, daß man kaum gehen und nicht viel sprechen kann. Auch ich war diesem Übel ergeben, doch bin ich schon auf dem Wege der Beßerung. Ich blieb 2 Tage liegen, um des Sprechens und jeder Bewegung enthoben zu sein. – Diese Woche gibt es hier unendlich viel des merkwürdigen zu sehen. Das südliche Amerika ist dumm fanatisch chatolisch, da sieht man Begebenheiten wie nirgend in der Welt. So sah ich am Palmsontag einen Einzug in die Kirche, wo Christus auf einem lebendigen Esel saß und in die Kirche geleitet wurde. Am Montage wird eine famöse Proceßion der Indianer statthaben, und die ganze Charwoche wird es täglich neuen Unsinn zu sehen geben. – Nach dieser berühmten Woche gehe ich nach Bogota, der Hauptstadt Neu Granadas, und da den Magdalenenfluß hinab nach Chartagena |:Central Amerika, Ausflüße des Magdalenen Stromes:|. Alf. wird Dir ein Briefchen an mich senden, füge einige Zeilen bei und adreßire ihn über London nach Chart:^{x} Poste restante. Wenn ich einmal dort bin[,] ist mir die Heimath nicht mehr ferne, da gibt es nach allen Richtungen hin Dampfer. Nur von hier bis Bogota wird es noch mit der Schneckenpost gehen, man kann nur Saumthiere benutzen, es geht häufig auf Hochebenen der Cordilleren fort. Ich freue mich sehr auf diese Reise, da auch die Regenzeit schon vorüber sein wird. – Lebt Alle wohl, grüße Patronella und Alle die an mich denken. Deine treue Schwester.

ˣ Mündung des Magdalenen Strommes.

Zwar lässt sich auch in Quito die Expedition quer durch den Kontinent nicht in die Tat umzusetzen, wie Ida Pfeiffer schließlich enttäuscht feststellen muss, so scheitert die Reise nach Osten letztlich an der mangelnden Unterstützung von offizieller Seite. Doch fasst sie trotz des anhaltend schlechten Wetters eine weitere Landreise ins Auge, wie sie in obigem Brief an ihren Bruder schildert: Sie möchte zunächst entlang der Kordilleren nach Bogotá ziehen, um dann von hier auf dem Río Magdalena weiter nach Norden zu fahren, bis nach Cartagena, das an der Karibikküste, im heutigen Kolumbien, liegt. Doch gibt sie schließlich die Route aufgrund ihrer durch die Malaria angeschlagenen Gesundheit auf, obwohl sie schon Vorbereitungen für diese Expedition getroffen hat. Denn den langwierigen Weg nach Bogotá von fünf bis sechs Wochen bei beständigem Regen hätte sie vermutlich doch nicht durchgestanden. Ernüchtert verlässt die Wienerin Ende April Quito wieder Richtung Guayaquil. Auf dem Rückweg widerfährt ihr ein weiteres nicht ungefährliches Missgeschick, das ihr vermutlich den Abschied von Südamerika nur noch erleichtert. Diese Begebenheit schildert sie in folgendem Briefauszug vom 9. November 1854, bereits in New York eingetroffen, der in mehreren Zeitungen abgedruckt wurde.

Vermutlich handelt es sich bei folgendem Schreiben um einen Briefauszug, der kurze Einleitungstext in der *Triester Zeitung* vom 2. Dezember 1854 dazu lautet: »Einem uns von freundlicher Hand mitgetheilten Schreiben der Frau Ida Pfeiffer aus New-York, vom 9. Nov., entnehmen wir Folgendes«.[178]

---

178   Der Brief ist auch abgedruckt in: Carinthia, 9. 12. 1854, S. 392, Notizen.

Brief an unbekannt, New York, 9. November 1854
Abgedruckt in: Triester Zeitung, IV. Jg.,
2. December 1854, Nr. 278

[New York, 9. November 1854]
Von Quito nach Guajaquil hatte ich eine ebenso fürchterliche Reise wie nach Quito. Die Regenzeit war noch nicht zu Ende, es ging durch Schlamm und Morast bis an die Brust, die Ströme waren überall hochangeschwollen, und nirgends eine Brücke. Zehn Tage ging es zu Maulthier und zwei im Canot. Als ich in's Canot kam, glaubte ich mich aller Gefahren ledig; aber da erst kam ich dem Tode nahe; ich fiel nämlich in den Strom. Zum Glücke verlor ich meine Kaltblütigkeit nicht, und die war meine Retterin. Denn ich erinnerte mich sogleich, daß mich das Wasser zweimal heben müsse, und daß mir die Leute alle zu Hilfe eilen würden, um so mehr, da sie alle wie Fische schwimmen. Als mich das Wasser das erstemal hob, brachte ich den Kopf gerade über die Fläche hinaus, und konnte das Boot in der Entfernung von etwa hundert Schritten sehen; die Leute sahen mich – und schauten zu. Nun war ich nur auf Gott und mich selbst angewiesen. Schwimmen kann ich nicht, und machte daher die Tempos nach, die ich früher bei Schwimmern sah, und zwar gegen das Canot, denn das Land war viel weiter. Die Kleider hatten sich mir um die Füße geschlagen, daß ich gar nichts damit machen konnte; als mich das Wasser zum zweiten Male gehoben hatte, war ich noch bei Besinnung, und dem Boote so nahe, daß ich es fassen konnte; nichts destoweniger bedachten sich die Leute, mir zu helfen. Aber ich ließ nicht los, bis mir Einer die Hand reichte, und mich in den Kahn hob. Als ich dies Abenteuer in Guajaquil erzählte, versicherte man mich, ich wäre sehr glücklich, nicht von den Leuten zurückgestoßen worden zu sein, um, wäre ich ertrunken, meine Habe zu theilen. Auch ist der Fluß so voll von Kaimans, daß ich wirklich von mehrfachem Glücke sagen kann, davongekommen zu sein. Von Guajaquil ging ich nach Panama, dann über den Isthmus nach Aspinwall, von da über den mex. Golf nach New-Orleans. Das gelbe Fieber ließ mich auch ungeschoren, und so machte ich mich auf den Weg, den ganzen Mississippi zu durchschiffen. Ich kam bis an seine Fälle (2800 engl. Meilen), die eben nicht imposant sind, so wenig als die

Ufer. Auch die großen Binnenseen Nordamerika's sind nur der Größe wegen, nicht der schönen Umgebungen halber interessant. Ich besuchte alle die Seen, als den Michigan, Superior, Huron, Erie, Ontario. Ich hielt mich 5 Tage am Niagara auf, der mich so entzückte, daß ich so viele Wochen ohne Ermüdung an seinen Gestaden gesessen hätte. In Canada ging ich bis Quebeck, dann zurück nach den Verein. Staaten und zwar nach Boston, wo mir sehr große Ehren erwiesen wurden, und nach New York.

Wie Ida Pfeiffer bereits in einigen Schreiben davor angedeutet hat, will sie keinesfalls nach Hause zurückkehren, ohne die Niagarafälle gesehen zu haben. So begibt sie sich von Ecuador nach Panama und überquert schließlich per Eisenbahn und zu Pferd die Landenge (der Panamakanal wurde zwar bereits 1846 vertraglich vereinbart, jedoch erst 1914 eröffnet) nach Colón (das sie mit dem alten Namen Aspinwall bezeichnet). Von hier fährt sie mit dem Dampfschiff weiter nach New Orleans.

Wieder einmal durchreist Ida Pfeiffer ein Land nach allen Richtungen und, wie es scheint, in größter Eile, wie auch in obigem Brief deutlich wird. Die einzelnen, zum Teil beträchtlichen Etappen nennt sie nur kurz und – wie es scheint – fast beiläufig. Einen beträchtlichen Teil der Strecke legt sie auf dem Wasserweg zurück, und fast immer erhält sie freie Fahrt auf den amerikanischen Schiffen, denn mittlerweile spricht ihr Name für sie. Auf dem Mississippi geht die Reise mit einem Raddampfer nordwärts, sie unternimmt einen Abstecher auf dem Arkansas bis Fort Smith, wo sie den 4. Juli, den amerikanischen Unabhängigkeitstag, erlebt. Dann fährt sie weiter nach St. Louis und schließlich bis St. Paul in Minnesota, wo sie Anfang August eintrifft. Von hier reist sie zurück nach Chicago und weiter über die Großen Seen, und endlich, nach zweieinhalb Monaten in Nordamerika, erreicht sie die Niagarafälle, wie sie meint »eine der wunderbarsten, erhabensten Naturscenen in Gottes schöner Welt« (Pfeiffer 1856, Teil 4, S. 104). Tatsächlich dürfte sie von diesem Naturschauspiel äußerst beeindruckt gewesen sein, bleibt sie doch ganze fünf Tage vor Ort.

Sie fährt nun weiter über den Ontariosee nach Montreal und nach kurzer Zeit nach Quebec. Mangels einer Unterkunft kehrt sie am selben Tag noch zurück nach Montreal. Hier angekommen, es ist mittlerweile der 20. September 1854, macht sie sich auf dem Hudson River sofort weiter nach New York auf. Von hier stammt auch der folgende Brief an Frau Schwarz, in dem sie wieder begeistert von den Niagarafällen berichtet, die Schilderung der Reiseroute endet mit ihrer letzten Station in Kanada, nämlich Quebec. Wie häufig in den Briefen an ihre Freundin finden sich auch hier einige etwas zynische Äußerungen zu Land und Leuten, gewürzt mit einem gehörigen Schuss Selbstironie. Verfasst wurde der Brief am Tag ihrer endgültigen Abreise von New York.

**Brief an Frau von Schwarz,
New York, 10. November 1854**

New York den 10^t Nov. 1854

Beste Frau v. Schwarz!

Mein Brief vom Abhange des Großpapas der Cordilleren, |:Chimborasso:| von der freien Stadt Quito wird Ihnen vor Monathen und Monathen wohl sicher zugekommen sein.

Ich reise jetzt schon über ein Jahr in lauter freien Saaten, es geht nicht anders, ich komme gewieß als eine freie Bürgerin zurück. Gott, was hab ich in all diesen Staaten für Sinn und Unsinn gesehen, weiß heute noch nicht, welches die Oberhand behauptet.

Als ich Quito verließ, wandte ich mich nach Panama, kostete da ein wenig vom Panama Fieber, ging dann über den Isstmuß nach Aspinwall, schiffte mich für New Orleans ein, kam ohne gelbes Fieber bis an die Fälle des Mississippi |:2800 engl: Meil::| ging dan[n] zurück an den Michigan See und bereiste alle übrigen großen Seen, als den Superior, Huron, Eri, Ontario, – verstieg mich bis Quebek und kehrte dann nach Boston und N: York.

An den Fällen des Niagara verweilte ich fünf ganze Tage, je mehr ich von diesem Wunder der Natur sah, desto begieriger war ich es noch länger zu schauen. Sie sollten sich wirklich einst den Spaß machen nur nach dem Dorfe Niaggara zu reisen, Ihren Wohnsitz da auf Wochen oder Monathe aufschlagen und wieder heimkehren; Sie hätten dann das intereßanteste von Nordamerika gesehen. Den Character der Amerikaner könnten Sie nebenbei hinlänglich studieren, es gibt kein Volk in der Welt, welches stets zum Vergnügen so viel herum zieht und reist wie das amerikanische, darunter vorzüglich das schöne Geschlecht. Sie würden jeden Tag ganze Rudel solcher Leute kommen sehen, wovon die meisten in einigen Stunden gesättiget sind, und ihren Wanderstab wieder weiter setzen.

Nach Canada, das ein sehr schönes Land ist, kamm ich leider in zu später Jahreszeit, der Herbst streifte schon gewaltig über Fluren und Gebüsche, ich konnte mit Genuß nicht weiter als Quebeck. Daß ist aber auch eine Lage, wie ich nichts ähnliches in den Ver: Staaten sah. Schade daß mir das Dichtertalent so ganz und gar fehlt, nicht einmal diese herrliche Landschaft, die alles besitzt[,] was zu einer vollkommen schönen Landschaft gehört, beschreiben zu können.

Nu, warten Sie nur mit Ihrer nächsten Reise bis ich heimkomme, ich will Ihnen Pläne machen, und gewieß nur das schönste und intereßanteste vorzeichnen. – Ich hoffe, daß Sie Ihren lieblingswunsch, Italien, Sicilien zu sehen, bereits befriediget haben, gepackt, glaube ich, war es schon dazu, als ich mich zu meiner 2t Reise um die Welt anschickte. – Habe wieder viel gesehen, wird mir aber doch sicher in Wien am besten gefallen. Denken Sie sich, seit ich Wien verließ, habe ich keine schöne, gute Diletanten Musik gehört. In Nordamerika [q]uitschen die Leute und klimpern | :natürlich ist die Rede von Privatmusiken:|. Wenn ein Musiklehrer aufgenommen wird, ist die erste Frage: In wie vielen Wochen wird meine Tochter schon schöne Stücke spielen können? – Und wenn das Töchterchen nichts lernt, so ist jederzeit der Lehrer die Ursache davon.

Bitte recht sehr schließen Sie beiligendes Blättchen in ein Couvert[,] adreßiren Sie es: An Frau v. Pulbaum und lassen Sie es bei dem Hausmeister in der Singerstraße N. 895, wo ich einst wohnte, gefälligst abgeben.

Empfehlen Sie mich Ihrem Herrn Gemahl auf das herzlichste. Leben Sie wohl und denken Sie zuweilen an Ihre aufrichtige Freundin

        I. Pfeiffer.

In New York wird sie zuvorkommend aufgenommen und unter anderem vom österreichischen Konsul mitten im Zentrum einquartiert. Dies dürfte ihr, nach der bisherigen eher gleichgültigen Behandlung durch offizielle Vertreter ihres Heimatlandes, sicherlich eine gewisse Genugtuung bereitet haben. In dieser »Weltstadt« – sie zählt zu dieser Zeit 600.000 EinwohnerInnen – gilt es wieder einmal alles Sehenswerte zu erkunden, die beeindruckenden Verkaufslokale und Gasthöfe, darunter das großartige »Erfrischungs-Lokal« eines gewissen Herrn Taylor, ein großes Eisenwerk oder auch die moderne Druckerei der *Tribune*, damals die meistgelesene Zeitung der USA, wo sie den Schriftsteller James Bayard Taylor trifft. Etwas später wird sie von einem weiteren berühmten Autor, Washington Irving, in seinem Landhaus, etwas außerhalb der Stadt am Hudson gelegen, freundlich empfangen.

Die Vereinigten Staaten sind auch bekannt für ihre emanzipierten Frauen, und so liegt es nahe, dass die Wienerin eine der privaten Lehranstalten aufsucht, wo »die Mädchen in allen Zweigen der Wissenschaften und Künste Unterricht erhalten« (Pfeiffer 1856, Teil 4, S. 133).

Nach drei Wochen hat Ida Pfeiffer genug von der Großstadt und unternimmt einen Ausflug nach Boston. Auch dort wird sie äußerst freundlich behandelt, wie sie in obigem Schreiben vom 9. November am Schluss kurz andeutet. So wird sie vom Bostoner Bürgermeister zu einem großen Bankett geladen und der berühmte Chirurg John Collins Warren, nebenbei »Naturforscher«, zeigt ihr persönlich seine Sammlung. Und in Cambridge lernt sie Louis Agassiz kennen, den Begründer des »Museum of Comparative Zoology« der Universität von Harvard.[179]

Am 10. November 1854 kehrt Ida Pfeiffer, vollauf zufrieden mit ihrem Aufenthalt, den Vereinigten Staaten den Rücken. Nach etwas mehr als zehn Tagen trifft sie in Liverpool ein und fährt von hier weiter nach London. Sie

---

179 Zu John Collins Warren (1778–1856) vgl. Encyclopedia Americana, Vol. 28, 1965, S. 357. Zu Louis Agassiz (1807–1873), der ursprünglich aus der Schweiz stammte, vgl. ebd., Vol. 1, 1965, S. 213f.

verbringt einige angenehme Wochen im Kreis der Familie von Herrn Waterhouse vom British Museum, mit dem sie mittlerweile befreundet gewesen sein dürfte. Hier erholt sie sich von dem neuerlichen Fieberanfall während der Seereise. Doch hegt sie noch den Wunsch, ihren Sohn Oscar, der mittlerweile auf den Azoren lebt, zu besuchen. Erst nach längerem Warten auf eine Reisemöglichkeit findet sich ein Obstfrachter, der Orangen von dort holen soll. Wieder einmal handelt es sich um eine äußerst unbequeme Überfahrt mit einem Segelschiff, die noch dazu zwanzig Tage dauert, doch will sie ihren Sohn, nach einer Trennung von sechs Jahren, unbedingt sehen.

Am 1. Jänner 1855 geht der Schoner in Ponta Delgada, dem Hafen von São Miguel, der größten der Azoreninseln, vor Anker, doch wird eine Quarantäne verhängt, und erst am nächsten Tag dürfen die Reisenden an Land. Ida Pfeiffer findet die Insel bei der Ankunft zwar »sehr hübsch« (Pfeiffer 1856, Teil 4, S. 176), doch die anhaltende Kälte und das schlechte Wetter machen ihr schwer zu schaffen, wie sie drastisch in folgendem Brief vom Februar 1855 schildert. Es handelt sich wieder um ein Brieffragment mit unbekanntem Adressaten, publiziert 1856 in den *Unterhaltungen am häuslichen Herd*.

Brief an unbekannt, São Miguel, Februar 1855 (Auszug)
Abgedruckt in: Unterhaltungen am häuslichen Herd, Leipzig, N. F. Bd. 1, Jg. 1856, Nr. 4, S. 55f.

[San Miguel, Februar 1855]
Man rühmte das Klima der Azoren so sehr, daß ich den Augenblick nicht erwarten konnte, diese lachenden Inseln mit dem düstern londoner Nebel zu vertauschen; doch fand ich mich wieder sehr getäuscht. Entweder regnet es wochenlang oder die Winde heulen von allen Seiten um die Wette, daß man es nicht wagen darf, über die Straße zu gehen. Dabei hat man gar keinen Schutz gegen Kälte, Wind und sogar Nässe in den Häusern; sie sind alle gebaut, als ob wirklich ein immerwährender Frühling herrschte. Ich litt oft so von der Kälte, daß mir die Feder aus der Hand fiel, die Gedanken im Gehirn erstarrten; die Bäume hängen hier freilich voll Orangen,

aber sauer sind sie, daß ich sie für Citronen halten möchte und nicht begreife, wie es zugeht, daß sie sich eines Weltrufs erfreuen und Hunderte von kleinen Schiffen zur Verfrachtung anlocken. Um wie viel lieber säße ich in unserm geliebten Deutschland! Nichts zu lesen, nichts zu sehen, nichts zu sprechen; nichts als eine Tasse guten Kaffee; nun – Sie wissen wol – die größte Leckerei für Frauen in meinem Alter, aber von Kaffee allein lebt man doch nicht. Mein Sohn ist der Magnet, der das alte Eisen hier festhält; aber wenn wirklich das Frühjahr eintritt, wird sich das alte Eisen in den Magnet verwandeln und nachsichziehen, was es liebt.

Etwa fünf Monate verbringt die Wienerin auf São Miguel, der Eindruck, den sie in obigem Schreiben vermittelt, untätig herumzusitzen, trügt allerdings, diese Zeit nutzt sie, um an ihrem Reisebericht zu schreiben, der gleichzeitig in englischer und deutscher Sprache erscheinen soll.[180] Sie beschäftigte sich aber auch hier mit ihrer naturkundlichen Sammeltätigkeit. Einige der Fische von den Azoren, die das Britische Museum ankaufte, erwiesen sich tatsächlich als neue Arten (Wyhe 2019, S. 235). Doch die Hoffnung, die sie in ihrem Brief formuliert, ihren Sohn mit sich nach Hause zurückzubringen, sollte sich auf lange Sicht nicht erfüllen. Denn Oscar Pfeiffer, zu seinen Lebzeiten ein bekannter und erfolgreicher Pianist und Komponist, unternahm zahlreiche Konzerttourneen zunächst durch ganz Europa, bis hin nach Russland, schließlich ging er nach Südamerika, nachdem er in Lissabon die Tochter eines Plantagenbesitzers geheiratet hatte.[181] Er verbrachte einige

---

180   Dies erwähnt auch Alexander von Humboldt in einem Brief vom 2. August 1855, abgedruckt in: Müller 1928, S. 278. Diese Tatsache dokumentiert auch ein Brief Ida Pfeiffers an Gustav Rose, ebenfalls vom 2. August 1855, abgedruckt weiter unten.

181   Vgl. Ayestarán 1953, S. 612ff; Salgado 2003, S. 34. Laut Ayestarán (1953, S. 615) ließ er sich 1858 in Buenos Aires nieder, laut Salgado (2003, S. 34) 1882. Zu seinem Werdegang vgl. auch Jehle 1989, S. 26, 238 Anm. 56; Kratochwill 1957, S. 194f., 200; Wurzbach 22. Teil, 1870, S. 190. Die *Carinthia* erwähnt 1856 jedoch (vermutlich irrtümlich), er lebe nun in Nordamerika (*Ida Pfeiffer*, in: Carinthia, 3. 5. 1856, S. 69). Interessanterweise gab Oscar Pfeiffer in einem Zeitungsinterview 1858 in Montevideo an, er sei in Uruguay geboren (vgl. Ayestarán 1953, S. 612f.), er wurde daraufhin im November 1858 sogar in den Präsidentenpalast geladen (vgl. ebd., S. 615). Für den Hinweis

Zeit in Rio de Janeiro, bis er sich in Buenos Aires niederließ. Zuletzt dürfte er in Montevideo gelebt haben.[182]

Erst im Mai verlässt Ida Pfeiffer, gemeinsam mit ihrem Sohn, die Azoren, die Reise geht jedoch nicht direkt nach Österreich, sondern sie kehrt nach London zurück. (Bis wohin Oscar Pfeiffer seine Mutter begleitete, wissen wir allerdings nicht.) Weil die Obstfrachter nur bis März verkehren, nehmen die Reisenden zunächst ein portugiesisches Schiff nach Lissabon, wo sie Ende Mai eintreffen. Nach zwölf Tagen in der durchaus einnehmenden Stadt – Ida Pfeiffer muss jedoch auf Ausflüge verzichten, weil sie hier wieder einmal »unwohl« angekommen ist – geht die Fahrt mit einem britischen Dampfer weiter, zum Leidwesen der sparsamen Frau, denn hier muss sie selbst für die Reisekosten aufkommen.

Etwa einen Monat bleibt Ida Pfeiffer in London, wieder betreut von Familie Waterhouse, dann tritt sie die Heimreise an. Wie wir ihrem Reisepass entnehmen können, wählt sie allerdings nicht den direkten Weg, sondern legt einige Zwischenstationen ein.[183] Im Juli 1855 geht sie zunächst nach Hamburg, wo sie auch das folgende kurze Dankesschreiben an einen Herrn E. Pfeiffer verfasst, den sie mit »Lieber Freund« anspricht, vielleicht sogar ein Verwandter. Sie schickt ihm darin Armbänder aus Java als Dank für seine Unterstützung.

Brief an E. Pfeiffer, Hamburg, 19. Juli 1855

19^t July 1855

Lieber Freund!

Mit vielem Vergnügen las ich Ihre und Ihrer Frau Ge[mahlin]

---

auf diese Quelle und ihre Übermittlung danke ich herzlich Susana Salgado, Arlington, Virginia, USA.

182 Vgl. Habinger 2002, S. 38; Salgado 2003, S. 34; hier allerdings einige falsche Angaben, u. a. dass Oscar Pfeiffer 1924 in Montevideo geboren wurde. Auch die Angabe, dass er am 4. August 1906 vergessen in Buenos Aires starb, dürfte nicht den Tatsachen entsprechen.

183 Vgl. Reisepass der zweiten Weltreise Ida Pfeiffers, TN IP: Eintragungen der preußischen und österreichischen Gesandtschaften in Hamburg am 19. und 20. Juli, der Polizeibehörde in Prag am 26. Juli 1855, mit jeweiligen Reisezielen.

Zeilen, und wenn Sie mir nicht danken, so würde ich mir die Freiheit nehmen Ihre Frau Ge. zu bitten beiliegend Armbänder nicht zu verschmähen, sie sind auf Java von Malaien gearbeitet. – Ich weiß daß Sie kein Freund sind, Danksagungen zu empfangen, und so verschone ich Sie, aber daß kann ich Ihnen sagen, daß Herr Dr. sich meiner sehr thätig und dienstfertig annahm. – Wie bedaure ich[,] daß Sie nach Hamburg kommen, wenn ich schon wieder über alle Berge sein werde.

                Ihre sehr dankbare Freundin I. Pfeiffer
An Ihre liebe gute Frau 1000 und 1000 Empfehlungen.

Von Hamburg begibt sich Ida Pfeiffer nach Berlin, hier besucht sie wiederum Alexander von Humboldt, die beiden Reisenden verbindet mittlerweile ein herzliches Verhältnis, so bezeichnete Humboldt die Wienerin in einem Schreiben an den preußischen König Friedrich Wilhelm von Anfang August 1855 als »meine Ida«, und er bedauert, sie bei ihrem Besuch nur »einige Tage besessen« zu haben.[184]

Pfeiffer ist aber auch bemüht, neue Kontakte zu Wissenschaftlern zu knüpfen, wie der folgende Brief, ebenfalls in Berlin entstanden, vom 22. Juli 1855 zeigt. Gerichtet ist das kurze Schreiben an den Zoologen Friedrich Paetel[185], der über eine umfangreiche Conchyliensammlung verfügte und sich mit der Erforschung von Weichtieren beschäftigte. Die Wienerin bietet ihm darin Landschnecken an, die sie von ihrer Reise »aus Indien«, gemeint ist Niederländisch-Indien, also Indonesien, mitgebracht hat.

**Brief an Herrn Pätel
(Friedrich Paetel), Berlin, 22. Juli 1855**

                                        Berlin den 22^{t} July 1855.
Geehrter Herr Pätel
Ihr Freund, Herr Mayer aus Hamburg sagte mir, daß Sie ein großer Freund von Landschneken sind, ich brachte welche aus Indien

---

184   Brief Alexander von Humboldts vom 2. August 1855, abgedruckt in: Müller 1928, S. 276 ff.; obiges Zitat ebd., S. 277 f.; vgl. dazu auch Jehle 1989, S. 31.
185   Zu Friedrich Paetel siehe die Liste der Adressatinnen und Adressaten.

mit. Wenn Sie selbe sehen wollen, bemühen Sie sich gefälligst morgen zwisch[en] 8 und 10 Uhr Morgens zu mir.
    I. Pfeiffer.
Krausenstraße N. 29 im goldenen Löwen.

Über Prag kehrt Ida Pfeiffer schließlich Ende Juli nach Wien zurück. Das öffentliche und mediale Interesse an der waghalsigen Reisenden ist mittlerweile beachtlich, wie an den zahlreichen Zeitungsberichten abzulesen ist, die in dieser Zeit über sie erscheinen. Ida Pfeiffer kümmert sich jedoch nicht so sehr um gesellschaftliche Verpflichtungen, diese sind ihr eher lästig, wie wir aus dem Brief an ihre Freundin Frau Schwarz vom 18. Dezember 1852 bereits erfahren haben. Dort meint sie, dass sie sich auf Reisen von »*diesen Gesellschaften*«, wo man sich nur aufputze und die Gespräche sich um ein »*Nichts*« drehen, »*so gut losmache als von den heimischen*«. Sie steht auch nicht wirklich gerne im Rampenlicht, kein Wunder, sind doch die Reaktionen der breiten Öffentlichkeit nicht immer nur schmeichelhaft.[186] Sie ist in den nächsten Monaten eher mit der Auswertung ihrer Reise beschäftigt, und sie möchte auch möglichst rasch ihr nächstes Buch veröffentlichen.

So schreibt sie diesbezüglich bereits Anfang August einen Brief an Gustav Rose, wie wir der Adresse des Schreibens entnehmen können, »*Professor der Mineralogie an der königl: Universität zu Berlin*«.[187] Seine Bekanntschaft dürfte sie, wie ebenfalls in diesem Schreiben deutlich wird, bereits zu einem früheren Zeitpunkt gemacht haben, vielleicht während des letzten Aufenthaltes in Berlin im Juli 1855. Sie bittet nun Gustav Rose darum, den Kontakt mit dem Berliner Drucker und Verleger Rudolf von Decker[188] zu

---

186   Zu den Reaktionen ihrer ZeitgenossInnen auf ihre ungewöhnlichen und zu den nicht immer nur freundlich beurteilten Fernreisen, vor dem Hintergrund des damaligen Weiblichkeitsideals, vgl. z. B. Habinger 2022, S. 163 ff.; 2004, S. 159 ff.

187   Zu Gustav Rose (1798–1873) siehe die Liste der Adressatinnen und Adressaten.

188   Zu Rudolf von Decker vgl. DBE, Bd. 2, 1995, S. 460; er führte seit 1829 alleine die Decker'sche Druckerei, die er zunächst gemeinsam mit seinem Bruder vom Vater übernommen hatte.

vermitteln und letztlich auch, eine Publikationsmöglichkeit auszuloten. Wir erfahren hier aber auch, dass sie die Zeit in London ebenfalls nicht untätig verstreichen hat lassen, sondern bereits eine englische Version ihres Reiseberichtes in Vorbereitung ist, die beim renommierten Londoner Verlag Longman (ab den 1820er Jahren »Longman, Hurst, Rees, Orme, Brown & Green) erscheint, und zwar soll dies gleichzeitig mit der deutschen Version erfolgen. Als Zustelladresse gibt sie in folgendem Brief an: »*Frau I. Pfeiffer Wien. Bei den Herren v. Reyer und Schlik Tuchlauben.*«

Brief an Gustav Rose, Wien, 2. August 1855

Wien den 2ᵗ Aug. 1855
Bester Herr Profeßor!
Ich bin gleich so frei mit der Thüre in das Haus zu fallen, und ohne aller Einleitung Sie um eine Gefälligkeit zu ersuchen.

Als ich in London mit meinem Buchhändler unterhandelte, bedung ich mir die gleichzeitige Herausgabe meiner Reise in Deutschland. – Nun rieth man mir hier mich nach Berlin an Herrn Decker zu wenden. – Sie, bester Herr Profeßor, könnten mir die große Gefälligkeit erweisen sich zu diesem Herrn, oder zu einem andern, wenn Sie einen tüchtigeren kennen, zu begeben, und ihn fragen[,] ob er meine zweite Reise um die Welt übernehmen wolle. – Die Bogenzahl wird vielleicht um 10–15 mehr sein als die »Frauenfahrt um die Welt«, der Inhalt bei weitem interessanter, da ich, wie bekannt[,] die wildesten, unbekanntesten Völker in ihren Schlufwinkeln [sic!] aufsuchte. Wenn einer der Herren gesinnt ist mit mir in Geschäftsverbindungen zu tretten, so möchte man mir so bald als möglich Vorschläge machen, nähmlich welchen Preis man mir für jede Auflage böthe und wie stark die Auflagen würden. Meine Schriften würde man dann durch das Haus Green-Longman u. s. w. von London beziehen. Die Herren in Berlin würden sich dann mit dem genannten Hause in London einverstehen, daß das Werk in England wie Deutschland genau am selben Tage herausgegeben würde. Bitte, bester Herr Profeßor lassen Sie sich dieses Ersuchen recht angelegen sein und mir hierüber sobald als möglich eine Nachricht zukommen, denn sollte in Berlin nichts zu machen sein müßte ich einen andern

Weg einschlagen und die Zeit drängt sehr. Wenn ich Sie nicht noch dieses Jahr sehen sollte, so hoffe ich es im nächsten Frühjahre, und da will ich Sie öfter mit meinen Besuchen belästigen, als es dießmahl geschah. Empfehlen Sie mich gefälligst Ihrer Frau Gemahlin und Familie
    Mit Hochachtung
    Ihre ergebene
    Ida Pfeiffer

Ida Pfeiffer entscheidet sich schließlich dazu, die deutschsprachige Ausgabe in der Verlagsbuchhandlung »Carl Gerolds Sohn« in Wien zu publizieren, wo bereits ihre »Frauenfahrt um die Welt« erschienen ist. So findet sich eine Mitteilung an diesen Verlag, mit detaillierten Bedingungen zur Publikation, die vorab, wie der Nachricht zu entnehmen ist, mündlich vereinbart wurden.

Mitteilung an Carl Gerold's Sohn: Pfeiffer Ida Reise um die Welt, Wien, 18. August 1855

Herrn Carl Gerold's Sohn in Wien theile ich mit, daß ich Ihre mit heute gestellten Bedingungen bezüglich der Vertragsübernahme meines neusten Werks: »Die Zweite Reise um die Welt« nämlich

1. Die Auflage obengenannten Werks soll 2000 Exemplare stark seyn.
2. Das Honorar in der stipulierten Summe von Zwölf Hundert Gulden, und zwar die eine Hälfte in Bank Valuta und die andere Hälfte in Silber, bestehen.
3. An Freiexemplaren 25 Expl.
4. Bei allfälliger neuer Auflage gelten dieselben hier gestellten Bedingungen.

Sie erhalten das deutsche Manuskript in Partien nach der englischen Uebersetzung von London zugeschickt und versprechen den Druck so viel als möglich zu beschleunigen. Dagegen muß sich jedoch der englische Verleger verpflichten, das Buch in englischer Sprache nicht früher auszugeben, als bis bei Ihnen der erste Band fertig gedruckt ist.
    Ida Pfeiffer.
    Wien den 18ten August 1855.

Ida Pfeiffer erweist sich in dieser Phase als äußerst umtriebig, was die Herausgabe ihrer Schriften in unterschiedlichen Übersetzungen betrifft. Bereits 1856 erscheint auch eine holländische Übersetzung bei Sulpke in Amsterdam. Auch über diese Publikation gibt ein (kurzer) Brief Auskunft, in dem sie um die Übermittlung des Honorars für ihre »Weltreise« bittet und das Haus Gerold in Wien als Bevollmächtigten nennt. Er wird begleitet (oder war beigelegt) einem weiteren kurzen Schreiben desselben Datums, unterfertigt von C. Gerold Sohn, in dem dieser bittet, das Honorar an einen Kommissionär in Leipzig zu transferieren.

Abb. 7: Titelseite der holländischen Übersetzung des Reiseberichts von Ida Pfeiffer über ihre zweite Weltreise: »Mijne Tweede Reis Rondom de Wereld door Ida Pfeiffer« (1. Band), Amsterdam, J. C. A. Sulpke 1856. Das Bild zeigt eine tropische Landschaft, entworfen von Carel Christiaan Antony Last, gedruckt von P. Blommers. Quelle: Rijksmuseum (Reichsmuseum) Amsterdam (online), Objekt Nr.: RP-P-1984–127.

Brief an Buchhändler J. C. A. Sulpke
(Amsterdam), Wien, 6. März 1856

Wien den 6ᵗ März [1]856
Geehrter Herr!
Ich ersuche Sie, das Honorar für meine Weltreise an das Haus »Herrn Gerold« zu übermachen; ich bevollmächtige Herrn Gerold[,] es in meinem Nahmen zu übernehmen und den Empfang auch zu bestättigen, da ich morgen Wien verlaße, und ich selbst das Geschäft nicht besorgen kann.
Mit Achtung Ihre ergeb[ene] Ida Pfeiffer.

Als im Februar 1856 alle vier Teile ihres Reiseberichtes in Wien unter dem Titel »Meine zweite Weltreise« erschienen sind,[189] reist Ida Pfeiffer mit dem druckfrischen Werk sofort wieder nach Berlin, um ihr Werk Alexander von Humboldt vorzulegen.[190] Dieser bittet sie auch, die Bücher der Königin von Preußen zu überreichen, denn er hat ihr für den 28. Februar eine Audienz beim preußischen Königspaar vermittelt.[191] Anlässlich dieser Vorstellung erhält die Reisende von König Friedrich Wilhelm IV. die große goldene Medaille für Kunst und Wissenschaft, zweifellos eine besondere Anerkennung, handelte es sich doch um die höchste mögliche Auszeichnung.[192] Und die »Gesellschaft für Erdkunde zu Berlin« verleiht ihr nun auf Empfehlung von Humboldt und Carl Ritter die Ehrenmitgliedschaft, wie sie später auch in ihrem Madagaskar-Bericht schreibt (vgl. Pfeiffer 1861, Bd. 1, S. 13f.). Zwar lässt sich die Ehrenmitgliedschaft anhand der Akten der Gesellschaft heute

---

189 Vgl. Wurzbach: Die Weltreisende Ida Pfeiffer, in: Illustrirte Zeitung, 23. 2. 1856, S. 142.
190 Vgl. Briefe von Alexander v. Humboldt an Ida Pfeiffer, erster Brief, in: Pfeiffer 1861, Bd. 2, Anhang, S. 195; ein Hinweis darauf auch ebd., Bd. 1, S. 13; vgl. auch Jehle 1989, S. 32.
191 Vgl. Briefe von Alexander v. Humboldt an Ida Pfeiffer, zweiter Brief, in: Pfeiffer 1861, Bd. 2, Anhang, S. 196.
192 Bestätigt wird diese durch folgenden Eintrag in den Akten: »Verleihung der großen goldenen Medaille für Kunst und Wissenschaft an die Reiseschriftstellerin Ida Pfeiffer, 1856«, in: Gestaltung, Fertigung und Verleihung der Medaillen für Kunst und Wissenschaft, Archivaliensignatur: Geheimes Staatsarchiv Preußischer Kulturbesitz, I. HA Rep. 89, Nr. 18740 (online).

nicht mehr feststellen,[193] doch wird sie durch die Aussagen Ida Pfeiffers in folgendem Dankschreiben an Carl Ritter, bereits zurückgekehrt nach Wien, letztlich bewiesen:

Brief an Carl Ritter, Wien, 19. Mai 1856

Wien, 19. May [1]856
Hochgeehrter Herr Profeßor!
Wie soll und kann ich Ihnen die Freude mit Wortten schildern, die ich empfand, als ich ihr so liebes, herzliches u so schmeichelhaftes Schreiben, nebst dem Ehrendiplome der geographischen Gesellschaft erhielt. Ich bin auf diese Auszeichnung stolzer, als hätte man mir einen Orden oder was immer für Ehren erwiesen. – Ich danke Ihnen innig für den großen Antheil, den Sie an der Sache nahmen, und ersuche Sie gefälligst der ganzen Gesellschaft meinen herzlichsten Dank für diese große Auszeichnung zu sagen. Ich werde mich auf meiner neuen Reise bemühen, der geehrten Gesellschaft, so viel es in meinem schwachen Wissen liegt, einige Berichte zu liefern.

In kurzem hoffe ich Sie, hochverehrter Herr Profeßor selbst zu sehen, und Ihnen mündlich sagen zu können, daß die Berliner mich, wenn es anders in meinem Charakter läge, stolz gemacht hätten; aber beglückt haben mich Ihre edlen Landsleute über alle Maßen.

Mit Achtung Ihre ergeb[ene]
Ida Pfeiffer.

Auf der Heimreise von Berlin Anfang März stattet die Wienerin vermutlich auch Dresden einen kurzen Besuch ab. Darüber gibt ein Stammbuchblatt Auskunft, datiert Dresden, 4. März 1856. Der Sinnspruch auf dem Blatt lautet: *»Glükselig der nur Liebe rein genießt/ Weil doch zuletzt das Grab so Lieb' als Haß verschließt«*.[194]

---

193 Allerdings konnte die Tatsache der Mitgliedschaft in der Berliner geographischen Gesellschaft an anderer Stelle nachgewiesen werden, vgl. Habinger 2004, S. 170; auch Viola Imhof (2001) führt die Ehrenmitgliedschaft an. Zu Mitgliedschaften in anderen geographischen Gesellschaften vgl. ebd., S. 170f.

194 Vgl. *Stammbuchblatt Ida Pfeiffer*, Dresden 4' März 1856, StzB PK, Handschriftenabteilung, Slg. Autographen: Pfeiffer, Ida.

Mittlerweile erfährt Ida Pfeiffer also im Ausland Anerkennung und Würdigung, sie dürfte auch für ihre nächste Reise nach Madagaskar einige kleinere finanzielle Zuwendungen erhalten haben, wie weiter unten dargelegt wird. Die politischen Honoratioren der Habsburgermonarchie sind hingegen nicht so großzügig. So fiel nicht nur die finanzielle Unterstützung aus dem Staatsschatz für die zweite Weltreise eher bescheiden aus, auch die Ehrungen bleiben aus. Einige Zeitungen kritisieren vor allem letztere Tatsache. Ein Journalist der *Ungarischen Post* weist etwa darauf hin, dass Ida Pfeiffer in England »gefeiert« und in Deutschland »vielfach ausgezeichnet« werde, doch nicht so in ihrer Heimatstadt. Wäre sie eine Engländerin, so lautet das Resümee, würde »es ihr an Unterstützung nicht fehlen«.[195] Und ein Kommentator in der Wiener Zeitschrift *Die Donau* meint, dass unsere »edlen Lithographen« zwar »jeden claviertrommelnden Musikanten, jede Frivol springende Tänzerin zu verewigen eilen«, doch hätten sie es verabsäumt, »uns mit dem Bilde der einzigen Frau zu beschenken«.[196] Zumindest dieser Missstand wird in der Folge behoben, der aufstrebende junge Künstler Adolph Dauthage fertigt 1855 einige Lithographien der Reisenden an, und es existieren zwei Porträts des angesehenen Fotografen Franz Hanfstaengl aus dem Jahr 1856, aufgenommen in seinem Atelier in München, als Ida Pfeiffer in Vorbereitung ihrer Expedition nach Madagaskar dort eine Zwischenstation machte.[197]

Ida Pfeiffer bemühte sich damals selbst darum, in höchste gesellschaftliche Kreise Wiens vorgelassen zu werden. Der folgende Brief an Therese Jaeger von Jaxthal, die Ehefrau von Friedrich Jaeger von Jaxthal, seit 1817 Leibarzt Metternichs, zeigt, dass ihr an einer Vorstellung beim

195 Wagner, Julius: *Wiener Feuilleton*, in: Ungarische Post, 4. 12. 1855, Nr. 142.
196 Ida Pfeiffer. (Schluß.), in: Die Donau, Jg. 1855, S. 3293.
197 Im Bildarchiv der ÖNB in Wien sind diese Fotografien Pfeiffers sowie Facsimile ihres Namenszuges vorhanden, ebenso die Lithographien von Dauthage sowie Stahlstiche und Xylographien dazu (NB 522.931, NB. 501.715, 504.188, NB 504.189, NB 510.374, NB 522.931); eine Liste der Portraits findet sich bei Wurzbach, 22. Teil, 1870, S. 184; vgl. dazu auch Habinger 2004, S. 174.

ehemaligen Staatskanzler, der damals als Privatmann in Wien lebte, der jedoch nach wie vor politische Ambitionen hegte,[198] viel gelegen war.

**Brief an Therese Jaeger von Jaxthal,
Wien, 8. Dezember 1855**

8^t Dec. 1855

Verehrte Frau v. Jäger!

Herzlichsten Dank für Ihre lieben Zeilen und die Güte, daß Ihr Herr Gemahl selbst sich bemühen will, mich dem Fürsten Metternich vorzustellen. Ich werde bereit sein zur Stunde, die Sie mir angeben.

Indem ich die Ehre habe, Sie verehrte Frau v. Jäger herzlich zu grüßen, zeichne ich mit

Achtung Ihre ergebene I. Pfeiffer.

Ob eine Einladung bei Metternich tatsächlich zustande kam, darüber gibt es heute keine Belege. Gesichert ist jedoch, dass Erzherzog Ferdinand Maximilian, selber ein begeisterter Reisender und eifriger Förderer der Wissenschaft,[199] Ida Pfeiffer 1856 zwei Mal zu seiner Tafel lud, denn er war von der Naturaliensammlung der weitgereisten Untertanin angetan. So finden sich im privaten Teilnachlass Ida Pfeiffers zwei Einladungskarten dieses Bruders von Kaiser Franz Joseph, die erste für den 24. März 1856 mit den Worten: »Die Frau Ida Pfeiffer ist für den 24ten März 1856 zur Tafel Sr. kais kön Hoheit des durchlauchtigsten Herrn Erzherzogs Ferdinand Max um ½ 6 Uhr geladen«, die zweite, mit demselben Wortlaut, nur mit anderem Datum und anderer Uhrzeit, für den 6. April.[200] Die Anmerkung: »Man erscheint in ...« blieb jeweils unausgefüllt, vielleicht um Ida Pfeiffer, die ja übertriebenem

---

198 Zu Klemens Wenzel Lothar Fürst von Metternich (1773–1859) vgl. ÖBL Bd. 6, 1975, S. 249f.
199 Zu Erzherzog Ferdinand Max vgl. z. B. Zeilinger 1992, S. 127.
200 Vgl. Jehle 1989, S. 33, S. 241 Anm. 136. Eine frühere Annahme (aufgrund telefonischer Auskünfte der Eigentümerin des Nachlasses im Juni 2003 und im Juni 2008), dass diese Karten verlorengegangen sein könnten (vgl. Habinger 2008, S. 137), hat sich somit glücklicherweise nicht bewahrheitet.

gesellschaftlichem Putz nicht wirklich zugetan war, nicht unter Druck zu setzen.

Die Wienerin beklagte jedoch immer wieder die ignorante Behandlung durch ihre Landsleute, nicht nur, wenn sie sie im Ausland aufsuchte, wie wir bereits aus einigen

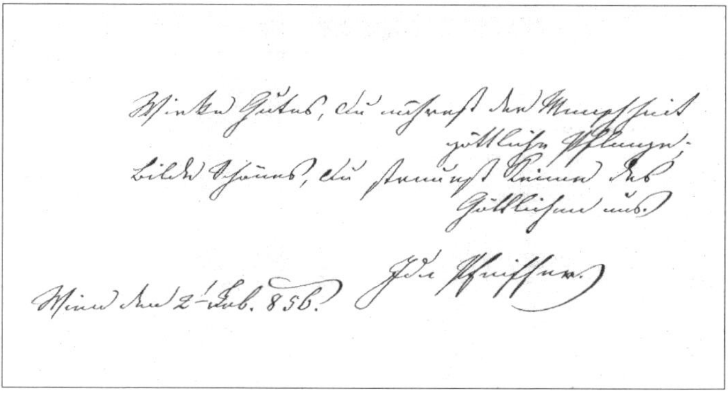

Abb. 8: Handschriftliches Stammbuchblatt von Ida Pfeiffer, Wien, 2. Februar 1856. Der Text lautet: »Wirke Gutes, Du nährest der Menschheit göttliche Pflanze; Bilde Schönes, Du streust Keime des Göttlichen aus. Ida Pfeiffer. Wien den 2^t Feb. [1]856«. Quelle: Staatsarchiv der Freien und Hansestadt Hamburg, Autographensammlung Ulex, Mappe 69.

ihrer Briefe erfahren haben. Vielleicht war dies auch ein gewichtiger Grund dafür, dass sie, wie es scheint, kaum noch das Bedürfnis verspürte, sich längere Zeit zu Hause aufzuhalten. Darüber hinaus war es ihr zu Hause einfach viel zu langweilig. Dies verdeutlicht etwa ein Schreiben nach Kairo an ihren Vetter Alexander vom Februar 1856.

Brief an Vetter Alexander, Wien 15. Februar 1856

Wien den 15^t Feb. 1856

Mein guter Vetter Alexander

Du wirst mir gewieß sehr dankbar sein, daß ich Dir die Bekanntschaft des Herrn Dr. August Frankl, Überbringer dieser Zeilen, verschaffe. Ein Landsmann ist, so ferne vom Vaterlande, wohl immer ein doppelt willkommener Gast, aber wie viel erfreulicher ist es erst, wenn man einen so lieben, geist- und gemüthsvollen Dichter, wie unser trefflicher Frankl ist, begrüßen kann; ihn Deiner vollen Aufmerksamkeit zu empfehlen, bedarf ein Frankl nicht, sein Ruf, seine Liebenswürdigkeit ist ein Empfehlungsbrief für die ganze Welt, er bedarf keines andern. Ich schmeichle mir, Herrn Frankl unter meine wirklichen Freunde zählen zu dürfen. Ich ersuchte ihn Dir zu berichten wie es mir geht, wie ich lebe und was ich in meinem langweiligen Vaterland treibe. Wollte Gott ich brächte bald wieder hinlängliche Mittel zusammen, um dem lieben Österreich den Rüken kehren zu können. Ewig schade, daß Cairo so weit ab von meinem Wege liegt, würde es sich nur um ein Paar hundert Meilen handeln, hättet Ihr mich bald auf dem Halse; so heißt es aber »Ade schöner Wunsch.« –

Lebt wohl, vergeßt mich nicht und kommt bald ganz nach Europa, wenn auch gerade nicht nach dem Vaterlande, diese Zumuthung wäre zu stark.
        Deine Dich liebende
        Base Ida Pfeiffer

Um nicht zu viel Zeit im »*langweiligen Vaterland*« verbringen zu müssen, war Ida Pfeiffer auch diesmal wieder zwischen ihren großen Fernreisen viel unterwegs. In der zweiten Woche des März 1856 besuchte sie, nur wenige Tage nach ihrer Rückkehr aus Norddeutschland (am 4. März war sie noch in Dresden gewesen) Wiener Neustadt,[201] wie ein Stammbuchblatt belegt. Es trägt folgenden Spruch, vielleicht nicht untypisch für Pfeiffers Haltung gegenüber dem Leben: »*Belastet die Zeit Dich mit Sorgen/ So denke es ende schon morgen./ Doch will sie Dir flüchtig entschweben,/ So denke nur heute zu leben.*« Von Wiener Neustadt dürfte sie weitere nach Graz gereist sein, wie ein weiteres handschriftliches Dokument samt Unterschrift Ida Pfeiffers belegt, datiert mit »Gratz den 14t März [1]856«. Es handelt sich um ein Blatt mit der Notiz »*Zur Erinnerung von Chimborazo*«, darauf ist mit Stecknadeln eine Pflanze fixiert.[202]

---

201   Vgl. *Stammbuchblatt Ida Pfeiffer*, W. Neustadt den 10t März 1856, WB, H. I. N. 8042.
202   Vgl. *Stammbuchblatt (Blatt mit Pflanze) Ida Pfeiffer*, Gratz den 14ᵗ März 1856,

Schließlich fährt sie – vermutlich von Graz weiter – nach Triest, vielleicht um ihrer Tante Constantia, wie in einem früheren Brief versprochen, von ihrer Indonesienreise zu berichten. Von dort begibt sie sich nach Venedig, wie den handschriftlichen Reiseverzeichnissen Ida Pfeiffers zu entnehmen ist. Hier sind zwar keine Datumsangaben vorhanden, ein weiteres Stammbuchblatt Ida Pfeiffers schreibt sie in Venedig und datiert mit 1. April 1856. Es trägt denselben Sinnspruch wie jenes Blatt in Wiener Neustadt. Schließlich kehrt sie von der Lagunenstadt zurück nach Wien.[203]

In dieser Zeit wurde auch der Wunsch an Ida Pfeiffer herangetragen, sie solle doch über ihre Erlebnisse Vorträge halten. Angeregt wurde dies nicht zuletzt durch die ungewöhnlichen Gegenstände, die sie in ihrem bereits erwähnten Privatmuseum zur Schau stellte. So äußerte ein Journalist der *Ost-Deutschen Post* die Überzeugung, es würde sich wohl lohnen, »wenn Frau Pfeiffer in größeren Gesellschaften Besprechungen über diese interessanten Gegenstände und über die Erinnerungen, die sich daran knüpfen, hielte«. Er war sich sicher, dass zahlreiche Menschen »gerne zu einem anständigen Honorar« bereit wären, »wenn sie ihren mündlichen Mittheilungen zuhören könnten«.[204]

Ida Pfeiffer wollte sich zunächst nicht derartig exponieren – aus gutem Grund, sie wurde immer wieder auch angefeindet. Doch ließ sie sich anscheinend letztlich überreden, wie das folgende Vortragsmanuskript über ihre Expedition auf Sumatra nahe legt.[205] Wann genau und wo sie referierte,

---

StzB PK, Handschriftenabteilung, Slg. Darmstaedter, Weltreisen 1851 (2): Pfeiffer, Ida.

203 Vgl. *Reise-Verzeichniss zu Land der Ida P.* sowie *Reisen zu Wasser der Ida Pfeiffer*, TN IP. vgl. *Stammbuchblatt Ida Pfeiffer*, Venedig 1t April 1856, Tiroler Landesmuseum Ferdinandeum, Innsbruck, Bibliothek, Autographensammlung; vgl. auch Jehle 1989, S. 33, 241 Anm. 138.

204 *Ida Pfeiffer. Die Weltreisende*, in: Ost-Deutsche Post, 1855, Nr. 262. Ähnlich auch ein Kommentar in der *Donau*, vgl. *Ida Pfeiffer (Schluß.)*, in: Die Donau, Jg. 1855, S. 3293; vgl. zur Vortragstätigkeit Pfeiffers auch Habinger 2004, S. 156ff.; Jehle 1989, S. 32.

205 Ein zweites, etwas kürzeres Manuskript, das sich im Nachlass befand und die zweite Weltreise skizziert, wird von Jehle (1989, S. 32) erwähnt, es dürfte leider verloren gegangen sein (lt. Telefonat im Juni 2003 mit der Besitzerin des Nachlasses von Ida Pfeiffer).

ist nicht überliefert, vermutlich war es gegen Ende 1855 oder Anfang 1856 (der Artikel in der *Ost-Deutschen Post* erschien am 11. November 1855), vielleicht sprach sie auch vor der Berliner »Gesellschaft für Erdkunde«, wie eine Aussage in der Zeitschrift *Die Wiener Elegante* vom Februar 1856 vermuten lässt.[206] Zu diesem Zeitpunkt war sie mit ihrem druckfrischen Bericht über die zweite Weltreise nach Berlin gereist, um Humboldt aufzusuchen.

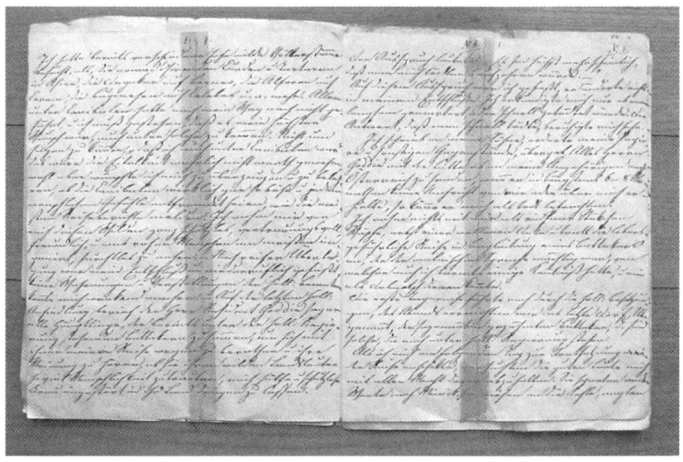

Abb. 10: Seite aus dem Vortragsmanuskript: »Reise auf Sumatra zu den Canibalen« (1855/1856), Teilnachlass Ida Pfeiffer (Privatbesitz Dr. Friker). Foto: Gabriele Habinger

In den folgenden Ausführungen erweist sie sich – wie immer wieder auch in ihren Reiseberichten – als ein (spätes) Kind der Aufklärung, vermutlich nicht zuletzt angeregt durch eine entsprechende Haltung ihres Vaters. Sie bricht hier eine Lanze für all die »wilden Völkerstämme«, denen sie auf ihren Reisen begegnete, besonders aber für die Batak. Sie spricht ihnen eine unerwartet hochstehende Kultur und Lebensweise zu und kritisiert im Gegenzug die Verhaltensweisen der europäischen Kolonialmächte.

---

206 Gayette, Jeanne Marie v.: *Frau Ida Pfeiffer (im Reise-Costume)*, in: Die Wiener Elegante, 20. 2. 1856, Beilage, S. 43; vgl. dazu Habinger 2004, S. 158.

Vortragsmanuskript: »Reise auf Sumatra zu den Canibalen«, 1855/1856

Wer reist nicht gerne heut zu Tage? Eisenbahnen, Dampfschiffe befördern die Menschen in kürzester Zeit von einem Welttheile in den andern, und die entferntesten Gegenden liegen in Aller Bereiche. Dessen ungeachtet gibt es doch noch manche Länder, die wenig durchforscht, wenig bekannt sind, und in eines derselben will ich meine geehrten Zuhörer führen, und zwar in ein schönes, von der Natur reich begabtes Land unter der brennenden Sonne des Equators liegend, welches aromatische Pflanzen und die kostbarsten Gewächse des Südens hervor bringt, – nähmlich nach Sumatra.

Die wildesten Bewohner dieser Insel sind die Battaker, welche sich im Norden Sumatras befinden und Canibalen sind.

Wenige Reisende haben es bisher versucht in das Innere der Batta-Länder zu dringen, und die Wenigen haben dieß kühne Wagestück oft mit dem Leben bezahlt.

Ich hatte bereits verschiedene sehr wilde Völkerstämme besucht, als, die nomadisirenden Curden und Tartaren in Asien, die Dayaker auf Borneo, die Alforen auf Ceram, die Buginesen auf Celebes u. a. mehr. Allein unter Canibalen hatte mich mein Weg noch nicht geführt, und ich muß gestehen, dass es mein höchster Wunsch war, auch unter solche zu kommen. Nicht um sagen zu können, »dass ich auch unter Canibalen war«[,] das wäre die Eitelkeit wahrlich nicht werth gewesen, wohl aber wünschte ich mich zu überzeugen und zu belehren, ob die Canibalen wirklich gar so böse und jedem menschlichen Gefühle entfremdet seien, wie die meisten Reiseberichte melden. Ich nahm mir vor[,] mich diesen Wilden ganz schutzlos, vertrauensvoll, freundlich, und was rohen Menschen am meisten imponirt, furchtlos zu nahen. – Nach reifer Überlegung war mein Entschluß unwiederruflich gefaßt, keine Wahrnungen und Vorstellungen der holl: Beamten konnte[n] mich wankend machen. – Auf der letzten holl: Ansiedlung berief der Herr Resident Goddin[207] sogar alle Häupt-

---

207 Pfeiffers Darstellung ist hier unklar, denn in ihrem Reisebericht spricht sie davon, dass in Muara Sipongi, wo sie Ende Juli 1852 eintrifft, der dortige Kontrollor (Johannes Cornelis) Schoggers diese Besprechung einberief, der letzte Europäer, bei dem sie aufgenommen wurde, war am 2. August

linge, der bereits unter der holl: Regierung stehenden Battakern zusammen, um sich mit ihnen meiner Reise wegen zu berathen und ihre Meinung zu hören, ob sie ihren wilden Landsleuten so viel Menschlichkeit zutrauten, mich hülf- und schutzlose Frau ungestört in ihr Land dringen zu lassen. Der Ausspruch lautete: »Es sei höchst wahrscheinlich, dass man mich tödten und aufzehren würde. –«

Auf diesen Ausspruch war ich gefaßt, er änderte nichts in meinem Entschluße. Ich erkundigte mich nur[,] ob man langsam gemartert, oder schnell getödtet würde. Die Antwort, dass man schnell tödte, beruhigte mich sehr.

Ich schrieb an meine Söhne, ordnete meine Papiere und sonstigen Gegenstände, übergab Alles Herrn Goddin mit der Bitte[,] es an meine Angehörigen nach Österreich zu senden, wenn er in längstens 6–8 Monathen keine Nachricht von mir oder über mich erhielte, so könne er mich als todt betrachten.

Ich nahm nichts mit mir als ein Paar Stükchen Wäsche, nebst einer wollenen Deke und tratt die lebensgefährliche Reise in Begleitung eines Battakers an, der der malaischen Sprache mächtig war, von welcher auch ich bereits einige Kenntniß hatte, und mir als Dolmetsch dienen konnte. Die erste Tagereise führte uns durch die holl: Besitzungen, des Abends erreichten wir das letzte Dorf, Uta genannt, der sogenannten gezähmten Battaker, d[as] sind solche, die noch unter holl: Regierung stehen.

Als ich mich am folgenden Tag zur Fortsetzung der Reise anschikte, versuchten die guten Leute mich mit aller Macht davon abzuhalten. Sie sparten weder Worte noch Mimik, sie wiesen an die Kehle, nagten an den Armen, um mir anzudeuten, was ich zu gewert[ig]en hätte. – Und als ich dennoch ging, hätte ich gewünscht daß unsere guten Christen gesehen hätten, mit welch inniger Herzlichkeit diese gemüthlichen Kinder des Heidenthumes von mir Abschied nahmen. Sie schüttelten mir die Hände, sie klopften mir auf die Achseln, es schien als ehrten und liebten sie in mir eine Schwester, Mutter oder sonstige Verwandte. Ich war tief gerührt, ich konnte mich nicht enthalten zu wünschen,

---

Kontrollor A. T. Hammer (Pfeiffer 1856, Teil 2, S. 28 ff.; vgl. Wyhe 2019, S. 168 f.). Am 31. Juli war sie in Fort Elout (Panjabungan), dem Sitz des Assistent-Residenten Godoon (Pfeiffer 1856, Teil 2, S. 37).

daß wenn diese Wilden einst Christen würden, sie ihr kindliches Gemüth beibehalten möchten. – Man wird diesen Wunsch sonderbar finden und mir vielleicht sehr unrecht geben, da der große Haufe wähnt, daß die Wilden durch Einführung des Christenthumes besser würden. Bisher konnte ich dieß im allgemeinen nicht bestättigen. Ich würde z. B. so ganz allein, ohne allen Schutz und Schirm in Italien, Gri[e]chenland, Sicilien, u. s. w. nicht so ungefährdet und unberaubt durchgekommen sein, wie ich es durch Kurden und Perser, durch Hinden und Canibalen gekommen war.

Um ausführlich über die Reise im Battaker Lande zu sprechen, genügt hier die Zeit nicht. Ich will nur bemerken, daß das Land ein herrliches, die Hitze gemäßiget ist, da es bei 2000 Fuß über der Meeresfläche liegt. Der Boden ist vortrefflich, alles was gepflanzt war, entsproß der Erde in üppiger Fülle. Die Waldungen, alles Laubholz, sind dicht, das Untergebüsch überreich und Pflanzen und Schlinggewächse thaten sich überall kräftig hervor. Große, fruchtbare Thäler lagerten sich zwischen Ketten schöner Gebirge, welche reiche Quellen spendeten und das Land hinlänglich bewäßerten; jedoch schiffbare Flüße sah ich nicht.

Die Reise muß man zu Fuße unternehmen, die ersten Nächte sogar unter Bäumen im Walde zubringen. Ein dichter, mehr als 30 Meilen langer Urwald, hier »Wildniß« genannt, bildet eine natürliche, uneinnehmbare Festung zwisch[en] dem abhängigen und freien Batta-Lande. Das Reisen durch solche Wildniße biethet alle nur denkbaren Beschwerden. Wege fehlen entweder ganz, oder sind nur durch schmale Steige, gleich Rinnen, hie und da sichtbar. An Sümpfen und Morästen ist, bei so frischer, üppiger Waldvegetation kein Mangel, der Wanderer muß sie oft stundenlang muthig durchschreitten, und zwar ohne aller Fußbekleidung, denn Jede würde in den tiefen Sümpfen zurükbleiben. Die Berge und Hügel stellen sich steil und schroff entgegen, man muß die Hände gleich den Füßen zum überklettern zu Hülfe nehmen. Die Bäche muß man durchwatten, die Flüße durchschwimmen, oder über schwankende Bambusrohre mit der Geschiklichkeit eines Seiltänzers überschreiten. Nach so mühevoll beendigten Tagreisen biethen weder Abende noch Nächte einige Erquikung. Wir mußten mit Reis, ganz einfach in Wasser abgekocht, vorlieb nehmen, uns auf's naße, kalte Laub hinstreken, und selbst dieser

Ruhe konnte man sich nicht ohne Sorge hingeben, denn an Tigern und Schlangen fehlt es auf ganz Sumatra nicht, um so weniger in so undurchdringlichen Waldungen.

Am 3t Tage gelangten wir in das erste Uta. – Die sehr schlechten Wege hatten nun so ziemlich ihr Ende erreicht, dagegen begann der Kampf mit den Menschen. So oft wir einem Wohnplatze nahe kammen, zog die ganze männliche Bewohnerschaft uns entgegen, und zwar mit einem so fürchterlichen Geschrei und Lärm, mit so lebhaften Gebehrden, als hätten sie das ärgste vor. Sie schloßen alsogleich einen dichten Kreis um meine Person, sie drükten ihre Verwunderung, ihr Erstaunen aus, daß ich es wage so ganz allein unter sie zu kommen. Sie wiesen, wie es mir die gezähmten Battaker gesagt und gezeigt hatten, an den Hals und nagten an ihren Armen. Es waren dieß Empfangsscenen, bei welchen gewieß dem muthigsten Menschen das Herz im Leibe erzittert hätte, und gerade Furcht durfte man diesen Leuten am wenigsten zeigen.

Zum Glüke sprach ich ein bischen malaisch und diese Sprache wird auch von den Battakern, besonders von den Häuptlingen verstanden und so konnte ich mich doch ein bischen verständlich machen. Bei dergleichen drohenden Scenen blieb ich ruhig, sah die Leute fest, oft lächelnd an und gab ihnen zu verstehen, daß ich mich nicht fürchte, daß ich weder eine Waffe, noch sonst etwas trüge, und daß ich mich ihnen vertrauungsvoll nahe. Diese Ruhe, dieß Vertrauen machte so großen Eindruk auf die Menge, daß selbst nach und nach die wildesten Schreier meine Freunde wurden. Sie nahmen mich in ihren Hütten auf, sie gaben mir zu eßen, sie wiesen mir ein Plätzchen zum Schlafen an; sie trieben die Gastfreundschaft oft so weit, daß sie ein Huhn für mich schlachteten, während sie sich selbst nicht mehr als Reis gönnten.

Wenn ich meine Reise wieder nach einem neuen Stamme antratt, bath ich den Radja, bei dem ich mich zuletzt befand, daß er mich begleiten, schützen und dem nächsten Häuptling empfehlen möge. Wenn man mir auch anfänglich nicht gewähren wollte, mein herzliches Bitten trug doch am Ende den Sieg davon, man lächelte und that meinen Willen.

Und so fand ich die Leute bei allen Stämmen, – anfänglich wild, zänkisch und gebietherisch, am Ende gut, ja beinah kindlich. Ein einziger Radja hätte hierin[n]en bald eine Ausnahme gemacht, er schien mir durchaus nicht gewogen, das Schwert hing über meinem Haupte an einem Faden; doch auch dieser ward durch die warme Fürsprache meines wa[c]kern Begleiters besiegt und ungestört ließ man mich ziehen.

Nach allem, was ich an diesen und andern Wilden[,] mit denen ich je zusammen gekommen bin, bemerkt habe, so glaube ich mich keiner Chimäre hinzugeben, wenn ich behaupte, daß die Wilden durchgehends beßere Menschen sind, als die meisten Reisenden sie schildern.

Wenn die Weißen mit Liebe, Güte, besonders aber mit Rechtlichkeitssinn unter die Kinder der Natur trätten, würden sie gewieß auch gut aufgenommen werden. – Dort, wo sich noch nie ein Weißer gezeigt, wo man nie von ihm gehört, und wo er als biederer Mensch unter sie kämme, bin ich überzeugt, daß er unter zehn Fällen neun Mahl gut aufgenommen würde. Wo der Weiße schlecht aufgenommen wird, möchte es sich bei genauer Untersuchung wohl ergeben, daß ihn entweder sein schlechter Ruf voraus ging, oder daß er sich ein Unrecht gegen die Eingebornen erlaubte. – Der Weiße verlangt nach den Weibern und Töchtern des Wilden, er verhöhnt sein heiligstes, seinen Glauben, seine Götter. Er betrügt, er übervortheilt ihn[,] wo er es nur immer vermag, ja, wenn es in seiner Gewalt liegt, jagdt er ihn von seinem heimathlichen Boden, von den Gräbern seiner Lieben, es gibt keine Gewaltthat, die sich der Weiße nicht gegen den Naturmenschen erlaubt. – Noch nie hat selbst eine Regierung ein Land der Wilden oder der Ungläubigen in Besitz genommen, in der edlen Absicht das Beste des Stammvolkes zu bezweken. Jede Regierung, sie mag englisch, holländisch, amerikanisch oder wie immer heißen, hätte bei Eroberungen etwas anderes in Sicht, als aus Land und Leute[n] zu ziehen und zu preßen, was nur möglich ist. Daß der Ruf der Weißen unter solchen Umständen nur der schlechteste sein kann, ist natürlich. Von Stamm zu Stamm verbreitet sich dieser böse Ruf. Der Weiße ist auch dort schon unvortheilhaft bekannt, gefürchtet und verabscheuet, wo sein Fuß noch nie gewandelt. Und dann wundern wir uns noch, daß uns diese Menschen nicht mit offenen Armen, mit Liebe und Ergebung entgegen kommen?! – Ich wundere mich wahrlich nicht darüber, wenn das Gegentheil geschähe, wenn sie jeden Weißen, der in ihre Gewalt kämme, tödteten, das fände ich ganz natürlich.

Und da sie dieß nicht thun, da es mir im Gegentheil unter den Wilden stets gut ergangen ist, ich sie immer freundlich und wohlwollend fand, so kann ich nicht umhin, sie als beßere, edlere und hochherzigere Menschen zu betrachten, als den großen Haufen meiner weißen Mitgeschöpfe. Ich hege keinen innigern Wunsch, als daß die Weißen in sich gingen und überall, wo sie unter Wilde[n] und Ungläubige[n] aufträtten, sie es im wahren Sinne der christlichen Moral thäten.

Ehe ich von den Battakern gä[n]zlich scheide, kann ich nicht umhin meine Verwunderung über diese Leute auch dahin auszusprechen, daß ich sie mir als Canibalen in jeder Hinsicht sehr tief stehend dachte und – einige Punkte ausgenommen, ganz das Gegentheil fand.

Außer der unnatürlichen Lüsternheit nach Menschenfleisch sind sie auch im Punkte der Behandlung des weiblichen Geschlechtes hart, sie halten es wirklich in tiefer Sclaverei. Die Weiber müßen, außer den Anbau des Reises, jede Arbeit verrichten, sie dürfen in Gegenwart der Männer kaum sprechen, nicht einmahl die Augen erheben, oder gemeinschaftlich mit ihnen ein Mahl verzehren, kurz sie sind von allem ausgeschloßen. Deßen ungeachtet sah ich aber nie, daß ein Mann die Rohheit so weit triebe, ein Weib zu mißhandeln, oder es gar zu prügeln. Ähnliche Barbareien sah ich überhaupt weder bei diesen noch irgendeinem andern sogenannten »wilden Volke«. Im übrigen überflügeln sie in Cultur alle wilden Völker, die ich kennen gelernt habe. Ihre Felder waren herrlich bestellt, sie bauten Reiß, Tabak, süße Kartoffeln u d. g.[,] sie leben in Dörfern, ihre Häuser waren groß und regelmäßig, gänzlich von Brettern gebaut. An den Vorderwänden, besonders an jenen Häusern der Radjah's, fehlte es sogar nicht an zierlichen, recht künstlichen und geschmakvollen Holzschnitzereien. – Sie betrieben die Viehzucht, ich sah viele Büffel und anderes Hornvieh, in manchen Gegenden sogar treffliche Pferde, an Hühnern und Schweinen fehlte es nirgend[s]. Sie woben äußerst geschmakvolle Zeuge [Stoffe, Anm. G. H.], sie waren sogar des Lesens und Schreibens kundig. – Gegenwärtig schrieben sie noch auf der äußern Rinde des Bambusrohres der Länge nach, in welches sie die Buchstaben mit einem spitzigen Eisen oder sonstigen spitzigen Gegenstand eingraben. In älterer Zeit schrieben sie sogar Bücher und schmükten sie mit kleinen

Zeichnungen aus. – Bücher scheinen sie jetzt nicht mehr zu schreiben, die wenigen, die mir zu Gesichte kammen, sahen sehr alt und abgenutzt aus. Auf mein Befragen, ob sie noch welche schrieben, erhielt ich eine verneinende Antwort, sie wiesen auf die Bambusrohre und sagten[,] daß wenn sie ihren Nachbarn etwas Kund zu geben hätten, sie auf diese schrieben.

Ihre Regierungsform ist constitutionel, die Gesetze sollen sehr gut und gerecht sein. Ihr Glaube beruht auf gute und böse Geister, sie verehren besonders letztere, sie sagen den bösen muß man huldigen, die guten haben dieß nicht nöthig, die seien ohnehin gut. – Priester und Tempel sah ich nirgend[s]. Wenn ein Gottesdienst gehalten wurde[,] geschah es in- oder vor dem Hause des Radja. Der Dienst bestand aus einem Tanze, der vom Radja selbst, oder von seinem Sohne aufgeführt wurde.

Nach allem was ich bei den Battakern gesehen und beobachtet hatte, würde ich es nicht für möglich gehalten haben, daß diese einerseits so hoch gestellten Wilden zugleich die brennende Begierde nach Menschenfleisch verbänden. Sollte dieß Volk jetzt im Rükschritte begriffen sein? Dieß zu erforschern konnte ich mir leider nicht zur Aufgabe stellen, indem mir alle wissenschaftliche Kenntniße fehlen, ich war nicht einmahl der battakischen Sprache mächtig, selbst mein bischen malaisch würde zu solch einer wichtigen Forschung nicht ausgereicht haben, und so konnte ich wohl vermuthen[,] aber in nichts Gewießheit schöpfen. Höchst intereßant müßte dieß zu erörtern für Geschichtsforscher sein.

Ich schließe hiemit meinen einfachen Bericht, der sich allein nur auf Anschauungen gründet. Ich bitte meine geneigten Zuhörer mit dem wenigen vorlieb zu nehmen[,] das eine schlichte Frau zu geben vermochte, deren ganzes Leben nichts weniger als Studien, sondern nur einer stillen Häuslichkeit gewidmet war.

Pfeiffer erwähnt in obigem Manuskript unter anderem, dass die Batak in früheren Zeiten Bücher schrieben und diese »*mit kleinen Zeichnungen*« ausschmückten. Tatsächlich gibt es sogenannte Orakel- oder Zauberbücher (»pustaha«), die leporelloartig gefaltet waren und aus Baumrinde bzw. Baumbast bestanden, in denen die religiösen Spezialisten der Batak ihre Kenntnisse, mit Bildern versehen, notierten (vgl. Zollo 2020, S. 65 ff.).[208] Aber auch Bambus wurde, wie die Wienerin darlegt, zum Schreiben benutzt, etwa für Briefe, aber auch für Kalenderaufzeichnungen (vgl. Zollo 2020, S. 75 ff.). Ida Pfeiffer soll ein derartiges Buch von ihrer Reise mitgebracht haben, so erwähnt Alexander von Humboldt in einem Brief vom August August 1855 an den preußischen König Friedrich Wilhelm, sie habe für die Wiener Sammlung nicht nur »einige Käfer und ›anderes Ungeziefer‹ mitgebracht«, sondern »auch für die könig[liche] Bibliothek ein Battamanuskript« (Müller 1928, S. 278). Auch ein Journalist der *Ostdeutschen Post*, einer Wiener Tageszeitung, der die Ausstellung Ida Pfeiffers am Graben in Wien besuchte, erwähnt, sie habe aus dem »Battakerlande auf Sumatra« äußerst spektakuläre Gegenstände mitgebracht, besonders interessant sei »ein Battakisches Buch, in einer ganz regelmäßigen Schrift auf Bast mit tiefschwarzer Tinte geschrieben, und ein Battakischer Kalender, der aus zwei runden, voll Buchstaben und Zeichen geschnitzten Hölzern besteht«.[209] Sie übertrug (vermutlich) aus dem genannten »Battakischen Buch« einige Zeilen auf ein Blatt für das »*Radetzky-Album*«, samt dem Titel »Aus dem Sagenbuche [unleserliche Zeichen] der Battaker«, datiert mit 22. Dezember 1855 in Wien, das sich heute im Tiroler Landesmuseum Ferdinandeum in der Autographensammlung der Bibliothek befindet.[210] Über den Verbleib des Bata-Manuskripts und des Kalenders ist jedoch nichts bekannt.

---

208 Der Großteil derartiger Bücher befindet sich heute in europäischen Museen; eines z. B. in der Völkerkundesammlung der Lübecker Museen, samt Abbildung, siehe: https://vks.die-luebecker-museen.de/zauberbuch.

209 *Ida Pfeiffer. Die Weltreisende*, in: Ost-Deutsche Post, Jg. 1855, Nr. 262, Feuilleton. Ein längerer Auszug des Artikels ist abgedruckt in Habinger 2022, S. 100 f. Ähnliches findet sich auch in einem Artikel in den *Unterhaltungen am häuslichen Herd* aus dem Jahr 1856 (Nr. 4, S. 56).

210 Das *Radetzky-Album* ist eine Sammlung einzelner Autographenblätter, zusammengestellt vom patriotisch gesinnten Radetzky-Verein, vgl. dazu Hastaba 1998. Eine (verkleinerte) Abbildung des Blattes findet sich in Habinger 2004, S. 155.

Die Reise nach Madagaskar – die Jahre 1856 bis 1858

Ida Pfeiffer fasst nun ein weiteres spektakuläres Ziel ins Auge, nämlich Madagaskar.[211] Allerdings ist über die Insel in Europa wenig bekannt und sie wird auch, aufgrund der politischen Verhältnisse, schwer zu erreichen sein. So gilt es zunächst Erkundigungen einzuziehen, und mit dieser Absicht reist die Wienerin im Mai 1856 von zu Hause ab. Über Linz und Salzburg, wo sie sich jeweils kurz aufhält, gelangt sie zunächst nach München. Hier wird sie, wie wir dem folgenden Brief an Herrn Winter entnehmen können, wie eine Berühmtheit gefeiert. Hier entstehen auch die bereits erwähnten Fotografien im Atelier von Franz Hanfstaengl.

Nach fünf Tagen geht die Reise nach Berlin, um sich dort mit Experten wie Alexander von Humboldt und Carl Ritter zu beratschlagen. Humboldt rät zwar vehement von der gewagten Unternehmung ab, doch Ida Pfeiffer lässt sich dadurch nicht beeindrucken. Immerhin gibt er ihr ein Empfehlungsschreiben mit auf den Weg,[212] zur großen Überraschung, aber auch besonderen Freude der Wienerin. Und Carl Ritter erweist ihr die Ehre, sie zu einer Sitzung der Berliner »Gesellschaft für Erdkunde« einzuladen, Pfeiffer ist ja mittlerweile, wie erwähnt, ein Ehrenmitglied dieser Vereinigung.

Brief an Joseph Winter, Berlin, 7. Juni 1856

Berlin 7ᵗ Juni 1856.
Bester Herr von Winter!
Ihr Freund, Staatsrath Herrmann hat mich überaus freundlich aufgenommen, und durch ihn gelang es mir auch, wie Sie sagten, eine freie Fahrt auf der baierischen Bahn von München bis Hof zu erhalten. Ich danke Ihnen herzlich für diese Empfehlung. – Ich

---

211 Vgl. zur folgenden Beschreibung dieser Reise: Ida Pfeiffer, »Reise nach Madagaskar«, 2 Bd., Wien 1861.
212 Vgl. *Empfehlungsbrief welchen Alexander von Humboldt Frau Ida Pfeiffer bei dem Antritt ihrer letzten Reise mitgab*, Potsdam, 8. Juni 1856, in: Pfeiffer 1861, Bd. 2, Anhang, S. 197; das französische Original des Briefes ist abgedruckt in: Humboldt 1865, S. 256f.

war auch in München überhaupt sehr gut aufgenommen, ich will Ihnen aus der Zeitung nur ein Paar Worte, freilich klingen sie so schmeichelhaft, daß ich selbst dergleichen am wenigsten abschreiben sollte, mittheilen, doch thue ich es nur, um zu beweisen wie artig man gegen mich war.»Der König nahm mit sichtlicher Freude an dem sinnigen Arrangement der Feier |:es war das Künstlerfest:| und an der allgemeinen Heiterkeit längere Zeit Theil und unterhielt sich besonders lange mit der berühmten Reisenden Frau I. P. welche sich gegenwärtig hier befindet. Die äußerst einfache Frau zog von all den schönen, jungen Damen die allgemeine Aufmerksamkeit auf sich.«

Ich blieb nur 5 Tage in München[,] man frug mich[,] ob ich dem König Ludwig vorgestellt werden wollte, allein meine Antwort ist immer dieselbe »Wenn der König mit mir zu sprechen wünscht wird es mir eine Gnade sein, ich aber suche nicht darum an«, – und so unterblieb es. König Max[213] erfuhr, daß ich beim Künstlerfest anwesend sei und General von der Tann[214] mußte mich ihm sogleich im Beisein von Tausenden von Menschen vorstellen.

In Berlin sprach ich bereits Humb.[,] er erklärte sich entschieden gegen Madag: er meint ich würde die Reise ganz vergeblich dahin machen und dann monathelang auf einem Flekchen sitzen bleiben können ohne eine Gelegenheit irgend wo anders hin finden zu können. – Dessen ungeachtet gebe ich diesen Plan noch nicht ganz auf, erst in Holland, in Paris werd ich eine bestimmte Richtung faßen. – Bitte lassen Sie diese Zeilen niemanden lesen, ich fürchte mich ordentlich etwas zu schreiben, daß es nicht in irgend einem Blatte aufgenommen wird, vertilgen Sie mein Briefchen sogleich, daß ist mir das liebste[,] was Sie damit machen können. Wenn Sie jetzo so gefällig wären, das kleine Kistchen sogleich nach Holland unter der Adreße, die ich Ihnen gab, abgehen zu lassen, so könnte es, ohne mir noch Ungelegenheit zu machen 4–5 Wochen unter Weges sein, kömmt es früher, soll es mir umso erwünschter sein, bitte empfehlen Sie es warm dem

213   Maximilian II. Joseph (1811–1864), seit 1848 König von Bayern, Vater von Ludwig II., der ihm auf dem Thron folgte.
214   Vermutlich Ludwig Tann-Rathsamhausen (1815–1881), zunächst Adjutant am Hof des damaligen Kronprinzen Maximilian in Bamberg, ab 1855 Generalmajor, später Generalleutnant der ersten Armeedivision in München und Generaladjutant König Ludwigs II. von Bayern; vgl. DBE, Bd. 9, 1998, S. 655.

Spediteur, daß er es nach seinen Kräften befördert[,] aber nicht als Eilgut. Schreiben Sie mir gefälligst ein Paar Zeilen, schließen Sie die Adreße bei[,] an wem ich mich in Rot. [Rotterdam, Anm. G. H.] zu wenden habe, u. s. w. den Brief adreßiren Sie an mich nach La Haye,[215] Poste restante.

Grüßen Sie mir ihre liebenswürdige Gattin und die liebe Kleine auf das herzlichste, und Alle
die an mich denken.
        Mit Achtung Ihre ergebene
        I. Pfeiffer.

Von Berlin begibt sich Ida Pfeiffer nach Hamburg, wo sie sich weitere acht Tage aufhält, und schließlich nach Holland, ist ihr dieses Land doch noch völlig unbekannt, wie sie in ihrem Reisebericht meint. Außerdem warten dort einige alte Reisebekanntschaften auf sie. Bei ihrer Ankunft in Amsterdam empfängt sie Christian Heinrich Gottlieb Steuerwald, den sie bereits 1845 in Schweden, auf ihrer Reise von Göteborg nach Stockholm, kennen lernte. Von ihm stammt auch ein Portrait der Wienerin in einem Skizzenbuch, das sie während ihrer Skandinavienreise an der Ostsee zeigt, datiert mit 8. September 1845.[216] Während ihrer zweiten Weltumrundung traf sie ihn schließlich in Jakarta wieder. Steuerwald nimmt sie nun bei sich zu Hause auf, wie sie in folgendem Brief an einen nicht genannten Freund schreibt.[217]

Brief an Hochverehrter Freund, Amsterdam, 17. Juni 1856

                          Amsterdam 17^t Juni [1]1856
Hochverehrter Freund!
Nun ist endlich einer meiner heißesten Wünsche erfüllt. Ich

---

215   La Haye ist die französische Bezeichnung für Den Haag; von Ida Pfeiffer auch, wie damals üblich, als »Haag« bezeichnet.
216   Schetsboek (Skizzenbuch, 61 Blatt), Christian Heinrich Gottlieb Steuerwald, ca. 1845 – ca. 1848, Blatt 14 recto, Reichsmuseum Amsterdam.
217   Ergänzt wird der Brief durch ein historisches Transkript in Normalschrift (allerdings etwas fehlerhaft), die auch eine Beglaubigung der Echtheit enthält.

befinde mich in ihrem lieben Vaterlande, unter ihren Landsleuten, die ich so hoch verehre, denen ich so vielen Dank schulde, und unter welchen Sie, mein würdiger Freund, gerade derjenige sind, dem ich am meisten zu danken habe. Und um meine Freude voll zu machen hörte ich mit unendlichem Vergnügen, dass Sie sich gerade auch in Holland befinden. Dieß wagte ich kaum zu hoffen, da ich weiß, daß Sie jeden Sommer große Ausflüge machen. Bitte schreiben Sie mir, wenn Sie zu Hause sind, damit ich Sie sicher treffe[,] ich kann es kaum erwarten, Sie und Ihre Frau Gemahlin wieder zu sehen.

In der Erwartung einer freundlichen Antwort zeichne ich mich mit

Achtung Ihre Freundin
Ida Pfeiffer

An Fr. Gemahlin meine herzlichsten Empfehlungen
Ich wohne bei Hr. Colonel Steuerwald

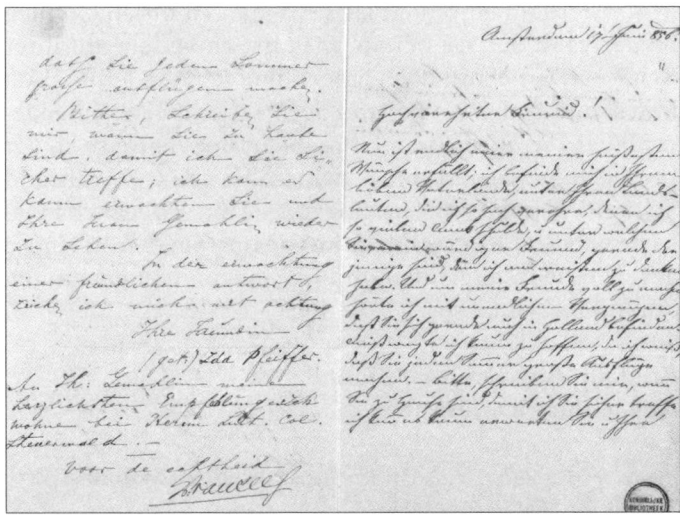

Abb. 11: Handschriftlicher Brief von Ida Pfeiffer an einen unbekannten Freund, Amsterdam, 17. Juni 1856. Quelle: KB > National Library of the Netherlands, Sig.: KB 75 C 60.

Vielleicht handelte es sich bei dem Adressaten des obigen Briefes um P. van Rees (vgl. Wyhe 2019, S. 162), den damaligen Residenten der Niederländer in Batavia, der sie dort so freundlich bei sich und seiner Frau aufgenommen hatte. Jedenfalls ist Herr van Rees ebenfalls bemüht, ihr den Aufenthalt in Amsterdam so angenehm und so interessant wie möglich zu gestalten. Er plant für die Wienerin auch einige Ausflüge. Doch hat sie, wie sie etwas später, am 7. Juli 1856, an Herrn Winter eher ungeduldig notiert, »*zu dergleichen Spazierfahrten*« wenig Muße.

Der eigentliche Anlass für Ida Pfeiffers Briefe an Joseph Winter, die im Folgenden abgedruckt sind, dürfte ein Kistchen gewesen sein, bereits erwähnt in obigem Schreiben, das ihr Freund nach Holland schicken sollte und dem die Wienerin auf der Spur war. Vermutlich wollte sie die darin enthaltenen Glasperlen als Geschenke nach Madagaskar mitnehmen.

Brief an Joseph Winter, Amsterdam, 29. Juni 1856

Amsterdam 29ᵗ Juni 1856

Bester Herr v. Winter!

Ich weiß nicht ob Ihnen mein erstes Billet durch meinen Bruder Carl richtig zugekommen ist, ich möchte es aber bezweifeln weil ich Sie bath mir durch ein Paar Zeilen anzuzeigen, ob Sie die Perlen nach Rotherdam abgesendet haben. Sollten Sie also das Billet nicht empfangen haben, so bitte ich Sie dringend das Kistchen umgehend nach Rotherdam an den Agenten zu senden, oder an einen andern[,] daß ist mir gleichviel an welchen, nur bitte ich Sie die Sache den Wiener Spediteur zu empfehlen, daß er die Sache nicht auf die lange Bank schibt, ich zöge es vor den Güterstatt den Schnellzuge zu benutzen, da ich noch vor 3–4 Wochen Europa nicht verlaße. Wenn Sie nur so gut wären mir durch ein Paar Worte anzuzeigen, ob und an wen Sie das Kästchen gesendet haben[,] damit ich dann die Schritte machen kann, es zu übernehmen oder transito weiter spediren zu lassen. Geben Sie ihre Antwort gefälligst an das Haus Reyer und schreiben Sie London darauf. Ich gehe auf 14 Tage nach England.

Ich bin in Holland ohne Vergleich schmeichelhafter aufgenommen wie in Wien, wo ich hinkomme hätte ich ein halb Dutzend Absteigequartiere und meine beiden Gönner, Colonel Steuerwald und Resident van Rees führen mich überall hin, wo

ich nur wünsche. – Ich hoffe, Sie sind Alle so wohl und vergnügt wie ich. Leben Sie wohl, empfehlen Sie mich den Ihrig[en]
 Ihre ergebenste Pfeiffer.

Brief an Joseph Winter, London, 7. Juli 1856

London 7ᵗ July 1856
 Bester Herr v. Winter
Soeben erhielt ich einen Brief von meinem Bruder, worinen er mir schreibt, daß er Ihnen mein Billet übergeben hat, worinen ich Sie ersuchte die Glasperlen sobald als möglich transito nach Rotterdam zu senden. Ich schrieb bereits früher schon aus Hamburg[218] an Sie, und mein Bruder erwähnt mir, daß der Brief an ihn, welcher das Billet an Sie enthielt, verlohren gegangen sein muß. Dieß war eine böse Nachricht für mich, wer weiß wann nun das Kistchen an mich gelangen wird. Bitte haben Sie nur noch die einzige Gefälligkeit gleich nach Erhaltung dieser Zeilen nur mir ein Paar Wort zu schreiben und zwar: Wann das Kistchen abgesendet wurde, und den Nahmen des Spediteurs. Leider war ich so vergeßlich den Nahmen nicht aufzuschreiben und so ist er mir entfallen. Sollte das Kistchen, was ich wohl nicht hoffe, noch nicht abgegangen sein, so senden Sie es transito nach London an Herrn Edlmann in London N. 9 Liverpool street.

In Holland wurde ich überall sehr gut aufgenommen, man veranstaltete mir kleine Reisen in der Gegend von Amsterdam. Herr van Rees, der mich nach Utrecht, Leiden, Rotterdam und anderen Orten geführt hatte, wollte mich sogar nach Geldern und Friesland, kurz in ganz Holland herum führen[,] allein jetzt habe ich keine Zeit zu dergleichen Spazierfahrten. – Auch bei Hof sollte ich vorgestellt werden, allein die königl: Familie war, während den Paar Tagen meiner Anwesenheit im Haag, auf das Land gefahren, und ich mochte meine Reise nicht aufschieben. In Holland fand ich leider keine Gelegenheit für meine Reisepläne und so ging ich nach London, allwo ich erst gestern ankamm, und folglich über meine Reise noch gar nichts sagen kann. – Bitte lassen Sie meine Billetchen ja Niemanden lesen. Ehe ich Europa

---

218 Vielleicht meint hier Ida Pfeiffer ihren Brief aus Berlin vom 7. Juni 1856, oder sie schrieb einen weiteren aus Hamburg.

verlaße, schreibe ich noch mahlen an Sie. Die herzlichsten Grüße an all Ihre Lieben.

  Mit Achtung I. Pfeiffer.

Als sich von Holland aus nicht die erhoffte Möglichkeit eröffnet, das eigentliche Reiseziel anzusteuern, fährt Ida Pfeiffer also nach London weiter, wo sie, wie obigem Brief zu entnehmen ist, am 6. Juli 1856 ankommt. Hier hält sie sich einen Monat auf (nicht wie ursprünglich angenommen nur zwei Wochen), wieder einmal bei ihrem »werthen Freunde«, Herrn Waterhouse (Pfeiffer 1861, Bd. 1, S. 47).

Diese Zeit nutzt sie, um neue Kontakte in Wissenschaftskreisen zu knüpfen, wie die folgenden zwei Briefe belegen. Vermutlich sind beide an den deutschen Afrikareisenden Heinrich Barth[219] gerichtet, der zweite trägt die Adresse: »*Dr. Barth, 39 Alpha Road, St. John's Wood*«. Dieser düfte sich sofort zu einem Treffen bereit erklärt, nachdem er die schriftliche Bitte Pfeiffers vom 7. Juli, sich vorstellen zu dürfen, erhalten hatte, wie wir aus dem Antwortschreiben der Wienerin vom nächsten Tag schließen können.

Brief (vermutlich) an Heinrich Barth, London, 7. Juli 1856

          London 7^t July 1856

Geehrter Herr!

Es würde mir zur großen Ehre gereichen, Ihre Bekanntschaft zu machen. Wenn Sie daher erlaubten mich Ihnen vorzustellen, so ersuche ich Sie mir Tag, Stunde und Ort zu bestimmen, wann und wo ich Ihnen meine Aufwartung machen dürfte.

  Mit Achtung
  Ihre ergebene
  Ida Pfeiffer

Ich wohne im brittischen Museum
bei Herrn Waterhouse.

---

219 Zu Heinrich Barth siehe die Liste der Adressatinnen und Adressaten.

Brief an Heinrich Barth, London, 8. Juli 1856

London den 8ͭ July 1856.
Geehrter Herr Doctor!
Mit vielem Danke und großer Freude werde ich Ihrer gütigen Einladung Folge leisten und zur bestimmten Stunde erscheinen.
Achtungsvoll
Ihre ergebene
I. Pfeiffer.

brittisch Museum.

Doch auch in London kann Ida Pfeiffer ihre Reisepläne nicht realisieren. So fährt sie – es ist mittlerweile Anfang August – weiter nach Paris. In Berlin gab ihr Carl Ritter ein Empfehlungsschreiben an Herrn Jaumard, den Präsidenten der »Société de Géographie de Paris« mit auf den Weg, ihn sucht sie sofort auf. Sie hat Glück, noch am selben Abend findet eine Sitzung der Gesellschaft statt, zu der ihr Ritters Brief vermutlich die Türe öffnete, doch sind die anwesenden Herren der einhelligen Meinung, dass an eine Reise nach Madagaskar »unter den gegenwärtigen Verhältnissen nicht […] zu denken sei« (Pfeiffer 1861, Bd. 1, S. 49). Bei diesem Treffen wird sie – zur eigenen Überraschung – zum Ehrenmitglied der Gesellschaft ernannt, wie sie auch in weiter unten folgendem Brief vom 26. August an eine namentlich nicht genannte Gräfin erwähnt.[220]

In Paris erfährt Ida Pfeiffer etwas mehr über die schwierige politische Lage auf Madagaskar. Frankreich und England stritten sich gerade um die Vormachtstellung auf den Inseln des westlichen Indischen Ozeans. In Madagaskar schien die Situation besonders prekär zu sein, die damalige Königin Ranavalona (1828–1861) hatte europäische

---

220 Diese Behauptung Ida Pfeiffers, die sich auch in ihrem Reisebericht findet (vgl. Pfeiffer 1861, Bd. 1, S. 48), lässt sich heute allerdings nicht mehr verifizieren, es gibt dafür keine Bestätigung im Archiv der Gesellschaft in Paris (vgl. Jehle 1989, S. 241 Anm. 144). Die Tatsache, dass Pfeiffer ihre Ehrenmitgliedschaft schon bald nach dem Ereignis in einem Brief erwähnt, verleiht ihrer Aussage m. E. große Wahrscheinlichkeit. Auch John van Wyhe (2019, S. 248) führt diese Ehrenmitgliedschaft als gegeben an.

Händler und Missionare verjagt und das Christentum verboten, sie besann sich auf »traditionelle« Werte. Unter ihrem Vorgänger Radama I. (1810–1828) konnten die Briten zwar den französischen Einfluss auf Madagaskar zurückdrängen, doch nun mussten sie ebenfalls abziehen – die Insel wurde dadurch kurzfristig dem Einfluss der Kolonialmächte entzogen.[221]

Jedenfalls gestalten sich die Reisevorbereitungen ungleich schwieriger, als vielleicht zunächst angenommen. Ida Pfeiffer glaubt schon, ihren Plan wo nicht aufgeben, so doch verschieben zu müssen. Über die großen Hindernisse gibt auch der scheinbar planlose Kurs Auskunft, der sie von einer Stadt Europas zur nächsten führt. Nach zehn Tagen und der Besichtigung diverser »Sehenswürdigkeiten« verlässt sie Paris »ziemlich unverrichteter Sache« (Pfeiffer 1861, Bd. 1, S. 69) – zumindest hat sie ein Empfehlungsschreiben der französischen Admiralität für deren überseeische Stationen in der Tasche – und fährt zurück nach London. Immerhin hat die Wienerin hier, wie weiter oben erwähnt, zwei kleinere finanzielle Zuwendungen erhalten, wenn sich auch die Pläne für Madagaskar zerschlagen haben. Die »British Association for the Advancement of Science« bedenkt sie, vermutlich durch Vermittlung von August Petermann, mit einer Förderung von zwanzig Pfund, wie in der Times vom 14. August 1856 berichtet wird (vgl. Wyhe 2019, S. 249). Und auch Prinz Albert zu Sachsen-Coburg-Gotha, der Gemahl der englischen Königin Victoria, ließ ihr, vermittelt durch Professor Owen, die Summe von zehn Pfund zukommen, wie damaligen Zeitungsberichten zu entnehmen ist (vgl. ebd.; vgl. auch McLeod 1860, S. 196). Dies legt auch ein kurzes (undatiertes) Dankschreiben der Wienerin nahe, mit folgendem Wortlaut:[222]

---

221 Vgl. dazu unter anderem Reischl 1996, S. 155; zur politischen Situation Madagaskars vgl. auch Hollingworth 1965, S. 124 ff.; auch zeitgenössische Darstellungen liefern einige Informationen, vgl. *Eine Verschwörung auf Madagaskar. Frau Ida Pfeiffer*, I. + II., in: Triester Zeitung, 11. und 21. 4. 1860; *Frau Ida Pfeiffer's letzte Reise nach Madagaskar*, in: Unterhaltungen am häuslichen Herd, 1860, Nr. 7, S. 106 ff.

222 Ida Pfeiffer erwähnt eine finanzielle Zuwendung von Prinz Albert auch

Brief (Dankschreiben) an Prinz Albert zu Sachsen-Coburg-Gotha, vermutlich London, August 1856

Königliche Hochheit!
Da es mir nicht gegönt war mündlich meinen Dank darzubringen, für die Gewogenheit die Eure Königliche Hochheit zu meinen Gunsten aussprechen, so bitte ich selben schriftlich gütigst aufzunehmen.
                Mit tiefster Ehrfurcht
                Euer Königliche Hochheit ergebenste
                Ida Pfeiffer.

In London legt Ida Pfeiffer ihre Madagaskar-Pläne ad acta und entschließt sich stattdessen für einen zweiten Besuch von Niederländisch-Indien, motiviert durch die erfolgreichen Expeditionen einige Jahre zuvor – es gibt dort zweifellos noch viel für sie zu entdecken. Da die Überfahrt von England jedoch zu teuer ist, begibt sie sich neuerlich nach Holland, von wo auch der folgende Brief stammt. Hier erwähnt sie auch, dass sie plant, nur wenige Tage später nach Java abzureisen.

Brief an eine Gräfin, Rotterdam, 26. August 1856

                                    Rotterdam 26ᵗ Aug. 1856.
Geehrte Frau Gräfin!
Vor ich Europa verlaße, muß ich Ihnen nochmalen ein herzliches Lebewohl zurufen. Gott schenke Ihnen und all Ihren Lieben Gesundheit und Zufriedenheit und für mich bitte ich um ein freundliches Plätzchen in Ihrem Gedächtniße, selbst dann, wenn mich in irgend einem fremden Welttheile die gütige Mutter Erde in ihrem friedlichen Schooße aufgenommen hat.

    Ich gehe Ende dieses Monaths noch an Bord für Java, dort werde ich erst sehen wohin ich gehe. Mit Madagascar ist vor der Hand nichts zu thun, ich war in Paris um hierüber genaue Nachrichten einzuziehen. Allgemein rieth man mir für jetzt die

---

    in einem späteren Brief an George Robert Waterhouse vom 19. November 1857, abgedruckt weiter unten.

Reise ab, da es höchst wahrscheinlich zwisch[en] Frankreich und Mad: bald zu unfreundlichen Verhandlungen kommen wird.

In Paris war man so artig mich zum Ehrenmitgliede der geographischen Gesellschaft zu machen, eine Aufmerksamkeit, die mich sehr erfreute. Den Kaiser konnte ich leider nicht zu sehen bekommen, da er nicht in Paris war.

Ich sende an Baronesse Josephine hier einige zwar schlecht getroknete Blumen, aber sie sollen ihr auch nur als Beweis dienen, daß ich überall an Sie und Ihre theure Familie denke. Die Fuchsie ist von Pére de la Chaise und zwar vom Grabe Racine's, die andern Blümchen, die gelbe Blume ausgenommen, ist ebenfalls von P. d. l. Chaise und zwar vom Grabe Abalards und Heloise. Die gelbe Blume ist aus Kew |:nächst London:| es ist eine Orchidä und gleicht einem Schmetterlinge.

Leben Sie Alle wohl, Gott mit Ihnen, grüßen Sie gefälligst Herrn v. Fladum auf das herzlichste, wie auch Bar: Laura
　　Ihre Ihnen herzlichst
　　ergebene Ida Pfeiffer.

In obigem Brief erfahren wir auch einige wenige Details über Ida Pfeiffers touristische Aktivitäten, die sie in ihrer Sendung von getrockneten Blumen an eine gewisse »*Baroness Josephine*« indirekt anspricht. So sendet sie, wie zu lesen ist, einige Blümchen von Gräbern vom »*Pére de la Chaise*«. Gemeint ist vermutlich der größte Friedhof von Paris, der Père-Lachaise. Hier liegen zahlreiche berühmte Persönlichkeiten begraben, unter anderem findet sich hier die Grabstätte des französischen Philosophen Pierre Abélard (Abaelardus) und seiner Geliebten, Héloise. Pfeiffers Angaben sind jedoch etwas unklar, denn die Überreste von Jean Racine befinden sich seit 1711 bei einem Pfeiler der Kirche Saint-Étienne-du-Mont in Paris. Sie erwähnt auch eine Orchidee von »*Kew*«, »*nächst London*«, gemeint ist hier zweifellos »Kew Gardens«, der Königliche Botanische Garten in Kew, der ab 1841 der Öffentlichkeit zugänglich gemacht worden war.[223]

223　Heute ist »Kew Gardens« ein Teil Londons. Wann genau Ida Pfeiffer den Botanischen Garten besuchte, ob während des ersten oder zweiten

Ende August 1856 verlässt Ida Pfeiffer Rotterdam an Bord eines Auswandererschiffes Richtung Kap der Guten Hoffnung. Wie wir dem folgenden Brief an einen namentlich nicht genannten Oberst auf Batavia entnehmen können, dürfte sie ihre Ankunft in Niederländisch-Indien bereits avisiert und vielleicht auch Vorbereitungen für weitere Reisen getroffen haben, doch ändert sich die Situation schlagartig bei ihrer Ankunft in Kapstadt.

Noch bevor sie das Schiff verlässt, sucht sie der französische Kaufmann und Unternehmer Joseph-François Lambert auf. Er lädt sie ein, mit ihm die Reise nach Madagaskar zu machen – allerdings müsse das Ende der Regenzeit bei ihm auf Mauritius, wo er einige Plantagen besitzt und seit Jahren lebt, abgewartet werden. Er habe gute Kontakte zum madegassischen Königshaus und wolle sich auch um die schwierige Einreisegenehmigung für die Insel kümmern. Doch die Entscheidung müsse rasch fallen. Für Ida Pfeiffer kein Problem, sie ist vielmehr begeistert von dieser unerwarteten Möglichkeit. Bereits am nächsten Tag, am 18. November, läuft der Dampfer nach Mauritius aus. Während des mehrmonatigen Aufenthalts dort bemüht sie sich, möglichst viele Naturalien zu sammeln, der Erfolg entspricht nicht Pfeiffers Erwartungen. Dies erwähnt sie später in Briefen, wie etwa in einem Schreiben an George Robert Waterhouse vom 19. November 1857 (abgedruckt weiter unten). Dennoch brachte ihre Tätigkeit durchaus Erfolg, so wurden nach Ida Pfeiffers Tod mehr als siebenhundert ausgewählte Objekte aus Madagaskar und Mauritius vom k. k. Zoologischen Kabinett angekauft,[224] bis hin zu den Bälgen von so großen Tieren wie zwei Lemuren (Diadem Sifakas), die heute im Naturhistorischen Museum in Wien zu bewundern sind.[225] So verweist Vincenz

---

Aufenthaltes in London im Sommer 1856, lässt sich nicht verifizieren, da sie dies nicht in ihrem Reisebericht erwähnt.

224 Vgl. O.Kä.A. 1859 r. 58/1, AZ 1155, ÖStA, Wien; vgl. auch Verlassenschaftsabhandlung Ida Pfeiffer, Persönlichkeiten P3, WStuLa; Habinger 2004, S. 96, 146.

225 Im Archiv für Wissenschaftsgeschichte des NHM finden sich u. a. von diesen beiden Diadem Sifakas Bilder, gemalt vom Tiermaler Theodor Franz Zimmermann, ebenso von den etwa dreißig Zentimeter großen,

Kollar, der Leiter des Kabinetts, in einem Bericht an die kaiserliche Akademie der Wissenschaften aus dem Jahr 1858 die große Bedeutung insbesondere der Objekte aus Madagaskar. So seien darunter auch einige neue Arten aus verschiedenen naturwissenschaftlichen Bereichen zu finden gewesen (vgl. Kollar 1858). Einige der Naturalien dürften auch an das British Museum gegangen sein (vgl. Baker 1995, S. 157).

Eine dieser Sendungen von Mauritius und Madagaskar an das Hof-Naturalienkabinett in Wien wurde von einer Erläuterung Ida Pfeiffers begleitet, die, wie die oben erwähnten der zweiten Weltreise, insbesondere von Indonesien, im Nachlass Ferrari enthalten ist. Es handelt sich um einen unregelmäßig ausgeschnitten Zettel, begleitet von einem zusätzlichen Zettelchen mit einer Notiz, vielleicht von Vincenz Kollar, mit der Anmerkung: »Von Frau Ida Pfeiffer aus Mauritius. Angelangt im April 1858.«

Notiz an das Wiener Hof-Naturalienkabinett, beiliegend einer Naturaliensendung, (Mauritius 1856/57)

Als ich dieses Thierchen getödtet und durch die Luppe betrachtet hatte[,] sah ich durch den durchsichtigen Körper, in der Gegend des Magens sich ein Insect, gleich einem Wurm bewegen[.] Wenn Sie es vielleicht in Spiritus erweichen und dann öffnen, mögen Sie unter dem Migroscop den Wurm finden.

Wie der folgende Brief zeigt, hat sie aber bereits neue Reisepläne im Kopf. Nach dem Besuch von Madagaskar gedenkt sie keineswegs sofort nach Wien zurückzukehren, vielmehr trifft sie Vorbereitungen, im Anschluss über Indonesien entweder nach Japan oder Neuguinea zu reisen. Der Brief ist datiert mit 27. Dezember 1856, auf dem Briefkopf neben der Datumsangabe findet sich, in anderer Handschrift,

---

rotbraunen Mausmaki »Microcebus rufus«, alle online verfügbar; siehe https://nhm-wien.ac.at/forschung/archiv_fuer_wissenschaftsgeschichte/schaetze_des_archivs.

folgende Notiz: »Erhalten von Mad. 23 Febr.«. Es dauerte also zwei Monate, bis er den Adressaten in Jakarta auf Java erreichte.

Brief an einen Oberst (auf Batavia), Port Louis (Mauritius), 27. Dezember 1856

Port Louis |:Mauritius:|
27ᵗ Dec. 1856.

Hochgeehrter Herr Oberst!
Vom Cap schrieb ich Ihnen nur in höchster Eile ein Paar Zeilen, um Ihnen anzuzeigen, daß ich meinen Reiseplan geändert hatte, daß ich eine Gelegenheit nach Madagascar fand und gerade so viel Zeit hatte von Schiff zu Schiff zu gehen. Die Reise nach Mad. wird zwar nicht vor 3-4 Monathen unternommen, wegen der schlechten Jahreszeit auf jener Insel, allein ich mußte mit Herrn Lambert, der die Reise unternehmen wird, sogleich mitgehen und in seinem Hause bis zu jener Zeit verweilen. Wenn ich von dieser Reise wieder zurück nach Mauritius komme, möchte ich sehr gerne nach Batavia, nicht um auf Java herum zu reisen, sondern entweder, wenn es möglich wäre, nach dem Innern von Japan oder nach Neu Guinea |:Paupas:| zu gehen. Um wenigstens zu wissen, was ich da zu hoffen hätte, würde ich Sie, Herr Oberst nur um die Gefälligkeit ersuchen mit dem Gouverneur General hierüber zu sprechen. Vielleicht ist Japan doch schon so viel offen, daß eine alte Frau ganz allein den Statt [Staat, Anm. G. H.] bereisen dürfte. Sie sollen mich meinetwegen stets von Soldaten begleiten und mich wie eine Gefangene behandeln, das wäre mir sehr gleichgültig, nur sollen sie mich reisen und Insecten, Muscheln u. d. g. suchen lassen.

Um nach N: Guin. zu kommen, müßte man, glaube ich, an den Sultan von Ternate schreiben, so viel ich hörte, hat dieser Mann allein Einfluß auf jenes Land. Eine alte Frau wird der Sultan doch nicht fürchten, ich habe auch keinen andern Zwek, als zu sammeln und die Papuas in ihrem Lande zu sehen.

Bitte recht sehr sich so genau als möglich über diese beiden Reisen zu erkundigen. Ich kann mit der Beantwortung 6-8 Monathe warten, früher verlasse ich die afrikanischen Inseln nicht. Sie haben Zeit genug, nur bitte ich, nicht darauf zu vergessen.

Sollte durch den Sultan auf Ternate nichts zu machen sein, so könnte man sich auf Makassar bei Herrn Weiergang[226] anfragen, er sendet jährlich einige Prauhs hin, auch kennt mich Herr W. schon persönlich, er würde vielleicht keine Einwendung machen, mich mitzunehmen, lieber aber würde ich unter dem Schutze des Sultans gehen.

Auch hinsichtlich der Jahreszeit, wann man nach N. Guin. gehen kann, muß man genau wissen.

Wenn Sie so gütig waren, über alles Erkundigungen eingezogen zu haben[,] so schreiben Sie mir gefälligst hieher. Meine Adreße ist: F: I. Pf. Port Louis Mauritius, chez Mr. Menon-Lambert.

Sei[e]n Sie mir nicht böse, daß ich meine Zuflucht zu Ihnen nehme. Aber nur Sie allein sind mir noch von meinen Freunden in Batavia zurükgeblieben. Indem ich Sie herzlich grüße zeichne ich mit Achtung
           Ihre ergeb: Ida Pfeiffer.

Ida Pfeiffer ist nun ihrem Ziel, Madagaskar, unerwartet nahegekommen und will sich davon unter keinen Umständen abbringen lassen. Zwar wird sie von den Briten auf Mauritius davor gewarnt, sich mit Lambert einzulassen, und sie erhält sogar mehrere mahnende Briefe des englischen Konsuls von Mozambique, Lyons McLeod (vgl. McLeod 1860, S. 199).[227] Ebenso begegnen ihr die Franzosen auf Mauritius, aufgrund ihres guten Einvernehmens mit den Briten, mit einiger Skepsis, doch all dies veranlasst sie nicht, ihre Situation zu überdenken und neu zu disponieren.[228] Schließlich tritt sie gegen Ende April 1857 die Überfahrt nach Madagaskar an.

---

226   Ida Pfeiffer erwähnt in ihrem Reisebericht Herrn Weiergang, einen ansässigen Kaufmann, mit dem sie im Mai 1853, während ihres letzten Aufenthaltes in Makassar auf Sulawesi, den Sultan von Gowa besuchte.

227   Vgl. auch *Eine Verschwörung auf Madagaskar. Frau Ida Pfeiffer, II.*, in: Triester Zeitung, 21. 4. 1860.

228   Über Ihre Probleme berichtet sie auch in ihrem Reisebericht, vgl. Pfeiffer 1861, Bd. 1, S. 129 ff.; vgl. dazu auch Habinger 2022, S. 175; 2004, S. 98 ff. Allerdings bemerkt sie in ihrem Reisebericht auch, dass sie zum Teil sehr entgegenkommend behandelt wurde, vor allem durch die ansässige britische Bevölkerung.

Endlich, am 13. Mai, trifft auch Lambert im Hafen von Tamatave, dem heutigen Toamasina, ein, er hat sich in der Zwischenzeit in Sansibar und Mozambique als Sklavenhändler betätigt, was Ida Pfeiffer keineswegs irritiert. Überhaupt ist festzuhalten, dass sie die Ambitionen ihres Begleiters allzu positiv beurteilte, sie schrieb ihm ausschließlich humanitäre Absichten zu, obwohl dieser sich eher wichtige Handelsprivilegien erhoffte (die er schließlich auch erwirkte) – und es kann angenommen werden, dass seine Aktivitäten die Billigung höchster politischer Kreise in Paris fanden.[229] Vielleicht nahm er die ältere Dame auch deshalb auf seine Expedition mit, um seine wahren Pläne, nämlich den Sturz der Herrscherin, den er gemeinsam mit deren Sohn Prinz Rakoto (er wird ab 1861 als Radama II. die Insel regieren) plante, zu verschleiern.

Zunächst scheint alles gut zu verlaufen, Lambert versucht mit einer Unzahl von Geschenken die Königin gnädig zu stimmen – es ist ein riesiger Konvoi von Tamatave zur Hauptstadt Antananarivo (kurz Tananarive genannt), mehr als vierhundert Träger braucht es allein für die Präsente und noch zweihundert für Gepäck und zum Transport der Reisenden selbst. Eine Abordnung des Prinzen Rakoto empfängt Lambert ehrenvoll, und bald gewährt die Herrscherin die erste Audienz. Doch schließlich wird der Umsturz, der am 20. Juni hätte stattfinden sollen, verraten, und Lambert und Pfeiffer, die unweigerlich in die Ereignisse hineingezogen wird, müssen mit dem Schlimmsten rechnen. Ida Pfeiffer war vermutlich nicht ganz so ahnungslos, wie sie in ihrem Reisebericht zum Teil vorgibt und wie auch von zeitgenössischen Medien häufig hervorgekehrt wurde. Wie an verschiedenen Aussagen in ihren Briefen deutlich wird, wusste sie durchaus über die problematische politische Situation auf Madagaskar Bescheid, etwa in obigem Brief aus Rotterdam vom 26. August 1856, wo sie erwähnt, dass ihr deshalb von einer Reise dorthin

---

229 Vgl. dazu Hollingworth 1965, S. 127f.; *Eine Verschwörung auf Madagaskar. Frau Ida Pfeiffer*, I. + II., in: Triester Zeitung, 11. und 21. 4. 1860; vgl. auch Habinger 2004, S. 92.

abgeraten wurde, »*da es höchst wahrscheinlich zwisch[en] Frankreich und Mad: bald zu unfreundlichen Verhandlungen kommen wird*«. Auch in ihren Briefen an die Redaktion der *Ostdeutschen Post* wird dies deutlich (siehe weiter unten), ebenso gesteht sie in ihrem Reisebericht schließlich ein, sie habe bereits auf Mauritius Vermutungen über die Absichten Lamberts gehegt (vgl. Pfeiffer 1861, Bd. 2, S. 107).

Zwar werden Pfeiffer und Lambert nicht, wie zunächst befürchtet, hingerichtet, doch ein Landesverweis und ein lang ausgedehnter und mühsamer Transport zum Meer sollen die mittlerweile am Fieber Leidenden langsam zugrunde richten. Schwer krank nach Mauritius zurückgekehrt, schildert Ida Pfeiffer in mehreren Briefen, die in verschiedenen europäischen Zeitungen abgedruckt werden, die dramatischen Ereignisse der vergangenen Monate. Einen kurzen Überblick liefert zunächst der folgende Auszug aus einem Schreiben an Carl Ritter vom 29. September 1857, in der *Triester Zeitung*.

Brief an Carl Ritter, Mauritius, 29. September 1857 (Auszug)
Abgedruckt in: Triester Zeitung, 21. April 1860, Nr. 92

[Mauritius, 29. September 1857]
Wir wurden von der alten Königin und vom Prinzen auf das glänzendste empfangen, lebten die ersten vier Wochen in der Hauptstadt herrlich, dann aber nahm die Sache eine bedenkliche Wendung für uns. Die Königin haßt nämlich die Christen über alle Maßen; es gibt aber dessenungeachtet etliche Tausend unter dem Volke. Dies wurde der Königin angezeigt (??) [Fragezeichen im Orig., Anm. G. H.], während wir in Tananariva waren. Man beschuldigte uns paar Europäer mit den Christen einverstanden zu sein und mit ihnen viele heimliche Zusammenkünfte abgehalten zu haben. Dies war genug, die Königin gegen uns aufzubringen, daß sie uns gleich auf der Stelle hätte hinrichten lassen, wenn sich der Prinz unserer nicht so thätig angenommen hätte. Wir wurden sogleich [des] Landes verwiesen und wie Gefangene mit Militär nach Tamatawe gebracht, expedirt und dort auf ein

Schiff geliefert. Wir standen auf dieser Tour unendlich viel aus, man verlängerte die Reise vorsätzlich und dachte, das Klima solle uns tödten.

Ein ausführliches Schreiben ging an die *Ost-Deutsche Post*, dort abgedruckt in zwei Teilen. Der Brief, der am 20. Jänner 1858 die Redaktion dieser Zeitung erreichte, wurde, wie in einer Fußnote vermerkt, sofort in den nächsten beiden Nummern aufgenommen, was nicht zuletzt auf die große öffentliche Wirksamkeit und Resonanz der Reisen Ida Pfeiffers hinweist.

Brief an die Redaktion der *Ostdeutschen Post*, I., Port Louis (Mauritius), 10. November 1857
Abgedruckt in: Ost-Deutsche Post, Wien, 21. Jänner 1858, Nr. 16

> An die Redaktion der Ostdeutschen Post.
> Port Louis (Insel Mauritius)
> den 10. November 1857

Eine lange schwere Krankheit hielt mich bis jetzt ab, Ihnen über meine Schicksale auf Madagaskar so ausführlich zu schreiben, als ich es mir von Anfang an vorgenommen. Erst in der jüngsten Zeit ist in meinem Befinden eine entschiedene Besserung eingetreten, welche mir erlaubt, die Feder zu führen, ohne nach jedem Satze längere Zeit ausruhen zu müssen.

Sie wissen bereits, daß ich mit einem gewissen Herrn Lambert von der Insel Mauritius nach Madagaskar segelte. Dieser Herr war schon im Jahre 1855 in Tananariva, der Hauptstadt des Landes, gewesen und von der Königin, besonders aber von deren Sohne, dem Prinzen Rakoto, auf das Freundlichste aufgenommen worden. Beide Männer waren noch jung, von edler, humaner Gesinnung und schlossen bald das innigste Freundschaftsverhältniß.

Die Königin Ranavolona ist eine Despotin vom reinsten Wasser, die mit List und kalter Grausamkeit auf die schlechteste Weise regiert. Kein Mensch ist seines Vermögens und Lebens sicher, und wenn es der Mühe werth erscheint, Jemanden seines Vermögens zu berauben, so hat die Regentin ein ganzes Repertoir jener abscheulichen Mittel, mit denen seit alten Zeiten Tyrannen ihre Unterthanen ausgesogen haben. Sie schickt z. B. in die Häuser solcher mißliebiger Leute Richter, welche behaupten, man habe von der Königin mit Verachtung oder Schimpf gesprochen. Die Angeklagten werden, wenn sie sofort einen Theil ihrer Habe als Sühne anbieten, freigelassen. Versäumen sie dies, so macht man ihnen den Prozeß, nimmt ihnen mit Gewalt Alles und verkauft sie nach Befinden obendrein noch als Sklaven.

Trotz einer Art von richterlichem Verfahren, das auf der Insel eingeführt ist, finden die stärksten Ungerechtigkeiten statt. Jedermann kann zu Gericht gehen und irgend einen Andern eines Verbrechens anklagen. Der Kläger braucht nur 29 Piaster bei der Regierung zu erlegen, und an dem Beklagten ist es nun, sich zu rechtfertigen. Man beweist ihm nicht seine Schuld, sondern er muß seine Unschuld beweisen. Der Prozeß ist kurz und endet fast immer damit, daß der Angeklagte verurtheilt wird, den Tanguin[230] (ein Gift) zu nehmen. Seinen Verwandten erlaubt man jedoch, ihm sofort, nachdem er das Gift genommen, Reiswasser in großer Menge zu reichen, worauf gewöhnlich Erbrechen erfolgt. Ist der Arme so glücklich, das Gift von sich zu geben, so ist er gerettet und wird für unschuldig erklärt. Bricht er das Gift nicht, so stirbt er unter heftigen Zuckungen und seine Schuld ist bewiesen. Wir haben also auf Madagaskar dieselbe Geschichte, die im christlichen Mittelalter gang und gäbe war, eine Art Gottesurtheil, aber ohne den Glauben an einen Gott, denn die Leute auf Madagaskar sind Heiden.

Die kleinsten Verbrechen werden mit dem Tode bestraft, oft an Hunderten von Menschen, die so unschuldig wie Kinder sind. Wenn Jemand z. B. einen königlichen Ochsen stiehlt und das Fleisch auf dem Markte verkauft, so wird nicht allein der Dieb bestraft, sondern auch alle Menschen, die von dem Ochsen gegessen haben. Der Dieb wird geköpft, die unglücklichen Esser als Sklaven verkauft. Nur das Kind an der Mutter Brust ist ausgenommen, weil man annimmt, es könne noch kein Fleisch

---

230 Gemeint ist hier Tanghin, ein Gift, das aus den Samen des sogenannten »Selbstmordbaumes« gewonnen wird (vgl. Wyhe 2019, S. 264). Es handelt sich dabei um den Zerberusbaum oder »Cerbera odollam« (bei Wyhe »Cerbera tanghin«), dessen Samen u. a. die giftigen Stoffe Cerberin und Tanghinin enthalten.

essen. – Kurz die ganze Regierung dieser Königin kann man mit dem Namen der grausamsten, blutgierigsten Despotie belegen.

Es war natürlich, daß solche Zustände auf Herrn Lambert bei seinem ersten Aufenthalt in Madagaskar einen tiefen Eindruck machen mußten. Er reiste im Einverständniß mit dem Prinzen von Madagaskar nach Frankreich und England, um dem Kaiser der Franzosen und dem englischen Ministerium (Lord Clarendon) das grenzenlose Elend des Volkes auf Madagaskar, die wüthenden Christenverfolgungen daselbst zu schildern und beide Regierungen aufzufordern, für die große und schöne, so kulturfähige Insel etwas zu thun. Dieser Zweck war erreicht, wenn man die Königin zwang, zu Gunsten ihres Sohnes, der einer der edelsten Menschen ist und das Blutvergießen haßt wie seine Mutter es liebt, der Krone zu entsagen.

Allein Frankreich und England erklärten, sich nicht einzumischen und die Dinge auf Madagaskar ihren Lauf gehen zu lassen.

Nachdem Herr Lambert nach der Insel Mauritius zurückgekehrt war, berichtete er dem Prinzen die Erfolglosigkeit seiner Bemühungen und dieser beschloß nun, mit einigen Adeligen und Einflussreichen seines Vaterlandes sich ins Einverständnis zu setzen und auf eigene Faust der Königin mit Gewalt die Regierung aus den Händen zu nehmen. Sie sollte Titel, Einkommen, Ansehen und ihren Palast behalten und nur von den Regierungsgeschäften entfernt werden. Der Charakter der Hova ist jedoch falsch und feige. Als die Stunde der Befreiung schlug und es zu handeln galt, fielen die Meisten ab und Alles blieb beim Alten.

Die englische Missionsgesellschaft war von den Plänen Lamberts in Hinsicht auf Madagaskar vollständig unterrichtet. Sie fürchtete Frankreichs Einmischung und die Einführung der katholischen Religion auf Madagaskar. Diesem musste aus allen Kräften entgegen gearbeitet werden und leider fanden sich Fanatiker, die als Christen und christliche Geistliche Hand an das hässliche und verrätherische Werk legten.

Sobald die englischen Missionäre erfuhren, daß Lambert ein zweites Mal nach Madagaskar zu reisen beabsichtige, hatten die frommen Herren nichts Eiligeres zu thun, als einen ihrer Auserwählten, einen Mr. William Ellis, über Hals und Kopf nach Tananariva zu senden, um der Königin alle Pläne Lamberts mitzutheilen und denselben bei ihr und dem Prinzen Rakoto auf gründliche Weise anzuschwärzen.

Als Herr Ellis nach Mauritius kam, erzählte er, die Königin Ranavolana habe ihn nach Tananariva berufen, – erste, ich will nicht sagen »Lüge« (denn ein so frommer Herr kann gar nicht lügen), also: erste »Einbildung« des Herrn Ellis, und eine starke Einbildung war's, denn die Königin hatte so wenig Sehnsucht nach dem Missionär wie nach mir.

In Tananariva angekommen, sagte er der Königin, er sei von der englischen Regierung abgesandt, um ihr zu versichern, daß England nichts sehnlicher wünsche als mit ihr in denselben freundschaftlichen Verhältnissen zu stehen, wie dies unter Georg IV. der Fall war – zweite »Einbildung« des Missionärs.

Ferner theilte Ellis der Königin Alles mit, was Lambert in Frankreich und England gegen sie gesprochen, und nannte Lambert einen Spion der französischen Regierung, der nächstens mit französischen Truppen kommen würde, um sie zu Gunsten ihres Sohnes zu entthronen. Dem Sohne hielt er eine lange Predigt über seine Pflichten gegen die Mutter und fügte bei, der englische Hof habe, als er von des Prinzen Absicht gegen die Königin gehört, aus Schmerz Trauer angelegt.

Der Prinz erwiederte hierauf, er hege keine schlechten Absichten gegen seine Mutter; er habe aber auch Pflichten gegen das Volk, das er einst beherrschen solle. Uebrigens sei er jeden Augenblick bereit schriftlich zu erklären, daß er irgendwo als Privatmann leben wolle. Es gelte ihm gleich, ob Engländer oder Franzosen sich der Insel bemächtigten, wenn sie nur das Volk glücklich machten.

Ich selbst habe diese Aeußerung mehrmals aus des Prinzen Mund gehört und weiß, daß er wirklich seine Mutter ebenso zärtlich liebt, wie ihn der reinste Eifer für das Glück seines Volkes beseelt. Selbst in ganz civilisirten Ländern sind die [Motive] Rakotos sehr anerkennenswerthe Erscheinungen! –

Wäre es nicht eine gute Handlung gewesen, eine Tigerin von dem Schlage Ranavolona's von einem Platze zu entfernen, wo sie nach Laune mit Menschenleben spielen kann? Hätte man nicht Alles aufbieten sollen, Lambert in seinen humanen Absichten zu unterstützen? Und, abgesehen von dem Allen, was geht die Missionäre die Politik an? Leider stecken die frommen Herren, die auf ganz andere Dinge ihre Aufmerksamkeit richten sollten, oft bis über die Ohren in Welthändeln und intriguiren, daß man den Christen bei ihnen mit der Laterne suchen möchte. Statt den ersten großen Zweck der Humanität vor Augen zu haben, machen sie macchiavellistische Politik mit einer speziellen Beimischung von konfessionellem Hader.

Ellis erzählte unter Anderem auch, Lambert habe den Prinzen einmal mit Champagner berauscht und mit ihm in diesem Zustande einen schriftlichen Vertrag abgeschlossen, und der Prinz sei, als er nüchtern wurde, so erbost auf Lambert gewesen, daß er ihn nicht mehr habe sehen wollen. Sogar auf Mauritius hatte der Missionär die Kühnheit, diese Geschichte zu erzählen und Herrn Lambert zu rathen, nicht mehr nach Madagaskar zu gehen, denn Rakoto hasse und verachte ihn.

Als ich in Tananariva war, theilte mir der Prinz selbst die Geschichte mit, zeigte mir den Vertrag und versicherte mir, er sei nie betrunken gewesen und wäre jeden Augenblick bereit, jenen Vertrag nochmals zu unterzeichnen. Ich wünschte, Ellis hätte gesehen, mit welch' tiefer Verachtung der Prinz seiner bei dieser Gelegenheit gedachte.

Von seiner Sendung nach Mauritius zurückgekehrt, erzählte Ellis mit pompösen Ausschmückungen von seinem Glück bei dem königlichen Hofe, während er, wie ich später erfuhr, in der That von Tananariva auf Befehl der Königin fortgeschafft wurde, trotz seiner inständigen Bitten, ihm einen längeren Aufenthalt zu gestatten. Die Königin war im höchsten Grade über ihn aufgebracht, weil er einige Bibeln vertheilt hatte.

Ich muß dies Alles vorausschicken, um den unglücklichen Verlauf meiner Reise Ihnen klarer begreiflich zu machen.

Brief an die Redaktion der *Ostdeutschen Post*, II., Port Louis (Mauritius), 10. November 1857.
Abgedruckt in: Ost-Deutsche Post, Wien,
22. Jänner 1858, Nr. 17

An die Redaktion der Ostdeutschen Post.
Port Louis (Insel Mauritius)
den 10. November 1857

Alles war also geschehen, um Herrn Lambert zu verderben. Dessen ungeachtet erhielt er Briefe von Tamatava und Tananariva, wo er überall Freunde hatte, mit der Bitte, bald zu kommen, da ihn die Königin und namentlich der Prinz mit Ungeduld erwarteten. Man gab ihm unaufgefordert die Erlaubniß, daß er drei Monate in Tananariva bleiben könnte, während sonst Fremde sich dort nur einen Monat aufhalten dürfen.

Wir segelten von Mauritius ab und als wir noch eine Tagreise von Tananariva entfernt waren, kam uns ein großer Zug entgegen. Der Prinz sandte seine Garde, viele Offiziere und Soldaten nebst einer guten Musikbande. Man empfing Herrn Lambert nicht wie einen Privatmann, sondern wie einen Fürsten, und ich bin überzeugt, daß noch nie einem Europäer auf Madagaskar solche Ehren widerfuhren. In Tananariva, wo wir am 30. Mai ankamen, besuchte uns der Prinz, noch ehe wir unsere Reisekleider abgelegt hatten, und die beiden Männer umarmten sich mit einer Herzlichkeit, die bis zu Freudenthränen ging. Selten verfloß ein Tag, ohne daß der Prinz uns besuchte, und als Herr Lambert an Madagaskar-Fieber so heftig erkrankte, daß er selbst an seinem Aufkommen verzweifelte, saß der Prinz stundenlang an seinem Bette und reichte ihm die Arzneien, während die Königin alle Tage viermal um sein Befinden sich erkundigen ließ. Schon ehe er erkrankte, hatten wir mehrere Einladungen zu Hof erhalten und viele waren uns noch angekündigt, wäre die Krankheit nicht eingetreten.

Unsere Angelegenheiten standen vortrefflich, als am 3. Juli ein Hova, Herr Ratsimandiso,[231] der ein Christ (Anglikaner) war und von den Missionären mit dem Titel Right Reverend beehrt wurde, alle Christen unter seinen Landsleuten (mehrere Tausend an der Zahl) verrieth. Dieser Judas reichte ein Verzeichniß mit allen Namen der Christen ein, das glücklicher Weise zuerst in des Prinzen Hände fiel und von diesem sogleich in Stücke zerrissen wurde. Ohne die Güte des Prinzen und dessen Verbot, eine zweite Liste solcher Art anzufertigen, hätten Tausende ihr Leben eingebüßt, denn hätte die Königin die Namen der Christen erfahren, so würde sie Alle haben hinrichten lassen, während dieselben nun Zeit fanden zu entfliehen.

Ganze Ortschaften wurden leer. Alles eilte sich flüchtend nach den Wäldern im Innern der Insel, während die Königin in

---

231   Im Reisebericht Pfeiffers »Ratsimandisa« (Pfeiffer 1861, Bd. 2, S. 147).

grenzenlose Wuth über das Entkommen der Christen gerieth. Sie ließ überall Haussuchungen halten und ihre Soldaten Streifzüge nach den Flüchtlingen machen; man brachte aber nur etwa 40 bis 50 ein.

Diese Begebenheit benutzte der erste Minister Rainizokoro,[232] der einzige Feind Lambert's auf Madagaskar und entschiedener Günstling der Königin, um Lambert und zwei andere Europäer, die in Tananariva lebten, als Verschwörer und Geheimbündler der Königin zu denunzieren. Sie sollten in ihrem Hause mit den Christen geheime Zusammenkünfte gehabt und den Umsturz der bestehenden Verhältnisse in Madagaskar, Abschaffung des Adels und der Sklaverei (also bürgerliche Gleichheit), Entfernung des Thrones und gar die Errichtung einer Republik beabsichtigt haben. Selbst mich ließ man nicht ungeschoren; man bezeichnete mich als Erz-Republikanerin und – Geschichtschreiberin [sic!], eine Eigenschaft, welche die Königin aus voller Seele haßt. Wir wurden bewacht und konnten ohne die dringendste Gefahr nicht mehr unser Haus verlassen.

Als die Hova-Freunde Lambert's sahen, wie seine Angelegenheiten standen, ging es wie an jedem Hofe, an welchem ein Unglücklicher in Ungnade gefallen ist. Fast Alles wandte sich von ihm ab. Nur der Prinz blieb sich vollkommen gleich.

Nun wurden lange Berathungen über uns gehalten, deren Verlauf wir durch die wenigen Freunde, die uns geblieben waren, stets genau erfuhren. Man wusste nicht, ob man uns Nachts überfallen und niedermetzeln, oder vergiften, oder auf öffentlichem Platze hinrichten, oder bei einem großen Mahle über uns herfallen und uns tödten sollte. Diese Berathungen dauerten 13 schreckliche Tage, und Tananariva wäre wohl unser Grab geworden, hätte nicht der Prinz sich unser auf das Kräftigste angenommen, seiner Mutter heftig widersprochen und ihr mit der Rache Frankreichs und Englands gedroht, wenn sie uns hinrichten ließe.

Unser Haus war während der ganzen Zeit mit Wachen umstellt. Wir wurden wie Staatsgefangene behandelt, bis wir am 17. Juli vor den großen Kabar (Rath) zitiert wurden. Mehr als 100 Personen, Richter, Adelige und Offiziere, saßen in ihre weißen, togaartigen Gewänder gehüllt in weitem Halbkreise uns

---

232   Im Reisebericht Pfeiffers »Rainizoharo« (Pfeiffer 1861, Bd. 2, S. 129).

gegenüber und richteten finstere Blicke des Hasses auf uns. Todesstille herrschte eine geraume Zeit. Trotz meiner Festigkeit überfiel auch mich einige Angst und ich flüsterte meinem Nachbar, einem Europäer, zu: »Ich glaube, unser Stündlein hat geschlagen.« Die Antwort war: »Mir kommt nichts unerwartet.«

Endlich begann einer der Minister sein Rednertalent zu entfalten. Er sagte, das Volk habe erfahren, wir wollten den Thron umstürzen, Gleichheit einführen und die Republik proklamiren. Es hätte uns deshalb in Stücke zerrissen, wenn uns nicht der königliche Schutz [zuteil] geworden wäre. Das Volk verlange von der Königin nun unsere Hinrichtung. Die hohe Frau aber, die noch nie einen Weißen habe tödten lassen und mit uns nicht den Anfang machen wolle, werde uns einfach nur des Landes verweisen. In einer Stunde müßten wir das Stadtgebiet räumen, und 50 Soldaten und 25 Offiziere würden uns nach Tamatava bis zu unserer Einschiffung begleiten.

Diese Rede hätte uns fast ein Lächeln abringen können, so komisch lauteten die tönenden Hinweisungen auf die Wünsche des armen, in schweren Ketten seufzenden und furchtbar gemißhandelten Volkes. Das Wort »Volk« nahm sich in dem Munde des Redners trotz der traurigen Situation sonderbar genug aus.

Rasch packten wir unsere Sachen zusammen und ich war herzlich froh, einer Stadt den Rücken zu kehren, in welcher kein Tag ohne Hinrichtungen und Vergiftungen verging. Einige Tage vor unserer Abreise wurde einem alten Weibe das Rückgrath durchsägt, weil sie eine Christin war. Am Tage der Abreise selbst richtete man zehn Christen (alle Eingeborene) auf die grausamste Weise hin. Auf dem Wege von ihrem Kerker bis zum Marktplatze, wo die Hinrichtungen stattfinden, mußten die Soldaten sie beständig mit Lanzen stechen. Auf dem Richtplatze wurden die Unglücklichen fast bis zu Tode gesteinigt und erst dann geköpft. Später stellte man auf hohen Pfählen ihre Köpfe zur Schau aus. Die Verurtheilten sollen sich sehr standhaft gehalten haben. Unter Absingung von Hymnen gaben sie ihren Geist auf.

Als wir durch die Stadt zogen, erwarteten wir auf Befehl der Königin Beschimpfung und Misshandlung vom Volke. Die Leute strömten wohl in Masse herbei, hielten sich aber ruhig.

Unsere eigentlichen Leiden fingen indeß erst auf dem Marsch nach Tamatava an. Die Königin wollte uns aus Furcht vor den europäischen Mächten nicht hinrichten lassen. Sie hatte aber die Absicht, uns in dem entsetzlich ungesunden Klima durch Strapazen und Fieber zu Grunde gehen zu lassen, und nichts wurde versäumt, um diese gute Absicht in Ausführung zu bringen. Man schleppte uns auf einer Reise, die man bequem in acht Tagen macht, 53 Tage in den ungesundesten Gegenden herum. Herr Lambert war längst fieberkrank; aber er war jung und stark, hatte nur alle 14 Tage seinen Fieberanfall und erholte sich rasch wieder. Ich aber mit meinen 60 Jahren und fast täglichen Fieberanfällen in dem tödtlichen Klima, ohne Schutz gegen das Wetter, brutal von unserer Wache behandelt, werde der Reise nach Tamatava gedenken, so lange ich lebe.

In recht ungesunden Gegenden hielt man uns ohne weiteren Grund mehrere Tage lang auf; in Beforn, einem der ungesundesten, von Wäldern und Morästen umgebenen Platze, an dem es 8 bis 9 Monate im Jahre regnet, mußten wir gar 18 Tage bleiben. Während der ganzen 53 Tage kam ich nicht aus meinem Kleide, nie erhielt ich ein abgesondertes Zimmer, sondern mußte immer mit Allen zusammen in den elenden Bambushütten übernachten. Auf jedem Tritt und Schritt begleiteten uns die Soldaten, und als wir einem europäischen Arzte unterwegs begegneten, der alle Paar Jahre von der Königin und den Reicheren nach Madagaskar berufen wird, litt unsere Bedeckung nicht, daß wir nur ein Wort mit ihm sprachen, so nöthig wir auch seinen ärztlichen Rath gehabt hätten.

Wir thaten jedoch der guten Königin nicht den Gefallen zu sterben, sondern langten schließlich, wenn auch todtkrank, so doch lebend in Mauritius an. Ihre Majestät Ranavolona ist aber wirklich, wie ich schließlich wiederholt und feierlich versichern muß, an unserm Leben durchaus unschuldig.

Ida Pfeiffer schickte weitere umfangreiche Briefe nach Wien, die – zumindest inhaltlich – in die *Ostdeutsche Post* eingingen. So finden wir in einer Fußnote zu einem Artikel im Feuilleton mit dem Titel »Von Frau Ida Pfeiffer« vom 3. Dezember 1857 den Hinweis, es seien soeben »Briefe an ihre hiesigen Freunde« eingetroffen, diese wurden jedoch nicht wörtlich abgedruckt. Hier findet sich ein relativ ausführlicher Bericht über die oben geschilderten Ereignisse auf Madagaskar. Gegen Ende des Artikels wird schließlich eine kurze wörtliche Passage aus dem Schreiben Pfeiffers, das als Grundlage diente, zitiert: »*Seit den 24 Stunden, die wir hier in Mauritius zubrachten und während denen wir wieder gute Luft, Pflege und ärztliche Behandlung genossen, sind wir schon um hundert Perzent besser. Ich kann heute schon ein halbes dutzendmal mein Zimmer durchschreiten, ohne zusammenzubrechen, und ich schreibe, wie Sie sehen, diesen Brief, den ich gewiß noch heute beendige.*«

Bei der Ankunft Pfeiffers auf Mauritius gegen Ende September sind ihre Freunde, wie sie in ihrem Reisetagebuch berichtet, überrascht, sie lebend wieder zu sehen. Doch die Gefahr ist noch nicht gebannt, wenige Tage danach erkrankt sie aufgrund der überstandenen physischen und psychischen Strapazen so schwer, dass die Ärzte an ihrer Genesung zweifeln. Nur der fürsorglichen Pflege der Familie des Arztes und Apothekers Moon, den sie auch in einem Brief an ihren Sohn Oscar erwähnt (der weiter unten abgedruckt ist), die sie während ihres ersten Aufenthaltes auf Mauritius kennen gelernt hat, ist es zu verdanken, dass sie doch überlebt, ebenso nennt sie die Unterstützung von Doktor A. Perrot in ihrem Reisebericht. Im Oktober, genau zu ihrem 60. Geburtstag, erklärt schließlich der Arzt die Lebensgefahr für überwunden.

Ida Pfeiffers Tatendrang ist nach wie vor ungebrochen. Noch während ihrer Rekonvaleszenz beginnt sie neue Reisepläne zu schmieden, wie wir dem folgenden Brief an George Robert Waterhouse vom 19. November 1857 entnehmen können. Hier findet sich auch ein Hinweis, dass sie – vermutlich während ihres Aufenthaltes in London vor Reiseantritt – von unterschiedlichen Stellen kleinere finanzielle Zuwendungen erhielt, einerseits einen Betrag von zehn Pfund von Prinz Albert zu Sachsen-Coburg-Gotha, wie auch das weiter oben abgedruckt kurze Dankesschreiben an ihn nahelegt; andererseits nennt sie einen Betrag von zwanzig Pfund Sterling von der »Royal Geographical Society«. Ob es sich hierbei um eine weitere Unterstützung handelte[233] oder ob sie sich hier auf die Förderung

---

233 Jehle (1989, S. 77, 249 Anm. 50) vertritt die Ansicht, dass es sich dabei um

der »British Association for the Advancement of Science« bezieht, die ebenfalls zwanzig Pfund betrug, konnte nicht geklärt werden.

Bevor Sie sich an Waterhouse wandte, hatte sie bereits an Samuel Stevens in London geschrieben, in folgendem Brief »Herr Stevens«. Dieser trat gegenüber dem »British Museum« als ihr Agent auf, sie dürfte ihn im Frühling 1851 während ihres Aufenthaltes in London kennen gelernt haben, und er war auch sehr erfolgreich bei seinen Verkäufen (vgl. Baker 1995, S. 157 f.; vgl. auch Wyhe 2019, S. 189 f.; 274).

Brief an George Robert Waterhouse, Mauritius, 19. November 1857

Maurice 19 Nov. 1857

My dear Mr Waterhouse!

Herr Stevens wird Ihnen erzählen, wie unglüklich meine Reise nach Madagascar ausgefallen ist, ich brachte nichts mit mir zurük als eine gänzlich zerstörte Gesundheit. Und dennoch will ich nicht nach Europa zurük gehen, da ich bisher nichts gesammelt habe. Wenn es meine Gesundheit und die kleinen Geldmitteln erlauben, über die ich zu verfügen habe, so gehe ich von hier nach Sidney, dann nach Neu-Seeland und wo möglich nach Neu Caledonien, ich muß und will irgendwo eine schöne Sammlung machen.

Sie waren so gütig die 20 L. St.[,] die mir die geographische Gesellschaft gab[,] sowie die 10 L. St. von Prinz Albert an Herrn Edelmann zu senden, ich danke Ihnen, ich habe alles richtig empfangen.

Wenn Sie mich jetzt sehen würden, möchten Sie mich kaum kennen, ich bin So mager geworden, wie ein Scelet und sehe um 10 Jahre älter aus als ich bin. Ich glaube es gibt keine bösartigere Krankheit in ihren Folgen als das madagascar Fieber. Die meisten[,] die es bekommen, sterben an den Folgen, auch ich war durch 24 Stunden gänzlich aufgegeben und mein Reisegefährte, Herr Lambert, ein junger, kräftiger Mann von 32 Jahren ist so

---

das Ergebnis einer Sammlung unter den Mitgliedern der RGS handelt, in den offiziellen Akten finden sich diesbezüglich keine Unterlagen (vgl. ebd.).

schlecht, daß er aussieht als hätte er die Abzehrung im letzten Grade, es ist sehr zweifelhaft ob er noch so gut durchkommen wird wie ich.

Wenn Sie die Güte hätten, oder eigentlich Ihre Frau Gemahlin, denn Ihre Zeit ist zu sehr in Anspruch genommen, mir zu schreiben, ich möchte gar zu gerne wissen, wie es Ihnen allen geht. – Sie dürften den Brief nur nach Sidney, Poste restant adreßiren.

Grüßen Sie all Ihre Lieben, und wenn Sie alle halb so oft an mich denken wie ich an Sie, so bin ich es schon zufrieden.

Leben Sie Wohl
Ihre wahre Freundin
I. Pfeiffer

Doch die Gesundheit Ida Pfeiffers ist noch lange nicht wieder hergestellt, und sie wird sich auch nie wirklich vom Fieber erholen. Das Auf und Ab in ihrem Kampf gegen die Krankheit auf Mauritius und ihre ungebrochenen Bemühungen, trotz allem ihre Reisepläne weiter zu verfolgen, dokumentieren Briefe, die sie in diesen langen Monaten an ihren Sohn Oscar schreibt. Er übernimmt nach ihrem Tod auf Wunsch seiner Mutter die Herausgabe ihres letzten Reisetagebuches, und hier finden sich am Schluss die folgenden vier Brieffragmente abgedruckt.

Brief an Oscar Pfeiffer, Mauritius, 16. Dezember 1857 (Auszug)

Abgedruckt in: Ida Pfeiffer, Reise nach Madagaskar, Wien 1861, Bd. 2, S. 188f.

[Mauritius, 16. Dezember 1857]
Meine Leiden an dem Fieber und besonders an den Nachwehen des Fiebers waren groß und sind noch nicht ganz überwunden; ich hoffe, eine Seereise wird mich vollkommen wieder herstellen. Nach Europa kann ich aber in dieser Jahreszeit nicht gehen; ich würde zu viel mit Kälte und Unwetter zu kämpfen haben, und ich weiß nicht, ob mein jetziger Gesundheits-Zustand dieß ertrüge. Hier auf eine bessere Witterung zu warten, geht auch nicht an, da die Luft dieser Insel mir nicht gut bekommt. Ich werde daher wahrscheinlich nach Australien gehen.

Brief an Oscar Pfeiffer, Mauritius, 13. Jänner 1858 (Auszug)

Abgedruckt in: Ida Pfeiffer, Reise nach Madagaskar, Wien 1861, Bd. 2, S. 189f.

[Mauritius, 13. Jänner 1858]
Wie ich hoffe, ist dies der letzte Brief aus Mauritius. Ich bin wirklich sehr erfreut darüber, dieser Insel Lebewohl zu sagen, und nur von den beiden Familien Moon und Kerr[234] wird mir der Abschied recht, recht schwer werden. Hätten sich diese trefflichen Menschen meiner nicht angenommen, so wäre ich ganz gewiß auf dieser Insel gestorben. Eine Tochter kann ihrer Mutter nicht größere Liebe und Sorgfalt bezeugen, als Frau Moon mir es that, und sämmtliche Mitglieder beider Familien wetteiferten in Dienstleistungen jeder Art. Meine lieben Söhne, prägt Euch diese Namen tief in das Gedächtniß ein, und sollte je der Zufall Euch mit Gliedern der einen oder der anderen von jenen Familien zusammenführen, so betrachtet sie wie Eure Brüder, und schätzt Euch glücklich, wenn Ihr ihnen Dienste erweisen könnt.

Brief an Oscar Pfeiffer, Mauritius, (vermutlich) 27. Februar 1858 (Auszug)

Abgedruckt in: Ida Pfeiffer, Reise nach Madagaskar, Wien 1861, Bd. 2, S. 190.

[Mauritius, 27. Februar 1858]
Seit drei Wochen geht es mir von Tag zu Tag besser, das Fieber scheint mich endlich doch ganz verlassen zu wollen; ich habe wieder Schlaf und Esslust.

Vor einigen Tagen lernte ich hier einen jungen deutschen Botaniker kennen, Herrn Herbst. Er ist in Rio de Janeiro ansässig und wurde von der brasilianischen Regierung nach Mauritius und Bourbon geschickt, um von diesen beiden Inseln Zuckerrohr-Pflanzen zur Verbesserung der in Brasilien einheimischen zu

---

234 Ida Pfeiffer erwähnt die englische Familie Kerr auch in ihrem Reisebericht, sie lebte im »Bezirke Mocca« (vermutlich ist der Distrikt Moka gemeint) und nahm sie während des ersten Aufenthaltes auf Mauritius freundlich auf, Herr Kerr hatte auch lange in Österreich gelebt und beherrschte dadurch die deutsche Sprache (vgl. Pfeiffer 1861, Bd. 1, S. 105).

holen. Er nimmt eine ganze Schiffsladung davon mit und hofft im Monat Mai in Rio de Janeiro anzulangen. Ich war beinahe Willens mit ihm zu gehen; allein da ich nicht weiß, ob Du um diese Zeit schon daselbst sein wirst, so denke ich, ist es doch besser, erst die Reise nach Australien zu machen. Ich habe eine sehr gute Gelegenheit nach Sidney gefunden und gehe in einigen Tagen ab. Die Seereise und die stärkende Luft in Australien, wo ich gerade in der besten Jahreszeit, im Spätherbst, ankommen werde, sollen, wie ich hoffe, den Schlussstein meiner Kur machen und meine gänzliche Erholung zu Stande zu bringen.

Brief an Oscar Pfeiffer, Mauritius, 1. März 1858 (Auszug)

Abgedruckt in: Ida Pfeiffer, Reise nach Madagaskar, Wien 1861, Bd. 2, S. 190f.

[Mauritius, 1. März 1858]

Ich war gezwungen meinen Reiseplan plötzlich zu ändern, und zwar des abscheulichen Madagaskar-Fiebers wegen, das noch immer wiederkehrt und mich sehr schwächt. Ich war schon zur Einschiffung nach Australien bereit, hatte den größten Theil meines Gepäckes bereits an Bord, als ich einen neuen Anfall bekam. Ich ließ meine Koffer wieder von dem Schiff zurückbringen, und am 8. dieses Monates gehe ich mit dem Packetboot nach London, wo ich mich aber nur kurze Zeit aufhalten werde. – Ich will trachten, so rasch als möglich nach der Heimath zu gelangen.

Am 10. März 1858 verlässt Ida Pfeiffer schließlich Mauritius,[235] während der Überfahrt setzen ihr die Fieberanfälle weiterhin zu. Anfang Juni trifft sie schließlich in London ein und reist kurz danach Richtung Hamburg weiter, wo sie Mitte des Monats eingetroffen sein dürfte, wie folgendem Schreiben an »Baronesse Min[n]a Stein in Krakau« zu entnehmen ist.[236] Sie befindet sich zu diesem Zeit-

---

235 Dieses Datum gibt Jehle (1989, S. 34) an, aufgrund der Angaben der Passagierliste des Schiffes Shannon vom 10. 3. 1858, abgedruckt in *The Commercial Gazette*, Port Louis, 18. 3. 1858, S. 4 (ebd., S. 241 Anm. 146).
236 Laut Aussage ihres Sohnes Oscar hielt sie sich ein paar Wochen in London auf (vgl. Pfeiffer 1861, Bd. 2, S. 191), dies entspricht jedoch nicht den Fakten.

punkt vermutlich in der Obhut ihrer Cousine, denn als Absende-Adresse des Schreibens ist der Königlich Württembergische Konsul in Hamburg Schmidt genannt. So wissen wir aus ihrer Reise nach Island, dass ihre Base »mit dem königl, württembergischen Consul und Kaufmann Schmidt verheirathet« war (Pfeiffer 1846, Bd. 1, S. 34).[237]

Ihr gesundheitlicher Zustand ist äußerst kritisch, und sie bittet ihre Freundin, sie bei sich aufzunehmen. Die Adresse lautet »Wilicka Krakau, österreichisch Galizien« und trägt den Hinweis »Dringend«. Auf der Rückseite findet sich eine weitere kurze Nachricht, datiert mit 2. Juli. Unklar ist, ob Ida Pfeiffer den Brief (noch) nicht abgeschickt hatte, und in der Zwischenzeit Post von Minna Stein und einer namentlich nicht genannten Person erhalten hatte. Jedenfalls trägt der Umschlag den Poststempel Hamburg 15/6. Diese Zeilen sind nur sehr schwer zu entziffern, sie spiegeln den äußerst schlechten Zustand der Verfasserin wider.

Brief an Baronesse Minna Stein, Hamburg, 15. Juni 1858

Hamburg den 15^t Juni [1]858

Liebe Minna

Glücklich bin ich zwar in Hamburg angekommen aber mit einer gänzlich zerrütteten Gesundheit, ich werde zu Dir kommen und Du mußt mich pflegen wie ein Kind. Schreibe mir umgehend ich bleibe nur so lange hier bis ich Deinen Brief erhalten habe, schreibe mir ob Du allein bist und ob Du mich aufnehmen kannst.

Lebe wohl
Ida Pfeiffer.

2 July [1]858

Ach welche Freud[e] gewähren mir deine und Min[nas] Briefe! Ihr wißt wie ich Euch liebe aber kommt nicht hieher es würde

---

So schreibt auch Alexander von Humboldt am 26. Juni 1858 einen Brief an Ida Pfeiffer, die sich zu diesem Zeitpunkt bereits in Hamburg befand, vgl. ebd., S. 198.

237 Auch in einem Brief an eine unbekannte Freundin in Hamburg erwähnt sie ihre »Base Emil. Schmidt«, vgl. Brief an Freundin N. N., Wien, 21. Jänner (Juni?) 1850, WB H. I. N. 151.962.

mich zu sehr beunruhigen. Jetzt habe ich wieder das Fieber, darum schreibe ich dir nur die paar Zeilen[,] sobald ich besser bin ein mehreres. Schr[eib] an Minna[,] sie braucht sich mit nichts belasten[?][,] nicht mit Weinen noch sonst etwas[.] Lebt alle Wohl deine treue Ida

Schließlich ist sie so geschwächt, dass ein Krankenhausaufenthalt erforderlich wird, wie aus dem folgenden Schreiben von Mitte Juli an einen Konsul in Hamburg abzulesen ist. Vielleicht war es an Konsul Westenholz gerichtet, von dem sie im August eine kleine finanzielle Zuwendung erhalten sollte,[238] vielleicht auch an Maximilian Thalwitzer, der sie während ihrer zweiten Weltumrundung als Konsul der Freien Hansestädte in Kapstadt bei sich aufgenommen hatte.

Brief an einen Konsul, Hamburg, 16. Juli 1858

Hamburg 16ᵗ July 1858

Mein geehrter Herrn Consul!

Recht sehr erfreuten mich Ihre lieben Zeilen, die ich durch meinen Bruder Karl nach Mauritius gesandt bekam. Allein ich war so krank und schwach, daß ich nicht im Stande war, mehr als 1–2 Zeilen zu schreiben, ohne schon vom heftigen Schwindel befallen zu werden. Sie sehen aus dem jetzigen Gekritzel, daß ich noch sehr schwach bin und die Feder kaum zu halten vermag. Ich leide nun schon 14 Monathe am Madagascar-Fieber und war mehrmahlen dem Tode so nahe, daß kein Arzt mehr Hoffnung gab. – Jetzt erst seit 3 Tagen geht es bedeutend besser, ich hatte vor 3 Tagen einen sehr heftigen Anfall von Erbrechen und Durchfall und dieß scheint die Crisis gewesen zu sein, wenn nicht wieder etwas neues dazwischen kömmt. Aber heute Nacht war das Fieber sehr unbedeutend und der Arzt gibt gute Hoffnung.

Denken Sie welche Freude ich hatte. Als ich kaum ein Paar Tage in Hamburg angekommen war, erhielt ich einen überaus herzlichen Brief von Al: Humboldt. – Überhaupt sehe ich bei

---

238 Vgl. *Empfangsbestätigung Ida Pfeiffers für Konsul Westenholz*, Hamburg, den 11. August 1858, WB, H. I. N. 49.762.

dieser meiner jetzigen Krankheit die ungemeine Theilnahme[,] die ich genieße. Ganz fremde Leute schreiben mir, bezeugen mir ihre Freude mich wieder in Europa zu wissen, und Viele unter ihnen laden mich ein, zu ihnen zu kommen und mich auf dem Lande bei ihnen zu pflegen und zu erholen. Aber sobald ich so weit gekommen sein werde[,] das Krankenhaus verlassen zu können, werde ich in kleinen Tagereisen lieber meiner Heimatt zu eilen.

Nun leben Sie wohl, grüßen Sie Ihre Frau Gemahlin auf das herzlichste. Ihre ergebene
Pfeiffer.

Auch in der Handschrift des obigen Briefes spiegelt sich der angegriffene Zustand der Reisenden deutlich wider. Doch ist den Zeilen eindeutig zu entnehmen, dass es ihr nun wieder deutlich besser geht. Besonders erfreut ist sie auch, wie in diesem und dem folgenden Brief zum Ausdruck kommt, über die große Anteilnahme, die sie erfährt. Selbst das preußische Königspaar nimmt den »zärtlichsten Antheil« an ihren Leiden, wie Alexander von Humboldt in oben erwähntem Schreiben an Ida Pfeiffer festhält. Wieder einmal zeigt sich, dass er seiner Kollegin nicht nur sehr verbunden ist, er verabschiedet sich mit »freundschaftlicher Verehrung und Reise-Kameradschaft« als »Ihr anhänglichster A. Humboldt«. Aus seinen Zeilen spricht neben der Sorge um ihren Gesundheitszustand auch Anerkennung: »Wie könnte ich mir die Freude versagen, Ihnen, wenn auch nur in wenigen Zeilen zu der Ankunft im Vaterlande meinen innigen Glückwunsch darzubringen. Mögen Sorgfalt und Gemüthsruhe nach so vielen edlen Aufopferungen, die der fernen Länderkunde fruchtbar gewesen sind, Ihre mir so theure Gesundheit stärken; mögen Sie bald Muth und Kräfte gewinnen, nicht um sich neuen Gefahren auszusetzen, sondern um ihrer schönen Borneo-Reise Ihr neues, gewiß wieder sehr lehrreiches Tagebuch beizufügen.«[239]

239 Brief von Alexander von Humboldt vom 26. Juni 1858, abgedruckt in: Pfeiffer 1861, Bd. 2, Anhang, S. 197f.

Auch erhält sie verschiedene Formen materieller Unterstützung, etwa am 11. August 1858 einen Betrag von 30 Talern von dem oben genannten Konsul Carl Friedrich Ludwig Westenholz, wie eine Empfangsbestätigung mit diesem Datum beweist. Sie trägt folgenden Wortlaut: »*Mit vielen Danke richtig 30 Thaler von Herrn Consul Westenholz […] Richtig erhalten*«.[240] Ein anderer Gönner, »Herr Senator L. Mayer«,[241] an den der folgende Brief adressiert ist, bringt ihr Wein zur Stärkung für ihre Weiterreise von Hamburg. Es ist der letzte bekannte Brief Ida Pfeiffers.

Brief an Senator L. Mayer, Hamburg, 14. August 1858

Hamburg 14^t Aug. 1858

Geehrter Herr Senator!

Abermahl recht herzlichen Dank für den köstlichen Wein. Er führt wahrlich seinen Nahmen »Valse Wein« nicht umsonst, er tanzt ganz lieblich durch die Kehle.

Ich bin reichlich mit Wein für die Reise versehen, so wie auch mit den andern Mitteln zur selben, und danke Ihnen und den andern Herrn auf das herzlichste für jede fernere Hülfe. Sie haben sich gegen mich als einen so güthigen, liebevollen Freund betragen, daß ich es mit Worten gar nicht auszudrücken vermag. Ich kann nur bitten, daß Gott Sie in Ihrer Familie reichlich dafür segne.

Diesen Montag den 16^t Aug. hoffe ich das Krankenhaus zu verlaßen, zur Familie Schulz zu gehen und den darauffolgenden Tag |:17^t Aug.:| Hamburg zu verlassen. Ich bedaure unendlich Ihnen keinen Abschiedsbesuch machen zu können, allein dazu langen die Kräfte nicht aus. Empfehlen Sie mich all den lieben Ihrigen und Gott sei stets mit Ihnen[,] mein werther theurer Freund.

Mit Achtung ihre ergebene
Ida Pfeiffer

Für die, mir so freundlich angetragenen Früchten danke ich herzlich, ich wage es nicht welche zu genießen.

---

240 Vgl. *Empfangsbestätigung Ida Pfeiffers für Konsul Westenholz*, Hamburg, den 11. August 1858, WB, H. I. N. 49.762. Zu Westenholz siehe die Liste der Adressatinnen und Adressaten.
241 Zu Senator Meyer siehe die Liste der Adressatinnen und Adressaten.

Ida Pfeiffer äußert also in diesem Brief, am 16. August das Krankenhaus wieder verlassen zu wollen, um am nächsten Tag abzureisen. Hier hatte sie zumindest einen Monat verbracht, wie obigem Schreiben an einen namentlich nicht genannten Konsul vom 16. Juli zu entnehmen ist, wo sie bereits den stationären Aufenthalt erwähnt. Sie fährt aber noch immer nicht zurück nach Wien, sondern zu einer Freundin nach Berlin,[242] wo sie am 18. August »in einem überaus bejammernswerthen Zustand« eintrifft.[243] Doch möchte sie nun endlich der »*Heimatt zu eilen*«, wie sie Mitte Juli an den Hamburger Konsul notiert hat, allerdings – vermutlich aufgrund ihrer geschwächten Konstitution – »*in kleinen Tagereisen*«. Die drängenden Briefe ihrer Brüder, nach Hause zu kommen, schlägt sie jedoch zunächst in den Wind, sie vertröstet sie mit der Hoffnung, bald wieder hergestellt und damit reisefähig zu sein. Als sich ihr Zustand weiter verschlechtert, lässt sich die Schwerkranke auf das Landgut einer Jugendfreundin in der Nähe Krakaus bringen, wie einem Zeitungsbericht zu entnehmen ist.[244] Vielleicht handelte es sich um die oben genannte Baronesse Minna Stein, an die sie, schwer leidend in Hamburg, am 15. Juni 1858 eine flehentliche Bitte richtete, sie bei sich aufzunehmen. Diese lebte in Wieliczka, wie der Adresse auf dem Brief zu entnehmen ist, heute zehn Kilometer von Krakau entfernt.

Doch schließlich willigt sie ein, sich von ihrer Schwägerin Marie Reyer, der Frau ihres Bruders Cäsar, nach Wien holen zu lassen (Pfeiffer 1861, Bd. 2, S. 191). In einem Sondercoupé der Eisenbahn transportiert man die äußerst geschwächte Reisende in ihre Heimatstadt, wo sie am 15. September 1858 von ihrem Bruder Karl Reyer in Empfang genommen wird. Die »heimathliche Luft« scheint Ida Pfeiffer zunächst gut zu bekommen, sie erholt sich etwas, und von neuer Hoffnung erfüllt, plant sie

---

242 Oscar Pfeiffer gibt für diese Reise fälschlicherweise den Juli an (Pfeiffer 1861, Bd. 2, S. 191).
243 *Frau Ida Pfeiffer's letzte Reise nach Madagaskar*, in: Unterhaltungen am häuslichen Herd, 1860, Nr. 7, S. 109.
244 Pfeiffer 1861, Bd. 2, S. 192; *Ida Pfeiffer*, in: Triester Zeitung, 3. 11. 1858.

schon wieder kleinere Fahrten zu Verwandten in Graz und Triest. Doch alle ärztliche Kunst ist letztlich vergebens, schon nach Kurzem kehren die heftigen Schmerzen zurück, und die Kranke fällt immer wieder ins Delirium (Pfeiffer 1861, Bd. 2, S. 193). In der Nacht vom 27. zum 28. Oktober 1858 stirbt Ida Pfeiffer,[245] nicht lange nach ihrem 61. Geburtstag, in der Wohnung ihres Bruders Karl »auf der Landstraße No. 488« (heute Beatrixgasse 10 bzw. Münzgasse 1).[246] Todesursache ist vermutlich ihre jahrelange Malariaerkrankung. So wurde, wie Oscar Pfeiffer anführt, durch mehrere Wiener Ärzte bei seiner Mutter Leberkrebs als unheilbare Krankheit und als »Folge des Madagaskar-Fiebers« diagnostiziert.[247]

Am 30. Oktober wird die Weltreisende auf dem St. Marxer Friedhof im dritten Wiener Gemeindebezirk bestattet. Neben ihren Verwandten und Freunden »erwiesen ihr sehr viele wissenschaftliche Notabilitäten und andere ausgezeichnete Personen Wiens die letzte Ehre«, wie Oscar Pfeiffer festhält.[248] Von den beiden Söhnen ist bei der Beerdigung allerdings nur Alfred anwesend,[249] er ist, als er von der schweren Krankheit seiner Mutter erfährt, aus der Steiermark sogleich nach Wien geeilt und kommt hier noch knapp vor ihrem Tod an.[250] Der Jüngere, Oscar, er-

---

245 Pfeiffer 1861, Bd. 2, S. 193. Laut Partezettel »am 27. October um 12 Uhr Nachts«, *Partezettel Ida Pfeiffer*, WB, Partensammlung.
246 *Inventur über den Nachlaß der am 27. Oktober 1858 auf der Landstrasse No. 488 verstorbenen Frau Ida Pfeiffer*, 20. Jänner 1859, beiliegend der Verlassenschaftsabhandlung Ida Pfeiffer, a. a. O.; vgl. auch Konskriptionsbogen LAN 488/13, Aufnahmsbogen vom Jahre 1850, WStuLa; Kratochwill 1957, S. 200; Kretschmer 1982, S. 178.
247 Pfeiffer 1861, Bd. 2, S. 193; vgl. auch Kratochwill 1957, S. 200. Das Totenprotokoll verzeichnet allerdings als Todesursache »Entartung der Unterleibsorgane«, vgl. Totenprotokolle 1858, Buch 246, WStuLa.
248 Peiffer 1861, Bd. 2, S. 194; vgl. auch Kratochwill 1957, S. 200; Wernhart 1973, S. 65; Jehle (1989, S. 35) gibt hingegen an, sie sei »ohne größere Ehrerweisung« bestattet worden.
249 Vgl. *Partezettel Ida Pfeiffer*, WB, Partensammlung.
250 Pfeiffer 1861, Bd. 2, S. 193. Laut Todfalls-Aufnahme war Alfred Pfeiffer zum Zeitpunkt des Todes seiner Mutter allerdings Hochofenpächter »zu Kreuzen im Bezirk Paternion«, also in Kärnten zu Hause (Verlassenschaftsabhandlung Ida Pfeiffer, a. a. O.); zum Werdegang von Alfred Pfeiffer vgl. auch *Ida Pfeiffer*, in: Carinthia, 1856, Nr. 18, S. 69; Habinger 2004, S. 85; Jehle 1989, S. 26, 238 Anm. 57–58; Kratochwill 1957, S. 200.

fährt die traurige Nachricht vom Ableben seiner Mutter in Buenos Aires.[251]

Heute befindet sich an der Stelle des ehemaligen Grabes ein Gedenkstein der Stadt Wien mit der Inschrift: »Ida Pfeiffer. Schriftstellerin. Weltreisende. 1797–1858. In ein Ehrengrab des Zentralfriedhofes überführt.«

Am 5. November 1892 – ursprünglich hätte es der 28. Oktober sein sollen, in Erinnerung an Ida Pfeiffers Sterbetag – werden die Gebeine der Weltreisenden, auf Antrag des »Vereins für Erweiterte Frauenbildung« und tatkräftig unterstützt durch ihren Freund Ludwig August Frankl, in ein Ehrengrab des Wiener Zentralfriedhofs umgebettet. Ein denkwürdiges Datum, ist es doch das erste Mal, dass diese Würdigung einer Frau zuteil wird.[252] Das Grab Nr. 12 an der linken Friedhofsmauer des Zentralfriedhofes ist das einzige Denkmal, das Ida Pfeiffer jemals gesetzt wurde: Ein schwarzer Obelisk, mit dem Porträt der Reisenden in weißem Marmor, über einem Schiff auf stürmischer See, und auf der Spitze zwei Delphine, die auf ihren Schwänzen die Weltkugel balancieren. Bleibende Spuren ihres Lebens sind aber nicht zuletzt ihre eigenen schriftlichen Zeugnisse, die sie uns unter anderem in Form ihrer unterhaltsamen und anschaulichen Briefe hinterlassen hat.

---

251 Vgl. Pfeiffer 1861, Bd. 1, Vorrede. Laut Ayestarán (1953, S. 613) hielt er sich zum Zeitpunkt des Todes seiner Mutter jedoch in Montevideo auf. Er lebte vermutlich in Rio de Janeiro oder hielt sich dort zumindest länger auf (vgl. Todfalls-Aufnahme, beiliegend der Verlassenschaftsabhandlung Ida Pfeiffer, a. a. O.).

252 Zwei Schreiben des Vereins für Erweiterte Frauenbildung aus dem Jahr 1892 bezüglich der Errichtung des Ehrengrabs für Ida Pfeiffer finden sich im Nachlass von Ludwig August Frankl in der Wienbibliothek im Rathaus, es handelt sich um die Petition an den Wiener Gemeinderat vom Mai 1892 sowie ein Dankschreiben an Frankl für seine Unterstützung, datiert 24. 11. 1892; vgl. WB H. I. N. 73833/1, 2. Vgl. dazu Habinger 2004, S. 175 ff.

Adressatinnen und Adressaten der Briefe Ida Pfeiffers

In diese Liste wurden jene Personen (in alphabetischer Reihenfolge) aufgenommen, von denen weiterführende Informationen recherchiert werden konnten.

Heinrich Barth

Der deutsche Afrikaforscher und Wissenschaftler Heinrich Barth (1821–1865) lebte ab November 1855 in London. Seine Dissertation an der Universität von Berlin (wo er sich später auch habilitierte) wurde von Carl Ritter als Zweitbegutachter betreut, vielleicht unterstützte dieser auch die Kontaktnahme Ida Pfeiffers zu Barth. Er konnte sich, unter anderem auf Vermittlung von August Petermann, 1850 der britischen Nordafrika-Expedition anschließen (vgl. ADB, Bd. 26, 1888, S. 796f.), eine der bedeutendsten europäischen Forschungsreisen in Afrika. Er kehrte als einziger europäischer Überlebender 1855 nach London zurück, wo er gleichzeitig an der deutschen und englischen Fassung seines umfangreichen Reisewerks schrieb. Vgl. zu Barth ADB, Bd. 2, 1875, S. 96ff.; DBE, Bd. 1, 1995, S. 301f.; NDB, Bd. 1, 1953, S. 602f.

Graf Friedrich Berchtold

Graf Friedrich Berchtold von Ungarschitz (Uherčice) (1781–1876) war ein habsburgisch-böhmischer Mediziner, Forschungsreisender und Botaniker und lebte in Prag. Neben seiner beruflichen Tätigkeit als praktischer Arzt widmete er sich der Naturforschung, insbesondere der Botanik. Berchtold war einer der vielen Reisegefährten Ida Pfeiffers, zu dem sich auch eine Freundschaft entwickelte. Leider ist nur eine kurze Nachricht an ihn erhalten geblieben (bzw. verfügbar), als sich Ida Pfeiffer 1849 in Prag aufhielt. Berchtold hatte seine Reisetätigkeit in den 1830er Jahren begonnen, 1841/42 besuchte er Ägypten, Konstantinopel und den Nahen Osten. Die Wienerin hatte ihn während ihrer Pilgerfahrt ins Heilige Land in Jerusalem kennengelernt. Er begleitete sie auch am Beginn ihrer ersten Weltreise nach Rio de Janeiro. Sie hatte ihn während ihrer Anreise nach Hamburg in Prag wieder getroffen und er entschloss sich spontan, nach Brasilien mitzureisen. Allerdings musste er aufgrund seiner Verletzungen, erlitten bei einem Überfall während eines Fußmarsches zur deutschen Kolonie Petropolis, die Reise abbrechen. (Ida Pfeiffer erwähnt in ihrem Brief, der Graf wollte hier »botanisieren«.) Er kehrte über Spanien, Südfrankreich und Italien nach Hause zurück. In den folgenden Jahren unternahm er nur noch Reisen in Europa und widmete sich der Aufarbeitung seiner Sammlungen. Zu Berchtold vgl. J. Martínek, ÖBL Online-Edition, Lfg. 2 (15. 3. 2013); ÖBL, Bd. 1, 1957, S. 70; Wurzbach, 24. Teil, 1872, S. 377.

Carl Moritz Diesing (auch Dising)
Carl (Karl) Moritz (Moriz) Diesing (1800–1867), bei Ida Pfeiffer Herr v. Dißing oder auch Tißing, Mediziner und Parasitologe (Helminthologe), war ab 1843 Erster Kustosadjunkt der Zoologischen Abteilung des Wiener Hof-Naturalienkabinetts, wo er bis zu seiner Pensionierung im Jahr 1852 arbeitete. Geboren wurde er in Krakau am 16. Juni 1800, besuchte dann in Lemberg das Gymnasium und studierte ab 1819 in Wien Medizin; bereits während des Studiums leistete er unentgeltliche Dienste in der helminthologischen Abteilung des Zoologischen Kabinetts unter Johann Gottfried Bremser (1767–1827). 1848 wurde er Mitglied der Akademie der Wissenschaften in Wien. Zu Diesing vgl. ÖBL Bd. 1, 1957, S. 184; H. Sattmann, in: ÖBL Online-Edition, Lfg. 10 (20. 12. 2021); Riedl-Dorn 1998, S. 149; zur bedeutenden Sammlung von Helminthen (Eingeweidewürmern) im NHM sowie der Rolle Diesings vgl. Sattmann/Konecny/Stagl 1999).

Jakob Dirnböck
Jakob Dirnböck (1809–1861) war ein Grazer Buchhändler, Verleger und Schriftsteller. 1844 verfasste er den Text zum »Dachsteinlied« (eigentlich »Hoch vom Dachstein an«), der steirischen Landeshymne, zu der Ludwig Carl

Seydler die Musik schrieb. 1831 trat Dirnböck als Gesellschafter in die Firma des Buchhändlers B. Ph. Bauer in Wien ein, die danach »Bauer & Dirnböck« hieß, mit Sitz in der Herrengasse, ab 1841 war Dirnböck deren Alleinbesitzer. Unter ihm gelang dem Verlag ein bedeutender Aufschwung, er erweiterte das Programm mit Werken aus dem Bereich der Geschichte, Medizin, Geographie und auch Reiseliteratur. Dirnböck war 1843 gleichsam der »Entdecker« Ida Pfeiffers als Reiseschriftstellerin, er konnte sie zur Publikation ihrer Reisenotizen über ihre Pilgerfahrt ins Heilige Land überreden, die 1844 als »Reise einer Wienerin in das heilige Land« in seinem Verlag in Wien anonym erschien. Die Publikation ihres zweiten Reiseberichtes kam jedoch nicht bei Dirnböck zustande, obwohl sich Ida Pfeiffer, wie einem Brief von Anfang Jänner 1846 zu entnehmen ist, darum bemühte. Zu Jakob Dirnböck vgl. Desput 1990; Hupfer 2003, S. 171 f.; ÖBL, Bd. 1, 1957, S. 187; Lehmann, 1. Jg. 1859, S. 126, Einwohnerverzeichnis.

Ludwig August Frankl

Ludwig August Frankl Ritter von Hochwart (1810–1894) war ein liberal eingestellter österreichischer Schriftsteller und Journalist, der aus einer kleinbürgerlichen jüdischen Familie aus Böhmen stammte. Er studierte zunächst Medizin, wurde dann aber Sekretär der Wiener Israelitischen Kultusgemeinde (deren Präsident er später wurde) und wandte sich dem Journalismus zu. 1842 begründete er die Wochenschrift *Sonntagsblätter für heimathliche Interessen*, die er bis 1848 herausgab, ein wichtiger Beitrag zum geistigen Leben im damaligen Wien. Er beteiligte sich im Rahmen der »Akademischen Legion« an der Revolution von 1848. Aufgrund seines kulturellen und sozialen Engagements wurde Frankl vielfach geehrt, 1876 erhielt er das Prädikat von Hochwart und wurde zum Ehrenbürger der Stadt Wien ernannt. In den 1890er Jahren unterstützte er maßgeblich die Errichtung eines Ehrengrabes für Ida Pfeiffer auf dem Wiener Zentralfriedhof; darüber gibt unter anderem ein Dankschreiben des Vereins für Erweiterte Frauenbildung vom 24. November 1892 Auskunft, das sich im umfangreichen Nachlass von Ludwig August Frankl in der Wienbibliothek im Rathaus befindet (vgl. WB H. I. N. 73833/2). Sein Grabmal in der Israeltischen Abteilung des Zentralfriedhofes in Wien wurde – wie das Ehrengrab von Ida Pfeiffer – vom damals äußerst angesagten Bildhauer Johannes Benk entworfen. Zu Ludwig August Frankl vgl. ADB, Bd. 48, S. 706ff.; ÖBL, Bd. 1, S. 347; vgl. auch den Eintrag in Wien-Geschichte-Wiki (online) sowie im Kulturinformationssystem AEIOU.

Carl Gerold

Carl Gerold (1783–1854) war einer der bedeutendsten Verlagsbuchhändler seiner Zeit, er verlegte die Werke vieler wichtiger österreichischer Künstler und Gelehrter; er war mit spezifischen technischen Neuerungen auch Pionier des österreichischen Druckereiwesens und ebenso in der Organisation des Buchhandels. So war er 1825 Mitbegründer des Börsenvereins. Er führte auch einen geselligen, geistreichen Salon, in dem die gebildete Elite der damaligen Zeit verkehrte. Als Gegner der vormärzlichen Zensur erschienen nach Verkündung der Pressefreiheit in seinem Verlag renommierte Zeitungen wie die *Ostdeutsche Post*, *Der Lloyd*, *Die Presse* und *Das Fremdenblatt*, in denen auch immer wieder Berichte über Ida Pfeiffer abgedruckt wurden, in der *Ostdeutschen Post* auch diverse Briefe, die diese gegen Ende ihrer Reisekarriere an die Redaktion geschickt hatte. 1849 zog sich Carl Gerold aus dem Geschäft zurück, das nun von seinen beiden Söhnen Moriz und Friedrich Gerold unter dem Firmennamen »Gerold & Sohn« weitergeführt wurde. Vgl. dazu ÖBL, Bd. 1, 1957, S. 427f.; Eintrag in Wien-Geschichte-Wiki (online). Ida Pfeiffer betraute den Verlag Gerold sowohl mit der Herausgabe ihres Berichts über die erste Weltreise, als auch mit jenem der zweite Reise um die Welt. Über die vertraglichen Vereinbarungen mit »Gerold & Sohn« gibt eine detaillierte Aufstellung der Wienerin vom August 1855 Auskunft.

Friedrich Jaeger von Jaxthal, verh. mit Therese Jaeger von Jaxthal

Therese Jaeger von Jaxthal war die Ehefrau von (Christoph) Friedrich Jaeger von Jaxthal (1784–1871), der aus Württemberg stammte. Er ließ sich in Wien nieder und konnte sich hier einen ausgezeichneten Ruf erarbeiten, unter anderem als Facharzt für Augenheilkunde. Er heiratete die Tochter von Georg Joseph Beer, Therese, dessen Schüler er war und der die erste Augenklinik in Wien gründete. Ab 1817 war er Leibarzt Metternichs, den er auch auf zahlreiche Reisen begleitete. Der ehemalige Staatskanzler lebte zu dem Zeitpunkt, als Ida Pfeiffer bei Therese Jaeger von Jaxthal um Vorstellung bei ihm bat, als Privatmann in Wien. Zu Friedrich Jaeger von Jaxthal (1784–1871) vgl. ÖBL, Bd. 3, 1965, S. 58f.; Wurzbach, Bd. 10, 1863, S. 36ff.; Wien-Geschichte-Wiki online.

Vincenz Kollar (auch Collar)

Vincenz Kollar (1797–1860) war ein österreichischer Zoologe, Entomologe und Museumsfachmann, er publizierte mehr als fünfzig naturwissenschaftliche Artikel. Er studierte ab 1815 Medizin an der Universität Wien, arbeitete aber bereits während des Studiums als unbesoldeter Volontär am Wiener Hof-Naturalienkabinett, das damals unter der Leitung von Carl Schreibers stand, und erhielt dort schließlich 1824 eine fixe Anstellung, 1835 wurde er Kustos des Museums. Bei der verwaltungsmäßigen Dreiteilung der Vereinigten Naturalienkabinette nach Schreibers Abgang im Jahr 1851 wurde er zum Leiter des k. k. Zoologischen Kabinetts bestellt und reorganisierte die Sammlung nach modernen Grundsätzen. Kollar schätzte Ida Pfeiffers Sammeltätigkeit und förderte sie durch Ankäufe des Naturalienkabinetts, wie an diversen Stellen in den Akten des Oberstkämmereramtes, eines der vier obersten Hofämter der Habsburgermonarchie, das für die Oberleitung und Finanzierung der wissenschaftlichen Sammlungen zuständig war, deutlich wird (vgl. Habinger 2004, S. 143). Häufig bittet Kollar hier ab dem Jahr 1852 als Leiter des Zoologischen Kabinetts um zusätzliche finanzielle Mittel

(»Extraordinarien«) für die Ankäufe (vgl. HHstA, Akten des O.Kä.A 1845 ff.). Pfeiffer stand mit Kollar auch in Briefkontakt. Wann sie ihn zum ersten Mal aufsuchte, ist nicht bekannt. Vermutlich waren auch Zettel mit Notizen, die Pfeiffer ihren Sammlungen beilegte (von denen nun einige wenige vorliegen), an Kollar gerichtet. Zu Vincenz Kollar vgl. ÖBL, Bd. 4, 1969, S. 85 f. (ebenso online); Wurzbach, 12. Teil, 1864, S. 333 ff.

Friedrich Paetel

Auch wenn Ida Pfeiffers Brief nur an »Herrn Paetel« adressiert ist, ist die Annahme berechtigt, dass es sich um Friedrich Paetel (1812–1888) handelt. Er war nicht nur Kommunalpolitiker, sondern auch Zoologe und beschäftigte sich mit der Erforschung von Weichtieren. Deshalb bot ihm Ida Pfeiffer Landschnecken an, die sie in Niederländisch-Indien gesammelt hatte. Seine umfangreiche Conchyliensammlung vermachte er dem Museum für Naturkunde Berlin. Eine entsprechende Angabe zum (vermutlichen) Adressaten findet sich auch in Kalliope, Verbundkatalog Nachlässe und Autographen, http://kalliope-verbund.info/DE-611-HS-1254722; vgl. auch Kretschmann 2006, S. 168; Wyhe 2019, S. 236.

Senator Meyer

Vermutlich handelte es sich um Georg Christian Lorenz Meyer, den der Hamburgische Staatskalender für das Jahr 1858 verzeichnet (neben August Christian Theodor Meier). Für diese Auskunft danke ich Dr. Jessica von Seggern, Staatsarchiv der Freien und Hansestadt Hamburg, Abt. Fachaufgaben, E-Mail vom 20. 5. 2008.

August Petermann

August Petermann (1822–1878), Publizist und einer der bedeutendsten deutschen Geographen und Kartographen seiner Zeit, lebte ab 1847 in London und arbeitete eng mit der »Royal Geographical Society« zusammen. Er war während seiner Zeit in London auch zuständig für die geographische Berichterstattung der Wochenzeitschrift *Athenaeum*.

Ida Pfeiffer hatte zu Beginn ihrer zweiten Weltreise bei ihm vorgesprochen, um ihre Vorhaben mit ihm zu diskutieren, war er doch bekannt dafür, junge Forschungsreisende zu unterstützen. Er berichtete in der Folge häufig im *Athenaeum* von Ida Pfeiffers Unternehmungen (die Berichte wurden vielfach in anderen Medien abgedruckt, siehe Liste der Periodika in vorliegender Publikation), und er nahm mehrmals Auszüge aus ihrer Korrespondenz in seinen Artikeln auf. Damit dürfte er auch das Ziel verfolgt haben, Ida Pfeiffer zu unterstützen, streute er doch mehrmals Hinweise ein, dass sie dringend finanzielle Zuschüsse bräuchte.

1854 übersiedelte Petermann nach Gotha, wo er im Verlag Justus Perthes die Zeitschrift *Mittheilungen aus J. Perthes' Geographischer Anstalt über wichtige neue Erforschungen auf dem Gesammtgebiete der Geographie*, später *Petermanns Geographische Mitteilungen*, betreute, eine in Fachkreisen äußerst anerkannte geographische Fachzeitschrift, die bis 2004 erschien. Hier veröffentlichten die großen Forschungsreisenden des 19. Jahrhunderts zuerst ihre Ergebnisse, begleitet durch hochwertige Karten von Petermann. Vgl. ADB, Bd. 26, 1888, S. 795 ff.; DBE, Bd. 7, 1998, S. 614; Meyers Konversationslexikon 1885–1892, Bd. 12, S. 911, Online-Ausgabe.

Cäsar Reyer

Cäsar Reyer war der jüngste Bruder von Ida Pfeiffer; in den historischen Quellen findet sich auch der Name Zäsar oder Julius (Caesar) Reyer; vgl. Verlassenschaftsabhandlung Aloys Reyer, Domkapitel, R, Fasz. 5/291; Verlassenschaftsabhandlung Anna Reyer, Domkapitel, R, Fasz. 8/11 sowie Fasz. 7/5, WStuLa.

Marie (Natalia) Reyer

Ida Pfeiffers einzige Schwester Marie kam erst nach dem Tod des Vaters, Aloys Reyer, im Jahr 1806 zur Welt. In der Verlassenschaftsabhandlung des Vaters wird als ihr Name Natalia angeführt, später wird sie jedoch Marie genannt; vgl. Sperrs-Relation, Verlassenschaftsabhandlung Aloys Reyer, Domkapitel, R, Fasz. 5/291, fol. 1446, WStuLa.

Carl (Karl) Ritter

Carl (auch Karl) Ritter (1779–1859) war einer der Begründer der modernen Geographie. Er etablierte die Geographie an der Hochschule und schrieb mit seiner 12-bändigen »Erdkunde«, die allerdings unvollständig blieb, das umfassendste wissenschaftliche Werk einer Einzelperson. 1820 war er einem Ruf an die Universität Berlin gefolgt, wo er 1825 zum ordentlichen Professor ernannt wurde. Gemeinsam mit Alexander von Humboldt war er 1828 maßgeblich beteiligt an der Gründung der »Gesellschaft für Erdkunde zu Berlin«, er wurde deren erster Vorsitzender. Einer seiner bekanntesten Schüler war bis 1844 Heinrich Barth, der nachmalige Afrikaforscher. Ritter war auch besonders interessiert an Afrika und unterstütze die Erforschung des Kontinents. Ida Pfeiffer suchte ihn vermutlich vor ihrer zweiten Weltreise zum ersten Mal auf und blieb in der Folge mit ihm in Briefkontakt. Er verhalf ihr auch, gemeinsam mit Humboldt, zu einer Ehrenmitgliedschaft der »Gesellschaft für Erdkunde«, wie unter anderem einem Dankschreiben Pfeiffers vom 19. Mai 1856 zu entnehmen ist. Vgl. ADB, Bd. 28, 1889, S. 679ff.; DBE, Bd. 8, 1998, S. 326f.; Die Gesellschaft für Erdkunde im Kurzprofil, online unter: https://www.gfe-berlin.de/die-gesellschaft/profil.

Gustav Rose

Gustav Rose (1798–1873) war Mineraloge und zunächst außerordentlicher, ab 1839 ordentlicher Professor für Mineralogie an der Universität Berlin; er unternahm auch Forschungsreisen, unter anderem begleitete er 1829 Alexander von Humboldt und Christian Gottfried Ehrenberg auf ihrer Expedition nach Russland; vgl. NDB, Bd. 22, 2005, S. 44f.

Frau von Schwarz

Über Ida Pfeiffers Freundin Frau (von) Schwarz, die Adressatin einiger Reisebriefe, ist nichts bekannt. Allerdings könnte es sich um eine gewisse Anna Schwarz gehandelt haben, verheiratet mit Johann Schwarz, wie sich anhand der Zustelladresse, die mehrmals auf den Briefen zu finden ist, rekonstruieren lässt, und zwar Graben N. 1122, heutige Adresse Graben 13 (vgl. Messner 1996, Bd. 1, S. 205). So findet sich in den Konskriptionsbögen für dieses Haus ein Eintrag für Johann Schwarz und seine Frau Anna (vgl. Konskriptionsbögen Stadt Nr. 1122/1–26, 1805–1856, bes. Aufnahmsbogen 1122/11 vom Jahr 1830, WStuLa). Einige Jahre später findet sich an der Adresse Stadt, Graben 1122, nur noch Georg Schwarz (als Privatier) eingetragen, wie Lehmanns Adressbuch zu entnehmen ist (vgl. Lehmann, 1. Jg., 1859, S. 738, Einwohnerverzeichnis). Vielleicht handelt es sich dabei um jene Wohnung, in der Ida Pfeiffer nach ihrer zweiten Weltreise eine Ausstellung von ethnographischen Gegenständen in einem »freundlichen Zimmer am Graben in Wien« zeigte, wie ein Journalist in der *Ost-Deutschen Post* 1855 (Nr. 262) berichtete (vgl. dazu Habinger 2004, S. 152f.; 2022, S. 99f.; Jehle 1989, S. 32, S. 240 Anm. 116).

Ob es sich bei dem oben genannten Johann Schwarz ev. um den Rauchwarenhändler Johann Georg Schwarz (1800–1867) handelte, ab 1829 amerikanischen Konsul, der davor eine ausgedehnte Reise u. a. in Nordamerika unternahm, konnte nicht ermittelt werden. Er legte eine umfangreiche ethnographische Sammlung an, die sich heute im Weltmuseum in Wien befindet. Vgl. zu Johann Georg Schwarz Wurzbach Bd. 32, 1876, S. 296–299. Zur Sammlung sowie problematischen Sammelobjekten siehe die Online-Ausstellung »Leichen im Keller«, verfügbar unter: https://leichenimkeller.at/u1-schwarz

George Robert Waterhouse

George Robert Waterhouse (1810–1888) war ein britischer Zoologe, Entomologe und Naturforscher. 1833 war er Mitbegründer der »Royal Entomological Society of London« und zunächst Verwalter der Bibliothek, 1849/50 Präsident der Gesellschaft. Nach einer Zwischenstation in Liverpool wurde er Kurator der »Zoological Society of London«. Charles Darwin betraute ihn hier 1837 mit der Beschreibung der Säugetiere und Käfer, die er während seiner Reise mit der »HMS Beagle« gesammelt hatte. Im

November 1843 wechselte Waterhouse an das British Museum und wurde 1851 Kurator für Mineralogie und Geologie des »Department of Natural History« im British Museum, ab 1857 leitete er die (nunmehr selbstständige) Abteilung für Geologie. Ida Pfeiffer suchte Waterhouse 1851, vor ihrer zweiten Weltreise, in London auf, sie ließ sich auch bei ihm (wie bei den Fachleuten in Wien) in Sammeltechniken unterweisen. Zu ihm und seiner Frau sollte sich eine freundschaftliche Beziehung entwickeln, wie späteren Briefen zu entnehmen ist. Nach Beendigung ihrer zweiten Weltreise im November 1854 verbrachte Pfeiffer einige Wochen bei Familie Waterhouse, ebenso vor ihrer Madagaskar-Reise. Ob sie im Anschluss daran, während ihres kurzen Aufenthaltes in London im Juni 1858, ebenfalls dort Unterschlupf fand, ist nicht bekannt. Zu Waterhouses vgl. *Dictionary of National Biography*, Bd. 59, 1899, S. 446; Wyhe/Rookmaaker 2013, S. xxvi, 43.

Carl Friedrich Ludwig Westenholz

Carl Friedrich Ludwig Westenholz (1825–1898), bei Pfeiffer »Konsul Westenholz«, geb. in Breslau, war Großhandelskaufmann und ließ sich mit 24 Jahren in Hamburg nieder; 1863 übernahm er das österreichisch-ungarische Generalkonsulat, wie der Einleitung zum Familienarchiv Westenholz in Hamburg zu entnehmen ist; vgl. Bestand 622–1/110, Familienarchiv Westenholz, Staatsarchiv der Freien und Hansestadt Hamburg; für diese Auskunft danke ich Dr. Jessica von Seggern, Staatsarchiv der Freien und Hansestadt Hamburg, Abt. Fachaufgaben, E-Mail vom 30. 6. 2008 an die Autorin. Laut Ida Pfeiffers Empfangsbestätigung vom August 1858 war er schon davor Konsul; Vgl. *Empfangsbestätigung für Konsul Westenholz*, Hamburg, den 11. 8. 1858, WB, H. I. N. 49.762.

Joseph (auch Josef) Winter

Hier handelt es sich vermutlich um den Unternehmer und Kunstsammler Joseph Wiener, laut Adresse auf Ida Pfeiffers Brief wohnhaft in der Wiener Vorstadt Wieden, in der Wienstraße N. 817. An dieser Adresse findet sich in Lehmanns Adressbuch ein Baumwollwarenfabrikant namens Joseph Winter (vgl. Lehmann, 1. Jg., 1859, S. 877, Einwohnerverzeichnis); hier wird somit die im Brief angeführte Adresse bestätigt. Laut Wurzbach war Joseph Winter Fabriksbesitzer, Direktor der k. k. Nationalbank und der niederösterreichischen Sparkasse und ab 1861 kurzfristig Wiener Gemeinderat, ebenso Kunstsammler; als Todesdatum führt er den 6. März 1862 an, jedoch kein Geburtsjahr (vgl. Wurzbach, 57. Bd., 1889, S. 80). Heutige Adresse: Rechte Wienzeile 37, das zweistöckige Haus existiert nach wie vor; vgl. Messner 1975, S. 91, Verzeichnis der seit dem Jahre 1846 (1818, 1819) erhalten gebliebenen Bauten.

Die Annahme, es könnte sich um einen Mitarbeiter der Firma des Onkels von Ida Pfeiffer, Franz Thaddäus Reyer, des »k. k. priv. Großhandelshauses Reyer & Schlik in Triest und Wien«, handeln, dessen »emer. Bevollmächtigter« Josef Winter zum Zeitpunkt seines Todes war, wurde aufgrund des bei Wurzbach angeführten Todesjahres verworfen; laut Partezettel starb er am 26. Juli 1909 im 87. Lebensjahr und wurde in der Familiengruft am Wiener Zentralfriedhof zwei Tage später beigesetzt; vgl. WB, Sammlung Partezettel.

Frau (von) Wittum

Die Identität der Adressatin, die Ida Pfeiffer als »Frau von Wittum« anschreibt, konnte nicht mit letzter Sicherheit geklärt werden, da sich auf bzw. bei dem Brief keine Adresse findet. Vielleicht handelte es sich um Theresia Wittum, die in den Häuserkonskriptionslisten aus dem Jahr 1857 in Graz zu finden ist, sie scheint auch im ersten Adressbuch der Stadt Graz aus dem Jahr 1862 auf. Theresia Wittum starb laut Sterberegister im September 1863 im Alter von 66 Jahren und wurde in Graz beigesetzt; hier wird sie als »k. k. Oberkriegs-Kommissärs-Witwe« bezeichnet, wohnhaft im »Ersten Sack«, Nr. 245, also in der Grazer Sackstraße; ihr Mann dürfte somit Jakob August Wittum gewesen sein, der bereits 1845 verstarb, ebenfalls wohnhaft im »1ten Sack«, allerdings im Haus Nr. 236; er wird hier als »k. k. Oberfeldkriegs Comissär« bezeichnet; vgl.

Diözese Graz-Seckau/Hl. Blut, Sterbeindex II 1728–1902, Sterbebuch XXI 1830–1861, Sterbebuch XXII 1862–1878, S. 76, Nr. 150; weitere relevant erscheinende Informationen konnten in den Online-Matriken (Taufindex, Trauungsindex) jedoch nicht aufgefunden werden. Für Auskünfte und Zusendung relevanter Unterlagen danke ich Mag. Peter Schintler, wissenschaftlicher Mitarbeiter im Stadtarchiv Graz.

Abkürzungsverzeichnis

ABBAdW – Archiv der Berlin-Brandenburgischen Akademie der Wissenschaften
ADB – Allgemeine Deutsche Biographie
AfW – Archiv für Wissenschaftsgeschichte (NHM Wien)
DBE – Deutsche Biographische Enzyklopädie
DWR – Darmstaedter Weltreisen (Slg. StzB, HA)
GNM Nbg – Germanisches Nationalmuseum Nürnberg
KB – Königliche Bibliothek der Niederlande (Koninklijke Bibliotheek), Den Haag
KHM – Kunsthistorisches Museum Wien
NDB – Neue Deutsche Biographie
NHM – Naturhistorisches Museum, Wien
NL – Nachlass
ÖBL – Österreichisches Biographisches Lexikon
O.Kä.A. – Oberstkämmereramt, Haus-, Hof- und Staatsarchiv (HHStA), Wien
ÖNB – Österreichische Nationalbibliothek, Wien
ÖNB HAN – Österreichische Nationalbibliothek, Sammlung von Handschriften und alten Drucken
ÖStA – Österreichisches Staatsarchiv, Wien
RGS – Royal Geographical Society, London
SDEI – Senckenberg Deutsches Entomologisches Institut, Müncheberg
Sig. – Signatur
StzB, HA – Staatsbibliothek zu Berlin, Handschriftenabteilung
TN IP – Teilnachlass Ida Pfeiffer (Privatbesitz Dr. Friker)
UB – Universitätsbibliothek
UBA (UvA) – Universitätsbibliothek Amsterdam (Universiteit van Amsterdam)
UTL – University of Tartu Library, Estland
WB – Wienbibliothek im Rathaus, Wien
WStuLa – Wiener Stadt- und Landesarchiv
WM – Weltmuseum Wien (früher Museum für Völkerkunde)

Autographen Ida Pfeiffers (chronologisch geordnet, mit Quellenangaben)

Brieffragment, o. O., o. D., GNM Nbg., Archiv Autographen K. 57 (Pfeiffer, Ida).
Kurze handschr. Notiz, o. O., o. D., StzB, HA, Sig.: Slg. DWR 1851: Pfeiffer, Ida.
Brief an Buchhändler Bauer; o. O., o. D. [Wien, vermutlich 1843], ÖNB HAN, Sig.: 84/27–2.
Honorarbestätigung an Buchhändler Dirnböck, 9. April 1845, WB, Sig.: H. I. N. 234.900.
Brief an Wohlgeborener Herr [Jakob Dirnböck], Wien, 7. Jänner 1846, GNM Nbg., Historisches Archiv: Autographen Pfeiffer, Ida.
Brief an Euer Wohlgebohren [Ludwig August Frankl], Wien, 21. Jänner 1846, WB, Sig.: H. I. N. 98.898.
Brief an J[oseph] Winter, Nördlicher stiller Ozean, zwischen den Ladronen und den Philippinen, 29. Juni 1847, WB, Sig.: H. I. N. 147.957.
Brief an Schwester [Marie], Kandi auf Ceylon, 24. Oktober 1847, Berlin-Brandenburgische Akademie der Wissenschaften, Akademiearchiv, Sammlung Weinhold, Nr. 1042.
Brief an Freundin N. N., o. O., oD. [Mai/September 1848], StzB, HA, Sig.: Slg. DWR 1851: Pfeiffer, Ida.
Brief an Schwester Marie, Tiflis, 31. August 1848, StzB, HA, Sig.: Slg. DWR 1851: Pfeiffer, Ida.

Brief (Notiz) an [Karl Moritz] Diesing, [Wien,] 9. November 1848, SDEI, Archiv, Sig.: SDEI-Inv76-Ferrari-Pfeiffer-Ida-06.
Brief an Graf Fri[e]drich Bercht[h]old, Prag, 21. Mai 1849, Mährisches Landesarchiv in Brünn, Tschechische Republik (Moravský zemský archiv v Brně), Familienarchiv Berchtold G 138, Nr. 49, Inv. Nr. 286.
Brief an Frau von Wittum, Wien, 3. Oktober 1849, GNM Nbg., Historisches Archiv Autographen Pfeiffer, Ida.
Brief an Carl Gerold [Verleger], Wieliczka, 17. Dezember 1849, StzB, HA, Sig.: Slg. DWR 1851: Pfeiffer, Ida.
Brief an Seine Hochwürden Pater Ferdinand Breunig, o. O. [Wien] 1850, Archiv & Bibliothek des Schottenstifts, Benediktinerabtei Unserer Lieben Frau zu den Schotten, Wien, Sig.: Scr. 206 Nr. 37.
Brief an Baronesse von Stipschütz, o. O., 9. 8. o. J. [vermutlich 1850], StzB, HA, Sig.: Slg. DWR 1851: Pfeiffer, Ida.
Brief an Freundin N. N., Wien, 21. Jänner 1850, WB, Sig.: H. I. N. 151.962.
Stammbuchblatt, 29. April 1850, Wien, ÖNB, Sig.: 84/27–1.
Brief an Frau von Schwarz, Auf dem atlant. Ocean begonnen und zwar auf dem 30. Breitegrad südlich dem Äquator und dem 19. Längeng. westl., 29. Juli 1851, WB, Sig.: H. I. N. 8036.
Brief an Joseph Winter, Auf dem Ocean begonnen, 29. Juli 1851, WB, Sig.: H. I. N. 147.953.
Brief an A. Petermann (Bruchstück), Kapstadt, 20. August 1851, UTL, Estland, Friedrich Ludwig Schardius Autograafide kollektsioon, 3115 (online).
Brief an Vincenz Kollar, Singapur, 30. November 1851, ÖNB Sig.: Autogr. 84/27–3.
Notiz (Sammlungsdokumentation) an Museum Wien (Wiener Hof-Naturalienkabinett), beiliegend einer Naturaliensendung, o. O. o. D. (vermutlich Schiffsreise und Kapstadt, Juni/August 1851), Kantonsbibliothek Vadiana St. Gallen, Sig.: VadSlg NL 202: 37: 109q
Notiz (Sammlungsdokumentation, an das Wiener Hof-Naturalienkabinett, beiliegend einer Naturaliensendung), Kapstadt, August 1851, SDEI, Archiv, Sig.: SDEI-Inv76-Ferrari-Pfeiffer-Ida-01.
Notiz (Sammlungsdokumentation, an das Wiener Hof-Naturalienkabinett, beiliegend einer Naturaliensendung), Kapstadt, 6. September 1851, SDEI, Archiv, Sig.: SDEI-Inv76-Ferrari-Pfeiffer-Ida-02.
Notiz (Sammlungsdokumentation, an das Wiener Hof-Naturalienkabinett, beiliegend einer Naturaliensendung), 12. September 1851, SDEI, Archiv, Sig.: SDEI-Inv76-Ferrari-Pfeiffer-Ida-03.
Brief an [Theodor] Behn, (Mündung des Sarawak/Borneo) 17. Dezember 1851, Staats- und Universitätsbibliothek Hamburg Carl von Ossietzky, Campe-Sammlung, Sig.: CS3: Pfeiffer.
Brief an [Joseph] Winter, Sarawak (Borneo), 1. Jänner 1852, WB, Sig.: H. I. N. 147.958.
Brief an Eliese N. N., Pontiana[k] (Borneo), 12. Mai 1852, StzB, HA, Sig.: Slg. Autogr., NL Ritter, K. 4, M–P: Pfeiffer, Ida.
Brief an Joseph Winter, Pontiana[k] (Borneo), 13. Mai 1852, WB, Sig.: H. I. N. 147.956.
Brief an Frau von Schwarz, Pontiana[k] (Borneo), 15. Mai 1852, WB, Sig.: H. I. N. 8037.
Brief an Herr Geheimrath [Carl Ritter], Batavia, 3. Juni 1852, StzB, HA, Sig.: Slg. Autogr., NL Ritter, K. 4, M–P: Pfeiffer, Ida.
Brief an N. N., Batavia, 3. Juni 1852, StzB, HA, Sig.: Slg. Autogr., NL Ritter, K. 4, M–P: Pfeiffer, Ida.
Brief an Frau von Schwarz, Makassar (auf Celebes), 18. Dezember 1852, WB, Sig.: H. I. N. 8038.
Brief an [Joseph] Winter, Makassar, 14. Mai 1853, WB, Sig.: H. I. N. 147.955.
Brief an Frau von Schwarz, Makassar, Celebes, 20. Mai 1853, WB, Sig.: H. I. N. 8039.
Notiz (Sammlungsdokumentation, an das Wiener Hof-Naturalienkabinett,

beiliegend einer Naturaliensendung), Borneo, (zwischen 6. Februar und 22. Mai 1852), SDEI, Archiv, Sig.: SDEI-Inv76-Ferrari-Pfeiffer-Ida-05 und 05-rev.

Brief an eine Tante [in Triest, vermutlich Constantia von Reyer], Surabaya, 30. Mai 1853, WB, Sig.: H. I. N. 24.888.

Brief an [August] Petermann, St. Franzisco, 30. Oktober 1853, WB, Sig.: H. I. N. 75.841.

Brief an Frau von Schwarz, Quito, 5. April 1854, WB, Sig.: H. I. N. 8040.

Brief an Bruder Cäsar [Reyer], Quito, 7. April 1854, StzB, HA, Sig.: Slg. DWR 1851: Pfeiffer, Ida.

Brief an Frau von Schwarz, New York, 10. November 1854, WB, Sig.: H. I. N. 8041.

Brief an Freund [E. Pfeiffer], o.O [Hamburg], 19. Juli 1855, GNM Nbg., Historisches Archiv Sig.: XIII. Frauen. Deutschland.

Brief an Herrn Pätel [vermutlich Friedrich Paetel], Berlin, 22. Juli 1855, StzB, HA, Sig.: Slg. DWR 1851: Pfeiffer, Ida.

Brief an Bester Herr Professor (Gustav Rose, Berlin), Wien, 2. August 1855, Zentral- und Landesbibliothek Berlin, NL Pauline von Schätzel, Sig.: Album von Schätzel, S. 322.

Mitteilung (Vertragsbedingungen) an Carl Gerold's Sohn: Pfeiffer Ida Reise um die Welt, Wien, 18. August 1855, WB, Teilarchiv Gerold und Co., Sig. ZPH 538, Archivbox 3, 167.

Brief an Frau von Jäger [Therese Jaeger von Jaxthal], Wien, 8. Dezember 1855, ÖNB, Sig.: 464/13–1.

Aus dem Sagenbuche […] der Battaker, Wien, 22. Dezember 1855, Blatt für Radetzkyalbum, Tiroler Landesmuseum Ferdinandeum, Innsbruck, Bibliothek, Autographensammlung.

Vortragsmanuskript: »Reise auf Sumatra zu den Canibalen. Handschrift von Ida Pfeifer [sic!].« [1855/1856], TN IP, Privatbesitz Dr. Friker.

Stammbuchblatt, Wien, 2. Februar 1856, Staatsarchiv der Freien und Hansestadt Hamburg, Autographensammlung Ulex, Mappe 69.

Brief an Vetter Alexander N. N., Wien, 15. Februar 1856, WB, Sig.: H. I. N. 28.099.

Stammbuchblatt, Dresden, 4. März 1856, StzB, HA, Sig.: Slg. Autogr., NL Ritter, K. 4, M–P: Pfeiffer, Ida.

Brief an Buchhändler J. C. A. Sulpke (Amsterdam), Wien, 6. März 1856, samt Begleitschreiben C. Gerold Sohn, Wien, 6. März 1856, UBA (UvA), Sig.: Hs. Died 86 Fj.

Stammbuchblatt, W. Neustadt, 10. März 1856, WB, Sig.: H. I. V. 8042.

Blatt mit Pflanze, Chimborazo, Gratz, 14. März 1856, StzB, HA, Sig.: Slg. DWR 1851: Pfeiffer, Ida.

Stammbuchblatt, Venedig 1t April 1856, Tiroler Landesmuseum Ferdinandeum, Innsbruck, Bibliothek, Autographensammlung.

Brief an Herr Profeßor [Carl Ritter], Wien, 19. Mai 1856, UB Freiburg, NL Ritter Sig.: NL 33/131.

Brief an Joseph Winter, Berlin, 7. Juni 1856, WB, Sig.: H. I. N. 147.954.

Brief an Hochverehrter Freund N. N., Amsterdam, 17. Juni 1856, KB, Sig.: KB 75 C 60.

Stammbuchblatt, Amsterdam, 29. Juni 1856, UBA (UvA), Sig.: Hs. Ep 16.

Brief an [Joseph] Winter, Amsterdam, 29. Juni 1856, WB, Sig.: H. I. N. 147.958.

Brief an [Joseph] Winter, London, 7. Juli 1856, WB, Sig.: H. I. N. 147.959.

Brief an Geehrter Herr N. N. [vermutlich Heinrich Barth], London, 7. Juli 1856, RGS (with The Institute of British Geographers), London, Archiv, RGS Correspondence Block 1851–60 – Pfeiffer, Ida.

Brief an Dr. [Heinrich] Barth, London, 8. Juli 1856, Deutsches Literaturarchiv, Marbach, Archiv, Sig.: B:Barth, Heinrich (Einzelautograph), Akquisitionsnummer 61.669.

Brief (Dankschreiben) an Albert, Prinz zu Sachsen-Coburg-Gotha (Großbritannien

Prinzgemahl), o.O, o. D. [vermutlich London, August 1856] Kunstsammlungen der Veste Coburg, Handschriftensammlung, Sig.: IV, 905.

Brief an Gräfin N. N., Rotterdam, 26. August 1856, StzB, HA, Sig.: Slg. Autogr., NL Ritter, K. 4, M–P: Pfeiffer, Ida.

Brief an Oberst N. N. [auf Batavia], Port Louis (Mauritius), 27. Dezember 1856, StzB, HA, Sig.: Slg. Autogr., NL Ritter, K. 4, M–P: Pfeiffer, Ida.

Notiz (Sammlungsdokumentation, an das Wiener Hof-Naturalienkabinett, beiliegend einer Naturaliensendung), o. O., o. D. (Mauritius 1856/57), SDEI, Archiv, Sig.: SDEI-Inv76-Ferrari-Pfeiffer-Ida-07.

Brief an [George Robert] Waterhouse, Maurice, 19. November 1857, Natural History Museum, London, General Library, Handwriting collection.

Brief an Baronesse Minna Stein, Hamburg, 15. Juni 1858, NHM, AfW (Spende aus Privatbesitz).

Brief an Herrn Konsul N. N., Hamburg, 16. Juli 1858, StzB, HA, Sig.: Slg. DWR 1851: Pfeiffer, Ida.

Empfangsbestätigung für Konsul Westenholz, Hamburg, 11. August 1858, WB, Sig.: H. I. N. 49.762.

Brief an Senator L. Mayer, Hamburg, 14. August 1858, Staats- und Universitätsbibliothek Hamburg Carl von Ossietzky, Campe-Sammlung, Sig.: CS3: Pfeiffer 3–4.

Quellen- und Literaturverzeichnis

Archivmaterial

5-Elemente-Museum Waidhofen an der Ybbs (früher: Heimatmuseum)
Sammelobjekte und Kleidungsstücke von Ida Pfeiffer.

Antikensammlung/Ephesos Museum, KHM Museumsverband Wien
Sammelobjekte Ida Pfeiffer: Relieffragment, Inventarnummer AE_SEM_941; Zeugniss für Frau Ida Pfeiffer, [Jos. Arneth, Direction k. k. Münz- und Antiken Cabinett,] Wien, den 13. Februar 1851 (Entwurf), Kunsthistorisches Museum Wien, Antikensammlung, Akten des Münz- und Antikenkabinetts, Nr. 202 ex 1851 »Ida Pfeiffer«.

Berlin-Brandenburgische Akademie der Wissenschaften
Akademiearchiv, Sammlung Weinhold, Nr. 1042: Autograph Ida Pfeiffer.

Deutsches Literaturarchiv, Marbach
Archiv, Sig.: B. Barth, Heinrich (Einzelautograph): Autograph Ida Pfeiffer.

Geheimes Staatsarchiv Preußischer Kulturbesitz
Gestaltung, Fertigung und Verleihung der Medaillen für Kunst und Wissenschaft, Archivaliensignatur: I. HA Rep. 89, Nr. 18740.

Germanisches Nationalmuseum Nürnberg
Historisches Archiv: Autographen Ida Pfeiffer.

Kantonsbibliothek Vadiana St. Gallen
Vadianische Sammlung der Ortsbürgergemeinde, Sig.: VadSlg NL 202: 37: 109q

Kunstsammlungen der Veste Coburg
Handschriftensammlung, Sig.: IV, 905: Autograph Ida Pfeiffer

Mährisches Landesarchiv Brünn/Brno
Familienarchiv Berchtold: Autograph Ida Pfeiffer.

Matricula Online
Diverse Tauf-/Geburts-, Sterbebücher sowie Indexbände, Heiratsbücher

The Natural History Museum, London
General Library, Handwriting Collection: Brief Ida Pfeiffer.

Naturhistorisches Museum, Wien
Archiv für Wissenschaftsgeschichte: Zertifikat V. Kollar; Autograph Ida Pfeiffer.

Österreichische Nationalbibliothek, Wien
Handschriftensammlung: Autographen Ida Pfeiffer, Stahlstich, Zeitungsausschnitt. Bildarchiv: Fotografien, Lithographien, Stahlstiche und Xylographien von Ida Pfeiffer.

Österreichisches Staatsarchiv, Wien
Haus-, Hof- und Staatsarchiv: Akten des Oberstkämmereramtes (O.Kä.A.); Ministerratsprotokoll vom 20. 2. 1851, MKZ. 575/1851, KZ. 376/1851, Prot. Nr. 511/1851.

Privatbesitz, Teilnachlass Ida Pfeiffer (Dr. Friker)
Teilnachlass Ida Pfeiffer: Diverse Handschriften von Ida Pfeiffer; Zeugnisse von Joseph Arneth und Carl von Schreibers; Sammelobjekte und Dokumente.

Rijksmuseum (Reichsmuseum) Amsterdam
Online-Sammlung: Portraits von Ida Pfeiffer; Schetsboek (Skizzenbuch, 61 Blatt), Christian Heinrich Gottlieb Steuerwald, ca. 1845–48, Objekt Nr: RP-T-1983–301

Royal Geographical Society (with The Institute of British Geographers), London
Archiv: RGS Correspondence Block 1851–60: Autograph Ida Pfeiffer.

Senckenberg Deutsches Entomologisches Institut (SDEI), Müncheberg
Archiv: Inv. 76 – Ferrari, Autographen Ida Pfeiffer.

Staatsarchiv der Freien und Hansestadt Hamburg
Autographensammlung Ulex, Mappe 69: Autograph Ida Pfeiffer.
Familienarchiv Westenholz, Bestand 622–1/110, Einleitung.

Staatsbibliothek zu Berlin
Handschriftenabteilung: Slg. Darmstaedter, Sig. Slg. Darmstaedter Weltreisen 1851: Pfeiffer, Ida, Blatt 1–17; Slg. Autographen; NL Ritter, K. 4, M–P: Autographen Ida Pfeiffer.

Staats- und Universitätsbibliothek Hamburg Carl von Ossietzky
Campe-Sammlung: Signatur: CS 3: Pfeiffer.

Tiroler Landesmuseum Ferdinandeum, Innsbruck, Bibliothek
Autographensammlung: Autographen Ida Pfeiffer.

Universitätsbibliothek Amsterdam
Handschriftensammlung, Hs. Died 86 Fj., Hs. Ep 16: Autographen Ida Pfeiffer.

Universitätsbibliothek Freiburg
Ritter NL 33, Sig.: NL 33/131, Kasten 3: Autograph Ida Pfeiffer.

University of Tartu Library (UTL), Estland
Friedrich Ludwig Schardius Autograafide kollektsioon, 3115, Autograph Ida Pfeiffer, Permalink: https://www.ester.ee/record=b3582783

Weltmuseum Wien
Sammelobjekte von Ida Pfeiffer.
Schriftarchiv: Inventar 1806–1875, 1880; Alphabetisches Register der Sammlungen von 1806–1917.

Wienbibliothek im Rathaus, Wien
Handschriftensammlung: Autographen Ida Pfeiffer; Nachlass Ludwig August Frankl von Hochwart; Teilarchiv Gerold und Co., Sig. ZPH 538, Archivbox 3.
Repertorium der biographischen Sammlung von Dr. Constant von Wurzbach, WB Sig. L40000, K36
Partensammlung: Partezettel Ida Pfeiffer; Josef Winter.

Wiener Stadt- und Landesarchiv
Verlassenschaftsabhandlung Aloys Reyer; Verlassenschaftsabhandlung Anna Reyer; Verlassenschaftsabhandlung Ida Pfeiffer; Konskriptionsbögen; Totenprotokolle 1858.

Wien Museum, Wien
Gemälde von Emily Schmäck (auch Emilie Marie Schmück), Ölportrait Ida Pfeiffer, Inv.-Nr. 93189, Online Sammlung.

Zentral- und Landesbibliothek Berlin
NL Pauline von Schätzel, Sig.: Album von Schätzel, S. 322: Autograph Ida Pfeiffer.

Reiseberichte von Ida Pfeiffer

Reise einer Wienerin in das heilige Land, nämlich von Wien nach Konstantinopel, Brussa, Beirut, Jaffa, Jerusalem, dem Jordan und todten Meere, nach Nazareth, Damaskus, Balbeck und dem Libanon, Alexandrien, Kairo, durch die Wüste an das rothe Meer, und zurück über Malta, Sicilien, Neapel, Rom u. s. w. Unternommen im März bis Dezember 1842. Nach den Notaten ihrer sorgfältig geführten Tagebücher von ihr selbst beschrieben, 2 Teile, 1. Aufl. Wien 1844; 3. verbesserten Auflage 1846. Neu aufgelegt unter dem Titel: *Reise in das Heilige Land. Konstantinopel, Palästina, Ägypten im Jahre 1842,* Wien 1995.

Reise nach dem skandinavischen Norden und der Insel Island im Jahre 1845, 2 Bd., 1. Aufl. Pest 1846. Neu aufgelegt unter dem Titel: *Nordlandfahrt. Eine Reise nach Skandinavien und Island im Jahre 1845,* Wien 1991 (2. Aufl. 1999).

Eine Frauenfahrt um die Welt. Reise von Wien nach Brasilien, Chili, Otahaiti, China, Ost-Indien, Persien und Kleinasien, 3 Bd., Wien 1850. Neu aufgelegt unter dem Titel: *Eine Frau fährt um die Welt. Die Reise 1846 nach Südamerika, China, Ostindien, Persien und Kleinasien,* Wien 1992.

Meine Zweite Weltreise. Erster Teil: London, das Cap der guten Hoffnung, Singapore, Borneo, Java. Zweiter Teil: Sumatra, Java, Celebes, die Molukken. Dritter Teil: Kalifornien, Peru, Ecuador. Vierter Teil: Vereinigte Staaten von Nordamerika, Wien 1856. Neu aufgelegt unter dem Titel: *Abenteuer Inselwelt. Die Reise 1851 durch Borneo, Sumatra und Java,* Wien 1993 (Teil 1 und 2). *Reise in die Neue Welt. Amerika im Jahre 1853,* Wien 1994 (Teil 3 und 4).

Reise nach Madagaskar. Nebst einer Biographie der Verfasserin, nach ihren eigenen Aufzeichnungen, 2 Bd., Wien 1861. Darin: *Ida Pfeiffer, nach ihren eigenen Aufzeichnungen. Biographische Skizze,* Bd. 1, S. V–LIII. Neu aufgelegt unter dem Titel: *Verschwörung im Regenwald. Ida Pfeiffers Reise nach Madagaskar,* Basel 1999.

Artikel aus Periodika – 19. Jahrhundert (Auswahl)

Abendblatt der Neuen Münchener Zeitung, München
Ida Pfeiffer auf Borneo. In: Jg. 1856, Nr. 80, Mittwoch, 2. April 1856, S. 317–318 (Rezension zu Ida Pfeiffer: Meine zweite Weltreise, 1856).
Ida Pfeiffer bei den Battakern auf Sumatra, in: Jg. 1856, Nr. 88, Freitag, 11. April 1856,
Ida Pfeiffer bei den Battakern auf Sumatra (Schluß), in: Jg. 1856, Nr. 89, Sonnabend, 12. April 1856, S. 353–354.
Die Reiseberichte der Frau Ida Pfeiffer, in: Jg. 1856, Nr. 175, Mittwoch, 23. Juli 1856.
Abendblatt der Oesterreichisch-Kaiserlichen Wiener Zeitung, Wien
Ida Pfeiffer's zweite Weltreise, in: Jg. 1856, Nr. 110, 14. Mai, S. 437–438.
Von Frau Ida Pfeiffer, in: Jg. 1857, Nr. 279, 2. Dezember.
The Athenaeum. Journal of [English and Foreign] Literature, Science, and Fine Arts, London
August Petermann: *Madame Ida Pfeiffer in Africa,* in: Jg. 1851, No. 1258, Dec. 6, S. 1281.
[August Petermann:] *Madame Ida Pfeiffer,* in: Jg. 1852, No. 1296, Aug. 28, S. 918–919.
Madame Ida Pfeiffer in Sumatra, in: Jg. 1853, No. 1332, May. 7, S. 562–563.
Madame Ida Pfeiffer in California, in: Jg. 1853, No. 1366, Dec. 31, S. 1594–1595.
[August Petermann:] *A Lady's Second Journey Round the World,* in: Jg. 1854, No. 1416, Dec. 16, S. 1525–1526.
August Petermann: *Madame Ida Pfeiffer's Second Voyage Round the World,* in: Jg. 1855, No. 1468, Dec. 15, S. 1468–1469.
Blackwood's Edinburgh Magazine, New York
Wanderings round the World, Vol. 70, July – December 1851, July 1851, S. 86–102
Brünner Zeitung
Zwei Briefe Alexanders von Humboldt an Frau Ida Pfeiffer, in: Jg. 1856, Nr. 63.
Carinthia. Zeitschrift [Ein Wochenblatt] für Vaterlandskunde, Belehrung und Unterhaltung, Klagenfurt
Ida Pfeiffer in Borneo, in: 42. Jg., 1852, Nr. 63, 7. August, S. 250–251.
Die neueste Nummer …, in: 42. Jg., 1852, Nr. 81, S. 324, Notizen.
Ein Schreiben der Frau Ida Pfeiffer, gerichtet an Herrn Petermann in London, in: 43. Jg., 1853, Nr. 39, 14. Mai, S. 155–156.
Frau Ida Pfeiffer …, in: 43. Jg., 1853, Nr. 48, 14. Juni, S. 192, Notizen.
Von der durch ihre weiten und kühnen Weltfahrten …, in: 43. Jg., 1853, Nr. 69, 27. August, S. 276, Notizen.
Aus Batavia (Java) …, in: 43. Jg., 1853, Nr. 73, 10. September, S. 292, Notizen.
Die berühmte Reisende …, in: 44. Jg., 1854, Nr. 97, 5. Dezember, S. 388, Notizen.
Einem Schreiben der Frau Ida Pfeiffer …, in: 44. Jg., 1854, Nr. 98, 9. Dezember, S. 392, Notizen.
[A. Petermann]: *Frau Ida Pfeiffer's zweite Reise um die Welt,* in: 44. Jg., 1854, Nr. 102, 23. Dezember, S. 406–408.
[A. Petermann]: *Frau Ida Pfeiffer's zweite Reise um die Welt (Schluß),* in: 44. Jg., 1854, Nr. 103, 30. Dezember, S. 410–411.

Ida Pfeiffer, in: 46. Jg., 1856, Nr. 18, Sonnabend, 3. Mai, S. 69–72.
Frau Ida Pfeiffer, geb. Reyer, in: 49. Jg., 1859, Nr. 6, 12. März, S. 48.
Dagblad van Zuidholland en's Gravenhage
Eene bladzijde uit het dagboek van Mevrouw Ida Pfeiffer (Eine Seite aus dem Tagebuch von Frau Ida Pfeiffer), in: Jg. 1856, No. 5, Samstag, 5. Jänner, S. 1–2.
Der Sammler. Ein Blatt zur Unterhaltung und Belehrung. Beilage zur Augsburger Abendzeitung
A. Petermann: *Frau Ida Pfeiffer's zweite Reise um die Welt*, in: Jg. 1854, Nr. 99, S. 394–396.
Der Wanderer. Volkszeitung und Unterhaltungsblatt, Wien
Ludw. Aug. Frankl: *Der hingeschiedenen Freundin, Ida Pfeiffer* [Gedicht], in: Jg. 1858, Nr. 253, Feuilleton.
Didaskalia. Blätter für Geist, Gemüth, Frankfurt
A. Petermann: *Frau Ida Pfeiffer's zweite Reise um die Welt*, in: Jg. 1854, Nr. 299, Freitag, den 15. Dezember.
A. Petermann: *Frau Ida Pfeiffer's zweite Reise um die Welt (Schluß)*, in: Jg. 1854, Nr. 300, Samstag, den 16. Dezember.
Ida Pfeiffer, in: Jg. 1857, Nr. 295.
Ida Pfeiffer, in: Jg. 1858, Nr. 282 und 293.
Die Donau, Wien
Ida Pfeiffer., in: Jg. 1855, S. 3277, Feuilleton.
Ida Pfeiffer. (Schluß.), in: Jg. 1855, S. 3293, Feuilleton.
Die Gartenlaube. Illustrirtes Familienblatt, Berlin
Ein Brief von Ida Pfeiffer aus Californien [an August Petermann, St. Franzisko, 30. October 1853], in: Jg. 1854, Nr. 1, S. 12.
Frankfurter Konversationsblatt. Belletristische Beilage zur Postzeitung
Ida Pfeiffer. Nach dem Athenäum, in: Jg. 1852, No. 64, S. 255–256.
Ida Pfeiffer, die Weltreisende, in: Jg. 1855, Nr. 273, Donnerstag, 15. November, S. 1090.
Ida Pfeiffer, die Weltreisende (Schluß), in: Jg. 1855, Nr. 274, Freitag, den 16. November, S. 1094.
Tabletten (Abdruck zweier Briefe von Alexander Humboldt an Ida Pfeiffer), in: Jg. 1856, Nr. 66, S. 264.
Ida Pfeiffer bei den Battakern auf Sumatra, in: Jg. 1856, Nr. 89, Samstag, den 12. April, S. 354–355.
Ida Pfeiffer bei den Battakern auf Sumatra (Schluß), in: Jg. 1856, Nr. 90, Sonntag, den 13. April, S. 358–359.
Tabletten (Abdruck eines Briefes in der Ostdeutschen Post von Ida Pfeiffer), in: Jg. 1857, Nr. 295, S. 1180.
Ein Brief von Ida Pfeiffer, in: Jg. 1858, Nr. 32, S. 127–128.
Globus. Illustrierte Zeitschrift für Länder- und Völkerkunde, Braunschweig
Streifzüge unter den Dayaks auf Borneo. I., in: Bd. III, Jg. 1863, Nr. 28, S. 97–106.
Streifzüge unter den Dayaks auf Borneo. II., in: Bd. III, Jg. 1863, Nr. 39, S. 136–143.
Lambrecht, F.: *Ida Pfeiffer auf Sumatra*, in: Bd. XV, Jg. 1869, S. 212–213.
Illustrirte Zeitung. Wöchentliche Nachrichten über alle Ereignisse, Zustände und Persönlichkeiten der Gegenwart, über Tagesgeschichte, öffentliches und gesellschaftliches Leben, Wissenschaft und Kunst, Musik, Theater und Moden, Leipzig
[Wurzbach, Constant von:] *Die Weltreisende Ida Pfeiffer*, in: Bd. 26, Januar bis Juni 1856, Nr. 660, 23. Februar, S. 140–142.
Journal de Toulouse. Politique et Littéraire, Toulouse
C. Lavlalée: *Voyageur Moderne. Mme Ida Pfeiffer en Malaisie*, in: 55. Jg., No. 94, Montag, 4. April 1859, S. 5–6.
C. Lavlalée: *Voyageur Moderne. Mme Ida Pfeiffer en Malaisie. (Suite et fin.)*, in: 55. Jg., No. 95, Dienstag, 5. April 1859, S. 5–6.

Journal des Voyages et des Aventures de Terre et de Mer
Richard Cortambert: *Les Illustres Voyageuses: Mme Ida Pfeiffer*, in: No. 178, Sonntag,5. Dez. 1880, S. 337–341.
Richard Cortambert: *Les Illustres Voyageuses: Mme Ida Pfeiffer*, in: No. 179, Sonntag, 12. Dez. 1880, S. 356–359.
Richard Cortambert: *Les Illustres Voyageuses: Mme Ida Pfeiffer*, in: No. 180, Sonntag, 19. Dez. 1880, S. 379–380.

Le Constitutionnel, Paris
Lés voyageurs nouveaux. Mme Ida PfeifferI + II [Rezension, Eine Frauenfahrt um die Welt], Jg. 1850, 11./12. Novembre, Feuilleton.

Le Spectateur, Paris
Franz Villers: *Mme Ida Pfeiffer. Meine zweite Weltreise par Ida Pfeiffer, Wien, Gerold's Sohn 1856* [Rezension], in: Jg. 1857, 24. November.

Magazin für die Literatur des Auslandes, Berlin
Süd-Afrika. Frau Ida Pfeiffer, in: Jg. 1852, Nr. 4, Donnerstag, 8. Jänner, S. 16.
Borneo. Neueste Wanderungen der Frau Ida Pfeiffer, in: Jg. 1852, Nr. 120, Dienstag, 5. Oktober, S. 490.

Mährisch-Ständische Brünner Zeitung
Ida Pfeiffer in Brasilien. Erster Bericht. Von N. Fürst. In: Jg. 1847, Mittwoch, 10. Februar 1847, No. 41, S. 246.
Ida Pfeiffer nach China. In: Jg. 1847, Dienstag, den 27. Juli 1847, No. 204, S. 1224.

National-Zeitung, Berlin
Ida Pfeiffer [Nachruf], in: Jg. 1858, Nr. 519, Feuilleton.

New York Observer and Chronicle
A Royal Progress. The Last Travels of Ida Pfeiffer, in: Jg. 1861, 25. Juli, No. 39, S. 30.

Oesterreichischer Volksfreund, Wien
Von Frau Ida Pfeiffer, in: Jg. 1857, Nr. 280, 5. Dezember 1857.

Oesterreichisches Volksblatt für Verstand, Herz und gute Laune, Linz
Neues aus der Zeit, in: 28. Jg., No. 96, 17. Juni 1846, S. 383.

Ost-Deutsche Post, Wien
Berühmte Frauen und Frauenfahrten, in: Jg. 1855, Nr. 22, 26. Jänner, Feuilleton.
Ida Pfeiffer. Die Weltreisende, in: Jg. 1855, Nr. 262, 11. November, Feuilleton.
Aus dem Reisetagebuche der Frau Ida Pfeiffer [Ankündigung der Publikation bei Carl Gerold's Sohn], in: Jg. 1855, Nr. 267, 16. November, Feuilleton.
Von Frau Ida Pfeiffer, in: Jg. 1857, Nr. 278, 3. Dezember, Feuilleton, S. 1.
Neue Briefe von Frau Ida Pfeiffer. An die Redaktion der Ostdeutschen Post, Port Louis (Insel Mauritius) den 10. November 1857. I., in: X. Jg., 1858, Nr. 16, 21. Jänner.
Neue Briefe von Frau Ida Pfeiffer. An die Redaktion der Ostdeutschen Post, Port Louis (Insel Mauritius) den 10. November 1857. II., in: X. Jg., 1858, Nr. 17, 22. Jänner.
Carolus: *Ida Pfeiffer +*, in: X. Jg., 1858, Nr. 249, 29. Oktober, Feuilleton.

Pester Lloyd, Pest
Frau Ida Pfeiffer, in: Bd. 2, Jg. 1855, Nr. 300, Feuilleton.

Die Presse, Wien
Ida Pfeiffer, in: 10. Jg., 1857, Nr. 279, Dezember.
Kleine Wiener Chronik. Ida Pfeiffer, in: 11. Jg., 1858, Nr. 251, 31. Oktober.
Eine Verschwörung auf Madagascar. Frau Ida Pfeiffer, in: 13. Jg., 1860, Nr. 98.

Schwäbische Kronik, des Schwäbischen Merkurs zweite Abtheilung, I. Blatt
Länder und Völkerkunde: Ida Pfeiffer auf Borneo, in: 5. Jg., 1856, Nr. 74, Donnerstag, 27. März 1856, S. 489–490.
Länder und Völkerkunde: Ida Pfeiffer bei den Battakern auf Sumatra, in: 5. Jg., 1856, Nr. 86, Donnerstag, 10. April 1856, S. 275–576.

Sonntagsblätter für heimathliche Interessen, Wien
Cavalcade nach Vatne, zwei Meilen von Island's Hauptstadt Rejkiavik entfernt. Von Ida Pfeiffer, in: 5. Jg., 1846, Nr. 1, 4. Jänner, S. 1–4.

Aus Island. Von Ida Pfeiffer. Die Schwefelquellen und Schwefelberge zu Krisuvik, in: 5. Jg., 1846, Nr. 6, 8. Februar, S. 126–131.

Ludw[ig] Aug[ust] Frankl: *Eine Wienerin nach Brasilien*, in: 5. Jg., 1846, Nr. 18, S. 420–421.

Ida Pfeiffer in China, in: 6. Jg., 1847, Nr. 41, 10. Oktober, S. 532.

Aus Rio de Janeiro. Von Ida Pfeiffer. Eine deutsche Kolonie. – Mordanfall eines Negers. – Landschaftliche Schilderung, in: 6. Jg., 1847, Nr. 50, 12. Dezember, S. 599–602.

Tagesbote aus Böhmen, Prag

Ida Pfeiffer + (Geb. 1797, gestorben 28. Oktober 1858.), in: 7. Jg., 1858, Nr. 303, 2. November, Feuilleton.

The Ladies' repository. A monthly periodical, devoted to literature, arts, and religion Cincinnati

Eddy, Rev. T. M.: *Ida Pfeiffer in Iceland*, in: Vol. 14, Issue 1, Jan 1854, S. 13–16.

Eddy, Rev. T. M.: *Ida Pfeiffer's Voyage Round the World*, in: Vol. 13, Issue 12, Dec 1853; S. 536–540.

The Illustrated London News, London

Madame Ida Pfeiffer, in: Vol. XXXIII, Jg. 1858, No. 945, Samstag, 13. November, S. 443, 444.

The Spectator, London

Ida Pfeiffer's Journey to Iceland, in: Jg. 1852, 17. April 1852, S. 375.

Tijdschrift voor Nederlandsch Indië

P. J. Veth: *Mijne Tweede Reis Rondom de Wereld door Ida Pfeiffer*, J. C. A. Sulpke 1856 (Buchbesprechung der holländischen Übersetzung von Ida Pfeiffer, Meine zweite Weltreise), in: 18. Jg. 1856, S. 443–447.

Toplitza Wochenblatt

Ida Pfeiffer [Nachruf], in: Jg. 1858, Nr. 30, S. 245–246.

Triester Zeitung, Triest

Aus Bremen wird der »Allg. Ztg.« geschrieben …, in: IV. Jg., 1854, Nr. 252, 31. October.

Einem uns von freundlicher Hand mitgetheilten Schreiben der Frau Ida Pfeiffer …, in: IV. Jg., 1854, Nr. 278, 2. December.

Ida Pfeiffer, in: VIII. Jg., 1858, Nr. 250, 3. November.

Eine Verschwörung auf Madagaskar. Frau Ida Pfeiffer, I., in: X. Jg., 1860, Nr. 83, 11. April.

Eine Verschwörung auf Madagaskar. Frau Ida Pfeiffer, II., in: X. Jg., 1860, Nr. 92, 21. April.

Ungarische Post, Pest

Wagner, Julius: *Wiener Feuilleton*, in: Jg. 1855, Nr. 142, 4. Dezember.

Unterhaltungen am häuslichen Herd, Leipzig

Frau Ida Pfeiffer. Ein Brief aus Berlin. I., in: N. F. Bd. 1, Jg. 1856, Nr. 3, S. 42–45.

Frau Ida Pfeiffer. Ein Brief aus Berlin. II., in: N. F. Bd. 1, Jg. 1856, Nr. 4, S. 54–56.

Ein Winter in Wien. Erster Brief, in: N. F. Bd. 1, Jg. 1856, Nr. 15, S. 234–238.

Ein Winter in Wien. Vierter Brief, in: N. F. Bd. 1, Jg. 1856, Nr. 27, S. 424–429.

Alexander von Humboldt. Ein Brief aus Berlin, in: N. F. Bd. 4, Jg. 1859, Nr. 38, S. 593–600.

Frau Ida Pfeiffer's letzte Reise nach Madagaskar, in: N. F. Bd. 5, Jg. 1860, Nr. 7, S. 105–111.

Wiener Bote. Beilage zu den Sonntagsblättern, Wien

R. Fürst: *Ida Pfeiffer in Brasilien. Erster Bericht*, in: Jg. 1857, Nr. 4, S. 25–26.

Die Wiener Elegante. Mode-Zeitung mit industriellen und technischen Mustertafeln, Beilagen von Pariser und Wiener Originalmoden und Porträts hervorragender Persönlichkeiten der Gegenwart, Wien

Gayette, Jeanne Marie v.: *Frau Ida Pfeiffer (im Reise-Costume)*, in: 15. Jg., Nr. 6, 20. Februar 1856, Beilage, S. 42–43.

Wiener Telegraf, Wien

Leiden unserer Landsmännin Ida Pfeiffer auf der Insel Madagaskar, in: Jg. 1858, 23. Jänner 1858.

Wiener Wochenblatt, Wien

Ida Pfeiffers Leben und Tod, in: Jg. 1858, S. 690–691.

Sekundär-Literatur zu Ida Pfeiffer (Auswahl)

Baker, D. B.: *Pfeiffer, Wallace, Allen and Smith: the discovery of the Hymenoptera of the Malay Archipelago*. In: Archives of Natural History, Vol. 23, No. 2, S. 153–200.

Barring, Ludwig: *Eine Wienerin auf Weltreise. Ida Pfeiffer (1797–1858)*. In: Ders.: Geist und Herz. Große Frauen in ihrer Zeit, Bayreuth 1971, S. 170–181.

Beer, Bettina: *Pfeiffer, Ida Laura; geb. Reyer*. In: Dies.: Frauen in der deutschsprachigen Ethnologie. Ein Handbuch, Köln/Weimar/Wien 2007, S. 167–171.

Buch, Hans Christoph: *»Sklaverei ist süß! Glaubt es, liebe Liberale!« Außenseiter: Fürst Pückler-Muskau und Ida Pfeiffer*. In: Ders.: Die Nähe und die Ferne. Bausteine zu einer Poetik des kolonialen Blicks, Frankfurt a. M. 1991, S. 89–107.

Donner, Eka: *Und nirgends eine Karawane. Die Weltreisen der Ida Pfeiffer (1797–1858)*, Düsseldorf 1997.

D'Uva, Valentina: *Begegnung – Betrachtung – Annäherung. Das »andere« Geschlecht in ausgewählten Reisebeschreibungen Ida Pfeiffers (1797–1858)*. In: historioPLUS 10 (2023), S. 1–34. URL: https://www.historioplus.at/?p=998 (Datum des Zugriffs: 31. 8. 2023).

Eberspächer, Gisele: *Imaginários europeus no Brasil Imperial: uma análise da obra de Ida Pfeiffer*. In: Pandaemonium Germanicum: revista de estudos germanísticos, São Paulo, Vol. 24, No. 44, set.-dez. 2021, pp. 124–140

Egghardt, Hanne: *Rund um die Welt: Ida Pfeiffer*. In: Dies.: Österreicher entdecken die Welt. Forscher, Abenteurer, Idealisten, Wien 2001, S. 200–210.

Eickenboom, Christine: *»Auch hält man diese Canibalen für so artig daß sie einer hülflosen Frau nichts anhaben werden.« Ida Pfeiffer auf Borneo und Sumatra – kolonialer Diskurs als Mittel einer rezipientenorientierten Darstellung?* In: Georg-Forster-Studien, Bd. 20: »Literarische Weltreisen«, Kassel 2015, S. 161–177.

Fast, Kerry Louane: *Seeing Through Western Eyes: A Study of Three Women's Holy Land Travel Narratives*, MA-Thesis, University of Manitoba Winnipeg, Manitoba 1999.

Felden, Tamara: *Frauen Reisen. Zur literarischen Repräsentation weiblicher Geschlechterrollenerfahrung im 19. Jahrhundert*, New York u. a. 1993, S. 52–58, 94–104.

Habinger, Gabriele: *Aufbruch ins Ungewisse: Ida Pfeiffer (1797–1858) – Auf den Spuren einer Wiener Pionierin der Ethnologie*. In: Kossek, Brigitte/Langer, Dorothea/Seiser, Gerti (Hg.): Verkehren der Geschlechter. Reflexionen und Analysen von Ethnologinnen, Wien 1989, S. 248–261.

Habinger, Gabriele: *Ida Pfeiffer (1797–1858): Eine Wiener Pionierin der ethnographischen Forschung*. In: Kossek, Brigitte/Habinger, Gabriele: *Ausblendungen – Zur Geschichte der Wiener Ethnologinnen von 1913 bis 1945 und ihrer Vorgängerinnen*, Wien 1993, unveröff. Manuskript, o. S.

Habinger, Gabriele: *Eine Biedermeierdame auf Abwegen: Ida Pfeiffer (1797–1858)*. In: Kirchner, Irmgard/Pfeisinger, Gerhard (Hg.): Welt-Reisende. ÖsterreicherInnen in der Fremde, Wien 1996, S. 48–55.

Habinger, Gabriele: *Inseln der Desillusion. Weibliche Blicke auf die Südsee*. In: Ferro, Katarina/Wolfsberger, Margit (Hg.): Gender and Power in the Pacific. Women's Strategies in a World of Change (= Novara. Beiträge zur Pazifik-Forschung, Bd. 2), Münster/Hamburg/London 2003, S. 185–228.

Habinger, Gabriele: *Ida Pfeiffer – Eine Forschungsreisende des Biedermeier*, Wien 2004.

Habinger, Gabriele: *»Der Westen und der Rest«: Zwischen abschreckender Physiognomie, Trägheit, Sinnlichkeit und Schutzbedürftigkeit oder wie Ida Pfeiffer (1797–1858) die Welt sah*. In: Austrian Studies in Social Anthropology. Online-Journal des Vereins der AbsolventInnen des Instituts für Kultur- und Sozialanthropologie, Nr. 1/2005, Wien, S. 16–32 (http://www.univie.ac.at/alumni.ethnologie/journal/).

Habinger, Gabriele: *»Am meisten interessirten mich hier die Eingeborenen, die noch* *reine Indianer sind ...« Das Fremde in den Augen von Ida Pfeiffer, einer Wiener Weltreisenden des 19. Jahrhunderts.* In: Benay, Jeanne/Lajarrige, Jacques (Hg.): Littérature de voyage. Regards autrichiens sur le monde (= Austriaca, Cahiers universitaires d'information sur l'Autriche, Paris, Juin 2006, No. 62, erschienen November 2007), S. 67–84.

Habinger, Gabriele: *Ida Pfeiffer, Weltreisende und Schriftstellerin.* In: Fetz, Bernhard (Hg.), Miriam Rainer (Mitarbeit). Das Literaturmuseum. 101 Objekte und Geschichten, Salzburg/Wien, 2015, S. 82–83.

Habinger, Gabriele: *Eine Wiener Biedermeierdame erobert die Welt. Die Lebensgeschichte der Ida Pfeiffer (1797–1858),* aktualisierte und erweiterte Neuauflage, Wien 2022.

Hamalian, Leo: *Travelling Through China. Ida Pfeiffer.* In: Ders.: Ladies on the Loose. Women Travellers of the 18th and 19th Centuries, New York 1981, S. 149–168 [Auszug aus: A Lady's Voyage Round the World, 1852].

Hassinger, Hugo: *Ida Pfeiffer. Eine Forschungsreisende der Biedermeierzeit.* In: Österreichische Naturforscher und Techniker, hrsg. von der Österreichischen Akademie der Wissenschaften, Wien 1951, S. 17–19.

Haupt, Klaus-Werner: *Ida Pfeiffer und die männliche Entdeckerwelt.* In: Ders.: Okzident & Orient. Die Faszination des Orients im langen 19. Jahrhundert, Weimar 2015, S. 126–135.

Heindl, Waltraud: *»Reise nach Madagaskar«. Zu den Berichten Ida Pfeiffers über Mauritius und Madagaskar.* In: Österreichische Osthefte, Jg. 26, 1984, Heft 2, S. 220–232.

Heitmann, Annegret: *»[A]lles öde und kahl, und somit echt isländisch.« Ein Reisebericht aus dem Jahr 1846 oder die Anfänge des Island-Tourismus.* In: Journal of Northern Studies No. 1, 2011, S. 39–56.

Hildebrandt, Irma: *Wien ist mir zu eng ... Die Weltreisende Ida Pfeiffer (1797–1858).* In: Dies.: Hab meine Rolle nie gelernt. 15 Wiener Frauenporträts, München 1996, S. 59–81.

Hollingworth, Derek: *Ida Pfeiffer. An Austrian Globetrotter.* In: Ders.: They Came to Mauritius. Portraits of the Eighteenth and Nineteenth Centuries, London/Nairobi 1965, S. 122–130.

Honsig, Markus: *Die vortreffliche, kühne, erdumwandernde Frau Ida Pfeiffer.* In: Terra Mater Magazin, 1, 2012, S. 132–146.

Howe, Patricia: *»Die Wirklichkeit ist anders«: Ida Pfeiffer's Visit to China 1847.* In: German Life and Letters Vol. 52/3, Juli 1999, S. 325–342.

Jardin, Serge: *Le voyage au Sarawak avec Ida Pfeiffer.* Lettres de Malaisie, Littéra' Tour, 26. Jänner 2021, online verfügbar unter: https://lettresdemalaisie.com/2021/01/26/le-voyage-au-sarawak-avec-ida-pfeiffer/

Jehle, Hiltgund: *Ida Pfeiffer. Weltreisende im 19. Jahrhundert,* Münster/New York 1989.

Jehle, Hiltgund: *»Ich reise wie der ärmste Araber«. Ida Pfeiffer (1797–1858).* In: Härtel, Susanne/Köster, Magdalena (Hg.): Die Reisen der Frauen. Lebensgeschichten von Frauen aus drei Jahrhunderten, Weinheim/Basel 1994, S. 32–57.

Kohl, Irene: *Ida Pfeiffer (geb. Reyer).* In: Dies.: Österreichische Forschungsreisende vom Vormärz bis zum 1. Weltkrieg. Bilder, Biographien, bibliographische Informationen (ÖNB, Wien, bibliothekarische Hausarbeit), Wien 1994, S. 24–29.

Kollar, Vincenz: *Über Ida Pfeiffer's Sendungen von Naturalien aus Mauritius und Madagascar, Mitgetheilt von Vincenz Kollar.* Sitzungsberichte der mathematisch-naturwissenschaftliche Classe der kaiserl. Akademie der Wissenschaften, Bd. XXXI, Nr. 20, Wien 1858, S. 339–343.

Kratochwill, Max: *Die Weltreisende Ida Pfeiffer.* In: Jahrbuch des Vereins für Geschichte der Stadt Wien, Bd. 13, 1957, S. 191–201.

Kreuzer, Anton: *Ida Laura Pfeiffer.* In: Ders.: Kärntner. Biographische Skizzen, 18.–20. Jahrhundert, Klagenfurt 1996, S. 32–34.

Kullik, Rosemarie: *Ida Pfeiffer*. In: Dies.: Frauen »gehen fremd«: Eine Wissenschaftsgeschichte der Wegbereiterinnen der deutschen Ethnologie, Bonn 1990, S. 17–20.

Lagarde-Fouquet, Annie: *Ida Pfeiffer, première femme exploratrice, 1797–1858*, Paris: Hammatan, 2009.

Lebzelter, Ferdinand F.: *Die österreichische Weltreisende Ida Pfeiffer 1797–1858*, mit besonderer Berücksichtigung der naturwissenschaftlichen Ergebnisse ihrer Reisen, Wien 1910.

Leichtfried, Walter: *Die Weltreisende Ida Pfeiffer*. In: Wolfgang Anger (Schriftleiter):100 Jahre Musealverein Waidhofen/Ybbs, 2005, S. 93–114.

Leigh-Theissen, Heide [Katalogbeitrag zu Ida Pfeiffer]. In: Seipel, Wilfried (Hg.): Die Entdeckung der Welt. Die Welt der Entdeckungen. Österreichische Forscher, Sammler, Abenteurer. Ausstellungskatalog des Kunsthistorischen Museums, Wien 2001, S. 272–273.

Leitich, Ann Tizia: *Ida Pfeiffer*. In: Dies.: Eine Huldigung den Frauen. Österreichischer Frauen-Kalender 1947, S. 120–128.

Lercher, Marie-Christin/Fois-Kaschel, Gabriele: *Blick und Domination im Wechselspiel von Eigenem und Fremden. Zu Ida Pfeiffers Reisebericht über Madagaskar*, PhD, Université de la Réunion.

List-Ganser, Berta: *Ida Pfeiffer, die erste österreichische Weltreisende*. In: Festschrift des Bundes österr. Frauen-Vereine – gewidmet den Teilnehmerinnen an dem Internationalen Frauenkongress, Wien 1930, S. 8.

Martin, Alison E. *»Fresh Fields of Exploration«: Cultures of Scientific Knowledge and Ida Pfeiffer's Second Voyage round the World (1856)*. In: Martin, Alison/Missinne, Lut/Dam, Beatrix van (Hg.): Travel Writing in Dutch and German, 1790–1930. Modernity, Regionality, Mobility, London 2017, S. 75–94.

Michaels, Jennifer: *Ida Pfeiffer's Travels in the Dutch East Indies and Madagascar*. In: Austrian Studies, Vol. 20, Colonial Austria: Austria and the Overseas, 2012, S. 60–74.

Misar, Adolfine: *Im April 1856 besuchte die Weltreisende, Frau Ida Pfeiffer, ihre zahlreichen Anverwandten in Klagenfurt*. In: Die Kärntner Landsmannschaft, Heft 2/1986, S. 14–15; Heft 5/1986, S. 13 (Druckfehler-Richtigstellung).

Mouchard, Christel: *Ida Pfeiffer*. In: Dies.: Es drängte sie, die Welt zu sehen. Unentwegte Reisende des 19. Jahrhunderts, Hannover 1990, S. 221–299.

Pelz, Annegret: *Außenseiterinnen und Weltreisende*. In: beiträge zur feministischen theorie und praxis, Heft 7, 1982, S. 29–36.

[Pfeiffer, Ida]: *Bilder aus der Inselwelt. Borneo; San Franzisko im Jahre 1855*. In: Grube, A. W.: Geographische Charakterbilder in abgerundeten Gemälden aus der Länder- und Völkerkunde. Nach Musterdarstellungen der deutschen und ausländischen Literatur für die obere Stufe des geographischen Unterrichts in Schulen, so wie zu einer bildenden Lektüre für Freunde der Erdkunde überhaupt, Bd. 2, Leipzig 1866, S. 226–231, 493–496.

Plakolb, Ludwig: *Nachwort*. In: Ida Pfeiffer: Reise einer Wienerin in das Heilige Land, Stuttgart 1969, S. 315–320.

Platzer, Christine: *Rasse, Klasse und Geschlecht. Die Interaktion von Beobachter/in und Objekt in den Reisebeschreibungen von Ida Pfeiffer (1797–1858) und Carl Graf von Görtz (1822–1885)*, Dipl.arbeit, Salzburg 1989.

Rasinger, Larissa: *Ein Brief der Weltreisenden Ida Pfeiffer*. Online unter: https://schotten.hypotheses.org/1299

Reischl, Birgit: *Eine Wienerin unterwegs. Ida Pfeiffers Reise nach Madagaskar*. In: Wiener Geschichtsblätter, Jg. 51, 1996, Heft 3, S. 147–162.

Reissek, Siegfried: *Die österreichischen naturforschenden Reisenden dieses Jahrhunderts in fremden Erdtheilen*. Ein Vortrag gehalten in der I. Plenar-Versammlung

des Vereines zur Verbesserung naturwissenschaftlicher Kenntnisse in Wien, Wien 1861, S. 23–24.
Riedl-Dorn, Christa: *Ida Pfeiffer*. In: Dies.: Das Haus der Wunder. Zur Geschichte des Naturhistorischen Museums in Wien. Mit einem Beitrag von Bernd Lötsch, Wien 1998, S. 137–148.
Riedl-Dorn, Christa: *Die »tollkühne Reisende« Ida Pfeiffer*. In: Seipel, Wilfried (Hg.): Ausstellungskatalog des Kunsthistorischen Museums, Wien 2001, S. 265–66.
Schutte Watt, Helga: *Ida Pfeiffer: A Nineteenth-Century Woman Travel Writer*. In: German Quarterly, Vol. 64, No. 3, Summer 1991, S. 339–352.
Senft, Hilde/Senft, Willi: *Ida Pfeiffer. Erste Welt- und Forschungsreisende des Biedermeier*. In: Diess.: Aufbruch ins Unbekannte. 50 österreichische Forscher und Entdecker von Herberstein bis Harrer, Graz 1999, S. 42–43.
Sistach, Xavier: *Les Aventures d'Ida Pfeiffer. Una gran viatgera i naturalista del segle XIX*, Barcelona: Viena Edicions, 2023.
Slung, Michele: *Ida Pfeiffer (1797–1858)*. In: Dies.: Unter Kannibalen, und andere Abenteuerberichte von Frauen, Hamburg 2001, S. 88–99 (Orig.: Living with Cannibals and Other Women's Adventures, Washington 2000).
Somers Heidhues, Mary: *Woman on the Road: Ida Pfeiffer in the Indies*. In: Archipel, Vol. 68, 2004, S. 289–313.
Stamm, Ulrike: *Identität und Maskerade: Zur Semiotik der Kleidung im weiblichen Reisebericht*. In: Unijournal Themenheft 2002 (Graduiertenkolleg Identität und Differenz), Universität Trier, http://www.uni-trier.de/uni/publikationen/sonderheft_2002.pdf (download 2. 5. 2007).
Stökl, Helene: *Die Weltfahrten der österreichischen Reisenden Ida Pfeiffer*, Wien 1920.
Tinling, Marion: *Ida Reyer Pfeiffer: Twice around the World*. In: Dies.: Women into the Unknown. A Sourcebook on Women Explorers and Travellers, New York/Westport, Connecticut/London 1989, S. 225–232.
Umlauft, Friedrich: *Berühmte Geographen, Naturforscher und Reisende. Ida Pfeiffer*. In: Deutsche Rundschau für Geographie und Statistik, Wien/Pest/Leipzig, XV. Jg., 1893, S. 228–230.
Umlauft, Friedrich: *Zu Ida Pfeiffer's hundertstem Geburtstage*. In: Mittheilungen der k. u. k. Geographischen Gesellschaft in Wien, Bd. XL, 1897, S. 754–757.
Wernhart, Karl. R.: *Eine Wienerin in den Gesellschaftsinseln: Ida Pfeiffers Aufenthalt in Tahiti im Jahre 1847*. In: Wiener Ethnohistorische Blätter, Heft 6, 1973, S. 61–90.
Wernhart, Karl. R.: *Eine Wienerin auf den Gesellschaftsinseln: Ida Pfeiffers Aufenthalt in Tahiti im Jahre 1847*. In: Novara. Mitteilungen der Österreichisch-Südpazifischen Gesellschaft, Bd. 2: Österreicher im Pazifik II, Wien 1999, S. 93–120.
Weyr, Siegfried: *Von Kaisermühlen in den Orient. Ida Reyer-Pfeiffer*. In: Ders.: Die Wiener. Zuagraste und Leut' vom Grund, Wien/Hamburg 1971, S. 213–230.
Wyhe, John van: *Wanderlust. The Amazing Ida Pfeiffer. The First Female Tourist*, Singapur 2019.
Zens, Klemens: *Eine Frau fährt um die Welt. Ida Pfeiffer*, In: Buchgraber, Viktor (Hg.): Von Prinz Eugen bis Karl Ritter. Österreichische Lebensbilder aus drei Jahrhunderten, Graz/Wien/Köln 1961, S. 117–131.
Zientek, Heidemarie: *In Eile um die Welt. Ida Pfeiffer 1797–1858*. In: Potts, Lydia (Hg.): Aufbruch und Abenteuer. Frauen-Reisen um die Welt ab 1785, Berlin 1988, S. 31–47, 193–195.

Lexikoneinträge zu Ida Pfeiffer (Auswahl)

Allgemeine Deutsche Biographie, Bd. 25, Leipzig 1887, S. 791–792 (E. Richter).
Das große Buch der Österreicher. Namen, Daten, Fakten. Zusammengestellt von Walter Kleindel, unter Mitarbeit von Hans Veigl, Wien 1987, S. 394.
Deutsches Literatur-Lexikon. Biographisch-bibliographisches Handbuch. Begr. von Wilhelm Kosch, 3., völlig neu bearb. Aufl., Bd. 11, Bern 1988, Sp. 1196–1197.

Bürgersinn und Aufbegehren. Biedermeier und Vormärz in Wien 1815–1848. Katalog zur 109. Sonderausstellung des Historischen Museums der Stadt Wien, 17. 12. 1987–12. 6. 1988, Wien 1988, S. 456.

Embacher, Friedrich: *Lexikon der Reisen und Entdeckungen*. Abt. I. Die Forschungsreisenden aller Zeiten und Länder, Leipzig 1882, S. 230–231.

Frauen der Zeit. Supplement in: Männer der Zeit. Biographisches Lexikon der Gegenwart. Zweite Serie, Leipzig 1862, S. 88–89.

Gross, Heinrich: *Deutschlands Dichterinnen und Schriftstellerinnen. Eine literarhistorische Skizze*, Wien 1882, S. 104–105.

Große Frauen der Weltgeschichte. Tausend Biographien in Wort und Bild, Wiesbaden 1975, S. 374.

Henze, Dietmar: *Enzyklopädie der Entdecker und Erforscher der Erde*, 17. Lfg., Graz 1995, S. 93–94.

Imhof, Viola: *Pfeiffer, Ida*. In: NDB, Bd. 20 (2001), S. 320–321 [Online-Version]; URL: https://www.deutsche-biographie.de/pnd118740792.html#ndbcontent

Literaturlexikon. Autoren und Werke deutscher Sprache. Hrsg. von Walther Killy, Bd. 9, Gütersloh 1991, S. 144.

Meyers Großes Konversations-Lexikon, Bd. 15, Leipzig 1908, S. 697.

Österreichisches Biographisches Lexikon 1815–1950. Hrsg. von der Österreichischen Akademie der Wissenschaften, Bd. 8, Wien 1983, S. 31–32.

Pierer's Universal-Lexikon, Bd. 12, Altenburg 1861, S. 940–941.

Robinson, Jane: *Wayward Women. A Guide to Women Travellers*, Oxford/New York 1991, S. 25–26.

Weitere zitierte und verwendete Literatur

AEIOU. Das Annotierte Elektronische Interaktive Österreichische Universal-Informationssystem, http://aeiou.iicm.tugraz.at/.

Ägyptomanie. Ägypten in der europäischen Kunst 1730–1930. Die Sehnsucht Europas nach dem Land der Pharaonen. Zur Begegnung von Orient und Okzident am Beispiel des Alten Ägypten. Katalog zur Ausstellung, Wien 1994.

Allgemeine Deutsche Biographie (ADB). Auf Veranlassung Seiner Majestät des Königs von Bayern hrsg. durch die historische Commission bei der königl. Akademie der Wissenschaften, 56 Bände, [München/] Leipzig 1875–1912.

Ayestarán, Lauro: *La Música en el Uruguay*. Vol. 1, Montevideo 1953.

Baschnegger, Hanno/Schlag, Gerald (Hg.) *Abenteuer Ostafrika. Der Anteil Österreich-Ungarns an der Erforschung Ostafrikas*. Katalog der Burgenländischen Landesausstellung in Schloß Halbthurn, 11. Mai bis 28. Oktober 1988, Eisenstadt: Amt der Burgenländischen Landesregierung, Kulturangelegenheiten, 1988: Dr. Ignaz Knoblecher (online).

Brockhaus Enzyklopädie in vierundzwanzig Bänden, Zwanzigste, überarbeitete und aktualisierte Auflage, Leipzig 2001.

Bürgersinn und Aufbegehren. Biedermeier und Vormärz in Wien 1815–1848. Katalog zur Sonderausstellung des Historischen Museums der Stadt Wien, 17. 12. 1987–12. 6. 1988, Wien 1988.

Deeken, Annette/Bösel, Monika: *»An den süßen Wassern Asiens«, Frauenreisen in den Orient*, Frankfurt a. M./New York 1996.

Dictionary of National Biography, edited by Leslie Stephen/Sidney Lee, 63 Bd., London 1885–1900.

Desput, Joseph Franz: *Jakob Dirnböck (1809–1861). Der Textdichter der steirischen Landeshymne*. In: Blätter für Heimatkunde 64, 1990, S. 151–154.

Deutsche Biographische Enzyklopädie (DBE), hrsg. v. Walther Killy (und Rudolf Vierhaus), 10 Bde., Nachtrags- und Registerbände, München et al. 1995–2003.

Die Protokolle des österreichischen Ministerrates 1848–1867. 1. Serie, III. Abteilung: Das Ministerium Buol-Schauenstein, Bd. 1: 14. April 1852–13. März 1853. Bearbeitet von Waltraud Heindl. Mit einer Einleitung von Friedrich Engel-Janosch, Wien 1975.

Encyclopedia Americana. International Edition. Complete in Thirty Volumes, New York 1965.

Eschner, Anita: *Zur Geschichte der Molluskensammlung des Naturhistorischen Museums in Wien.* In: Denisia 42, 2019, S. 567–577.

Feest, Christian F.: *Das Museum für Völkerkunde.* In: Das Museum für Völkerkunde in Wien, Salzburg/Wien 1980, S. 13–34.

Foster, Norman: *Die Pilger. Reiselust in Gottes Namen*, Frankfurt a. M. 1982.

Habinger, Gabriele: *Frauen reisen in die Fremde. Diskurse und Repräsentationen von reisenden Europäerinnen im 19. und beginnenden 20. Jahrhundert*, Wien 2006.

Habinger, Gabriele: *Alterität und Identität in den Orient-Berichten österreichischer Reiseschriftstellerinnen des 19. Jahrhunderts.* In: Czarnecka, Miroslawa/Ebert, Christa/Szewczyk, Grazyna B. (Hg.): Der weibliche Blick auf den Orient: Reiseberschreibungen europäischer Frauen im Vergleich, Bern 2010, S. 31–60.

Habinger, Gabriele: *Reisen und Erobern. Formen der Aneignung im Kontext von Reisen und Tourismus.* In: Aus Politik und Zeitgeschichte: Reisen und Tourismus, 71. Jg., 50/2021, S. 33–39. https://www.bpb.de/apuz/Reisen-und-Tourismus-2021/344467/reisen-und-erobern-formen-der-aneignung-im-kontext-von-reisen-und-tourismus

Hahn-Hahn, Ida Gräfin: *Orientalische Briefe*, 3 Bd., Berlin 1844 (gekürzte Neuauflage: Wien 1991).

Hamann, Günther: *Das Naturhistorische Museum in Wien – Geschichtliche Grundlagen seiner Entstehung.* In: Das Naturhistorische Museum in Wien, Salzburg/Wien 1979, S. 11–27.

Hastaba, Ellen: *Radetzky-Album.* In: SammelLust: 175 Jahre Tiroler Landesmuseum Ferdinandeum, Red. Gert Ammann/Ellen Hastaba, Innsbruck/Wien 1998, S. 72, 372.

Haubold, Barbara: *Die Grabdenkmäler des Wiener Zentralfriedhofs von 1874 bis 1918* (= Kunstgeschichte: Form und Interesse, Bd. 30), Münster 1990.

Helbig, Karl: *Die Insel Borneo in Forschung und Schrifttum.* In: Mitteilungen der Geographischen Gesellschaft in Hamburg, Bd. 52, 1955, S. 105–395, Tafeln 16–24, Klappkarte mit Reiserouten.

Helbig, Karl: *Eine Durchquerung der Insel Borneo (Kalimantan). Nach den Tagebüchern aus dem Jahre 1937*, 2 Bd., Berlin 1982.

Herbers, Klaus: *Unterwegs zu heiligen Stätten. Pilgerfahrten.* In: Bausinger, Hermann/Beyrer, Klaus/Korff Gottfried (Hg.): *Reisekultur. Von der Pilgerfahrt zum modernen Tourismus*, München 1991, S. 23–31, 356–357.

Holtei, Karl (Hg.): *Dreihundert Briefe aus zwei Jahrtausenden*, Bd. 1, Hannover 1872.

Humboldt, Alexander von: *Kosmos. Entwurf einer physischen Weltbeschreibung*, 5 Bd., Stuttgart/Tübingen 1845–1862.

Humboldt, Alexander von: *Correspondance Scientifique et Littéraire.* Recueillé, publiée et précédée d'une Notice et d'une Introduction par M. de la Roquette, Paris 1865.

Hupfer, Georg: *Zur Geschichte des antiquarischen Buchhandels in Wien*, Dipl. Arbeit, Univ. Wien 2003.

Island und das nördliche Eismeer. Katalog zur Ausstellung der Österreichischen Nationalbibliothek und der Österreichisch-Isländischen Gesellschaft, Prunksaal der Österreichischen Nationalbibliothek, 7.–26. Mai 1984, Wien 1984.

Jardin, Serge: *Le voyage au Sarawak avec Ida Pfeiffer.* Lettres de Malaisie, Littéra' Tour, 26. Jänner 2021, online verfügbar unter: https://lettresdemalaisie.com/2021/01/26/le-voyage-au-sarawak-avec-ida-pfeiffer/

Jonas, Peter K.: *Photographische Erzeugnisse aus Österreich von 1839 bis?*, Wien, online unter: www.photohistory.at, letzter Zugriff 25. 10. 2023.

Kaminski, Gerd/Unterrieder, Else: *Von Österreichern und Chinesen*, Wien 1980.

Kretschmann, Carsten: *Räume öffnen sich. Naturhistorische Museen im Deutschland des 19. Jahrhunderts*, Berlin 2006.

Kretschmer, Helmut: *Landstraße. Geschichte des 3. Wiener Gemeindebezirks und seiner alten Orte*, Wien/München 1982.

Kreuzer, Anton: *Kärntner. Biographische Skizzen, 18.–20. Jahrhundert*, Klagenfurt 1996.

Laufenberg, Walter: *Welt hinter dem Horizont. Reisen in vier Jahrtausenden*, Düsseldorf/Wien 1969.

Lehmann, Adolph: *Lehmann's Allgemeiner Wohnungs-Anzeiger, nebst Handels- und Gewerbe-Adreßbuch für die k. k. Reichshaupt- und Residenzstadt Wien und Umgebung*, Wien, Jg. 1ff., 1859ff.

Marwinski, Felicitas: *Aus der Arbeit der Bibliothek des ehemaligen Deutschen Entomologischen Institutes. Nachlässe, Konvolute etc.* In: Beiträge zur Entomologie, Bd. 31 (1981), Heft 1, S. 27–82.

McLeod, Lyons: *Travels in Eastern Africa; with the Narrative of a Residence in Mozambique*, Bd. 2, London 1860.

Messner, Robert: *Die Wieden im Vormärz. Historisch-topographische Darstellung der südwestlichen Vorstädte und Vororte Wiens auf Grund der Katastralvermessung* (= Topographie von Alt-Wien, IV. Teil), Wien 1975.

Meyer, Ernst: *Geschichte des Marktes Ybbsitz*, 3. Aufl., Waidhofen an der Ybbs 1999.

Meyers Konversationslexikon, 19. Bde., 4. Aufl., Leipzig/Wien, 1885–1892 (Online-Ausgabe, http://www.retrobibliothek.de/retrobib/index.html).

Müller, Conrad (Hg.): *Alexander von Humboldt und das Preußische Königshaus. Briefe aus den Jahren 1835–1857*, Leipzig 1928.

Musealverein Waidhofen an der Ybbs (Hg.): *Waidhofen an der Ybbs im Biedermeier*. Katalog zur Sonderausstellung, 25. April bis 26. Oktober 2003, Waidhofen a. d. Ybbs 2003.

Narciß, Georg Adolf: *Europäer in China 1800–1870*. In: Ders. (Hg.): Im fernen Osten. Forscher und Entdecker in Tibet, China, Japan und Korea 1689–1911, Frankfurt a. M. 1985, S. 88–96.

Neue Deutsche Biographie (NDB), hrsg. von der Historischen Kommission bei der Bayerischen Akademie der Wissenschaften, 23 Bd., Berlin 1953–2007.

Nowel, Ingrid: *Die Geschichte der Ägyptenreise seit dem 16. Jahrhundert*. In: Belzoni, Giovanni: Entdeckungsreisen in Ägypten 1815–1819. In den Pyramiden, Tempeln und Gräbern am Nil, hrsg. von Ingrid Nowel, 3. Aufl., Wien 1990, S. 220–273.

Offenthaler, Eva: *Der »österreichisch-ungarische Buchhändler-Cavalier« Gustav Heckenast*. Biographie des Monats September 2011 des Österreichischen Biographischen Lexikons (ÖBL). Online unter: https://www.oeaw.ac.at/fileadmin/Institute/INZ/Bio_Archiv/bio_2011_09.htm

Österreichisches Biographisches Lexikon 1815–1950 (ÖBL). Herausgegeben von der Österreichischen Akademie der Wissenschaften, Wien 1957ff.

Posewitz, Theodor: *Borneo. Entdeckungsreisen und Untersuchungen. Gegenwärtiger Stand der geologischen Kenntnisse. Verbreitung der nutzbaren Mineralien*, Berlin 1889.

Pytlik, Anna: *Die schöne Fremde – Frauen entdecken die Welt*. Katalog zur Ausstellung in der Württembergischen Landesbibliothek, Stuttgart 1991.

Riedl-Dorn, Christa: *Das Haus der Wunder. Zur Geschichte des Naturhistorischen Museums in Wien*, Wien 1998.

Runciman, Steven: *The White Rajahs. A History of Sarawak from 1841 to 1946*, Cambridge 1960.

Salgado, Susanna: *The Teatro Solís. 150 Years of Opera, Concert, and Ballet in Montevideo*, Middletown/Connecticut 2003.

Salzburg Museum: *Kosmoramen von Hubert Sattler – Wüsten und Umkämpfte Stätten*,

Sonderausstellung Salzburg Museum/Panorama Museum, 24. Jänner 2015 bis 10. Jänner 2016, online unter: https://www.salzburgmuseum.at/deutsch/sonderausstellungen0/aktuelle-sonderausstellungen/archaeologie-und-umkaempfte-staetten/ (Zugriff 9. Juli 2022).

Sattmann, Helmut/Konecny, Robert/Stagl, Verena: *Die Geschichte der Helminthensammlung am Naturhistorischen Museum in Wien, Teil 1 (1797–1897)*. In: Mitteilungen der Österreichischen Gesellschaft für Tropenmedizin und Parasitologie, Bd. 21 (1999), S. 83–92.

Schmidt-Pretoria, Werner: *Deutsche Wanderung nach Südafrika im 19. Jahrhundert*, Berlin 1955.

Schuber, Maria: *Meine Pilgerreise über Rom, Griechenland und Egypten durch die Wüste nach Jerusalem und zurück, vom 4. October 1847 bis 25. September 1848*, Graz 1850.

Seipel, Wilfried (Hg.): *Die Entdeckung der Welt. Die Welt der Entdeckungen. Österreichische Forscher, Sammler, Abenteurer*. Ausstellungskatalog des Kunsthistorischen Museums, Wien 2001.

Sibeth, Achim: *Mit den Ahnen leben. Batak – Menschen in Indonesien*. Mit Beiträgen von Uli Kozok und Juara R. Ginting. Anläßlich der gleichnamigen Ausstellung im Linden-Museum Suttgart, 7. Juni bis 20. September 1990, Stuttgart/London 1990.

Siebert, Ulla: *Grenzlinien. Selbstrepräsentation von Frauen in Reisetexten 1871 bis 1914*, Münster et al. 1998.

Silver, Shirley: *Shastan Peoples*. In: Handbook of North American Indians, hrsg. von W. C. Sturtevant, Bd. 8: California, Washington, D. C., 1978, S. 211–223.

Svojtka, M.: *Ferrari, Johann Baptist (Giovanni) Angelo Graf von (1806–1876), Zoologe und Gutsbesitzer*, in: ÖBL Online-Edition, Lfg. 10 (20. 12. 2021), online unter: https://www.biographien.ac.at/oebl/oebl_F/Ferrari_Johann-Baptist-Angelo_1806_1876.xml, Zugriff 24. 7. 2023.

Toivanen, Mikko: *Java on the Way Around the World: European Travellers in the Dutch East Indies and the Transnational Politics of Imperial Knowledge Management, 1850–1870*. In: BMGN – Low Countries Historical Review, Vol. 134, 2019, No. 3, S. 47–71. https://doi.org/10.18352/bmgn-lchr.10742

Ueckmann, Natascha: *Frauen und Orientalismus. Reisetexte französischsprachiger Autorinnen des 19. und 20. Jahrhunderts*, Stuttgart/Weimar 2001.

Yegenoglu, Meyda: *Colonial Fantasies: Towards a Feminist Reading of Orientalism*, Cambridge 1998.

Waldmann, Carl/Wexler, Alan: *Who Was Who in Exploration*, New York/Oxford 1992.

Wurzbach, Constant von: *Biographisches Lexikon des Kaiserthums Österreich, enthaltend Lebensskizzen der denkwürdigen Personen, welche seit 1750 [im Kaiserstaate und] in den österreichischen Kronländern [geboren wurden oder darin gelebt und] gewirkt haben*, 60 Teile, Wien 1856–1891.

Wyhe John van/Rookmaaker Kees (eds.): *Alfred Russel Wallace: Letters from the Malay Archipelago*, Oxford 2013.

Zeilinger, Elisabeth: *Die zweite Hälfte des 19. Jahrhunderts: Österreichische Forschungen in Amerika*. In: Die Neue Welt. Österreich und die Erforschung Amerikas, hrsg. von Franz Wawrik et al. anläßlich der gleichnamigen Ausstellung im Prunksaal der Österreichischen Nationalbibliothek in Wien, 15. 5.–26. 10. 1992, Wien 1992, S. 121–152.

Zollo, Roberta: *Der Inhalt der Batak-Schriftartefakte in der Ausstellung*. In: van der Putten, Jan/Zollo, Roberta (Hg.): Die Macht der Schrift: Die Manuskriptkultur der Toba-Batak aus Nord-Sumatra (Ausstellungskatalog, Hamburg), manuscript cultures, Nr. 14, 2020, S. 63–86.

Zeittafel

Die folgende chronologische Aufstellung beschränkt sich auf die Zeit der großen Reisen Ida Pfeiffers zwischen März 1842 und Oktober 1858, ihrem Tod. Als Quellen dafür dienen einerseits ihre Reiseberichte (siehe dazu die Literaturliste), wichtige Ergänzungen lieferten zwei handschriftliche Reiseverzeichnisse der Wienerin, einige Daten wurden aus ihrem Reisepass der zweiten Weltreise entnommen;[253] weitere Angaben stammen aus Briefen und anderen Autographen Ida Pfeiffers sowie zeitgenössischen Zeitungsartikeln (die genauen Quellenangaben dazu finden sich im Buchtext; vgl. auch das Quellen- und Literaturverzeichnis).

1842

22. März	Abreise von Wien, Beginn der Pilgerfahrt ins Heilige Land.
6. April	Ankunft in Konstantinopel (Istanbul).
17. Mai	Weiterreise mit dem Dampfschiff nach Beirut, Ankunft dort am 25. Mai, am selben Tag Weiterfahrt nach Jaffa.
27. Mai	Ankunft in Jaffa, 28. Mai zu Pferd weiter nach Jerusalem.
29. Mai	Ankunft in Jerusalem.
11. Juni	Abreise von Jerusalem Richtung Beirut, Ankunft dort am 21. Juni.
1. Juli	Reise nach Damaskus, Überquerung des Libanon.
10. Juli	Rückkehr nach Beirut.
28. Juli	Schiffsreise von Beirut nach Ägypten.
7. August	Ankunft in Alexandria, Quarantäne bis 17. August.
18. August	Nilreise nach Kairo, Ankunft dort am 22. August.
26. August	Ausflug nach Suez.
2. September	Rückreise von Kairo nach Alexandria, Abreise von dort am 7. September.
7. Dezember	Rückkehr nach Wien.

1844

9. April	Reise nach Triest, von dort mit dem Schiff nach Venedig und zurück.

1845

10. April	Aufbruch zur Reise nach Island und Skandinavien, zunächst nach Prag, von dort weiter am 15. April über Leipzig nach Hamburg.
18. April	Ankunft in Hamburg, nach acht Tagen über Kiel weiter nach Kopenhagen.
27. April	Ankunft in Kopenhagen, 4. Mai Weiterreise nach Island.
16. Mai	Ankunft in Hafenfjord auf Island.

---

253 Vgl. *Reise-Verzeichniss zu Land der Ida P.* sowie *Reisen zu Wasser der Ida Pfeiffer*, Reisepass der zweiten Weltreise, alle Teilnachlass Ida Pfeiffer, Privatbesitz (Dr. Friker). Zu den Reiseberichten vgl. die Angaben in der Literaturliste.

29. Juli	Abreise von Island zurück nach Kopenhagen, Ankunft dort am 18. August, Weiterreise am nächsten Tag, über Göteborg nach Christiania.
21. August	Ankunft in Christiania (Oslo).
25. August	Ausflug in die Provinz Telemark, im Süden Norwegens.
30. August	Rückreise von Oslo nach Göteborg.
4. September	Abreise von Göteborg, über Götaälv, Vänar- und Vättersee sowie Götakanal nach Stockholm, Ankunft dort am 9. September.
18. September	Abreise von Stockholm, über Travemünde nach Hamburg.
26. September	Weiterreise von Hamburg nach Berlin.
4. Oktober	Ankunft in Wien, Ende der Reise nach Island und Skandinavien.
26. Oktober	Reise nach Triest.

1846

1. Mai	Aufbruch zur ersten Reise um die Welt.
12. Mai	Ankunft in Hamburg, Abreise von dort am 29. Juni nach Brasilien.
17. September	Ankunft in Rio de Janeiro.
9. Dezember	Beginn der Schiffsreise um das Kap der Guten Hoffnung nach Chile.
14. Dezember	Zwischenstation in Santos.

1847

2. Jänner	Abreise von Santos.
2. März	Ankunft in Valparaiso.
18. März	Abreise von Chile Richtung China.
26. April	Zwischenaufenthalt auf Tahiti, Weiterreise am 17. Mai.
9. Juli	Ankunft in China, Ida Pfeiffers Schiff ankert in der Reede von Macao.
20. August	Abreise von Kanton nach Hongkong.
25. August	Abreise von China (Hongkong) nach Singapur, Ankunft dort am 3. September.
7. Oktober	Abreise von Singapur nach Ceylon.
18. Oktober	Ankunft in Galle auf Sri Lanka.
27. Oktober	Abreise von Sri Lanka Richtung Indien.
4. November	Ankunft in Kalkutta.
10. Dezember	Reise auf dem Ganges von Kalkutta nach Benares.

1848

20. Jänner	Ankunft in Delhi, 30. Jänner weiter nach Bombay, Ankunft dort ca. 19. März.
23. April	Abreise Richtung Basra, Ankunft dort am 12. Mai.
17. Mai	Fahrt mit dem englischen Kriegsdampfboot nach Bagdad, Ankunft dort am 21. Mai.
17. Juni	Reise mit einer Karawane von Bagdad nach Mosul, Ankunft am 1. Juli.

8. Juli	Weitere Karawanenreisen nach Täbris, Ankunft dort am 4. August.
11. August	Abreise von Täbris, die weitere Route führt über Marand, Natschitschevan und Erewan.
29. August	Ankunft in Tiflis, Abreise von hier am 5. September.
17. September	Beginn der Schiffsreise über das Schwarze Meer nach Istanbul, Ankunft Anfang Oktober, Weiterreise am 7. Oktober.
22. Oktober	Ankunft in Athen, am 24. Oktober Abreise von hier Richtung Triest.
30. Oktober	Ankunft in Triest, am nächsten Tag Weiterreise nach Wien; Ende der ersten Weltreise.
Nov./Dez.	Reise von Wien nach Hamburg, genaues Datum unbekannt.

1849

Mai	Von Hamburg nach Köln, von hier über Berlin und Prag zurück nach Wien.
Juni	Reise von Wien nach Graz und zurück.
Oktober	Reise nach Lemberg, Rückkehr nach Wien im Dezember.

1850

April	Reise von Wien nach Olmütz und zurück.
Juni	Reise von Wien nach Graz und zurück.
Juli	Reise nach Triest über Kärnten und zurück nach Wien.

1851

Jänner	Reise von Wien nach Graz und zurück.
26. Februar	Reise nach Oberkärnten, ebenfalls von Wien ausgehend.
18. März	Abreise von Wien, Beginn der zweiten Weltreise; Reise über Prag, Berlin und Hamburg nach London.
10. April	Ankunft in London
25. Mai	Abfahrt mit dem Segelschiff, 11. August Ankunft in Kapstadt.
25. September	Abreise von Kapstadt mit dem Segelschiff.
16. November	Ankunft in Singapur, Aufenthalt von einigen Wochen, dann Weiterreise nach Borneo.
Mitte Dezember	Ankunft in Borneo, genaues Datum unbekannt.
20. Dezember	Erster viertägiger Ausflug zu den Dayak.

1852

5. Jänner	Aufbruch zur Expedition durch das Landesinnere von Borneo nach Pontianak, Ankunft dort am 6. Februar.
10. Februar	Aufbruch zu den Diamantenmienen von Landak.
22. Februar	Rückkehr nach Pontianak mit dem holländischen Regierungsboot.
6. April	Abreise von Pontianak nach Batavia (Jakarta).
29. Mai	Ankunft in Jakarta, auf Java.

8. Juli	Abreise von Java nach Sumatra, 13. Juli Ankunft in Padang.
19. Juli	Aufbruch zur Expedition zum Toba-See, Rückkehr nach Padang am 7. Oktober.
ca. 15. Oktober	Abreise von Padang Richtung Jakarta.
18. November	Fahrt mit dem Dampfschiff von Jakarta nach Semarang, an der Nordküste Javas, Ankunft nach einer Fahrt von 37 Stunden.
3. Dezember	Fahrt von Semarang nach Surabaya, Ankunft am 3. Dezember.
14. Dezember	Abreise von Surabaya, Ankunft in Makassar (zwischenzeitlich Ujung Pandang), auf Celebes am 17. Dezember.
21. Dezember	Abreise von Celebes Richtung Molukken, Ankunft auf Banda am 24. Dezember.
27. Dezember	Abreise von Banda, am nächsten Tag Ankunft auf Ambon.

1853

11. Jänner	Abreise von Ambon Richtung Seram, über Saparua.
18. Jänner	Ankunft auf Seram, Fußmarsch nach Wahai, Ankunft dort am 23. Jänner; Rückkehr nach Ambon am 8. Februar.
3. März	Abreise von Ambon.
8. März	Ankunft auf Celebes (Sulawesi), Nordosten.
9. April	Abreise von Kema, Nordost-Sulawesi, nach Makassar, Südwest-Sulawesi; 17. April Reise ins Landesinnere; 13. Mai Rückkehr nach Makassar.
7. Juli	Abreise von Java Richtung Amerika.
27. September	Ankunft im Hafen von San Francisco.
3. November	Ausflug mit dem Dampfschiff nach Crescent City, Rückkehr nach San Francisco am 10. November.
16. Dezember	Abreise von San Francisco, Ankunft in Panama am 29. Dezember.

1854

7. Jänner	Abreise von Panama.
17. Jänner	Ankunft in Callao, Peru, 19. Jänner Weiterfahrt nach Lima mit der Eisenbahn.
Ende Februar	Abreise von Peru Richtung Ecuador.
1. März	Ankunft in Guayaquil, Ecuador.
22. März	Weiterreise nach Quito, Ankunft dort am 3. April.
25. April	Rückreise nach Guayaquil.
21. Mai	Ankunft in Panama, Überquerung der Landenge nach Colón (Aspinwall).
31. Mai	Abreise von Colón nach New Orleans.
23. Juni	Beginn der Fahrt auf dem Mississippi.
14. Juli	Ankunft in St. Louis, Weiterreise nach St. Paul am 29. Juli, Ankunft dort am 7. August; Weiterreise nach Chicago.

22. August	Beginn der Reise auf dem Michigansee.
9. September	Ankunft in Niagara Falls, Abreise am 13. September Richtung Montreal.
18. September	Abreise von Montreal, am nächsten Tag Ankunft in Quebec.
20. September	Abreise von Montreal nach New York.
10. Oktober	Ausflug von New York nach Boston, Ankunft dort am 11. Oktober.
19. Oktober	Rückkehr nach New York.
10. November	Abreise von New York Richtung Liverpool, Weiterfahrt nach London.
ca. 20. Dez.	Fahrt nach São Miguel, Azoren.

1855
1. Jänner	Ankunft auf São Miguel.
21. Mai	Rückreise nach London über Lissabon, Ankunft dort am 28. Mai.
9. Juni	Weiterfahrt nach London mit dem Dampfschiff, Ankunft in London am 14. Juni; Ende der zweiten Weltreise.
Mitte Juli	Heimreise, von London über Hamburg, Berlin und Prag nach Wien.

1856
Februar	Reise nach Berlin, vermutlich bis März, Rückreise vermutlich über Dresden.
März/April	Reise nach Wiener Neustadt (8. März), Graz, Triest und Venedig (im April) und wieder zurück nach Wien.
21. Mai	Abreise von Wien, Beginn der Reise nach Madagaskar.
26. Mai	Ankunft in München, Weiterreise am 1. Juni.
2. Juni	Ankunft in Berlin, danach Aufenthalt in Hamburg.
14. Juni	Abreise nach Holland, Ankunft in Amsterdam am 16. Juni.
2. Juli	Abreise von Rotterdam nach England.
1. August	Reise von London nach Paris, Ankunft dort am 2. August.
12. August	Reise von Paris nach London, von dort weiter nach Holland.
22. August	Ankunft in Rotterdam.
31. August	Weiterreise nach Kapstadt, Ankunft am 16. November.
18. November	Weiterreise nach Mauritius.
2. Dezember	Ankunft auf Mauritius.

1857
25. April	Abreise von Mauritius Richtung Madagaskar, Ankunft nach sechs Tagen.
19. Mai	Marsch von Tamatave nach Antanananarivo, Ankunft am 30. Mai.
20. Juni	Der von Lambert geplante Sturz von Königin Ranavalona scheitert, Lambert und Pfeiffer stehen quasi unter Hausarrest, 17. Juli Landesverweis.

13. September	Ankunft in Tamatave, Abreise von Madagaskar am 16. September.
23. September	Ankunft auf Mauritius.
9. Oktober	Der Arzt erklärt für Ida Pfeiffer die Lebensgefahr überwunden.

1858

10. März	Abreise von Mauritius Richtung Großbritannien.
Anfang Juni	Ankunft in London, von hier Weiterreise nach Hamburg.
Mitte Juni	Ankunft in Hamburg
Erste Juli-Hälfte	Krankenhausaufenthalt in Hamburg, vermutlich bis 16. August.
18. August	Ankunft in Berlin, von hier Weiterreise nach Krakau.
15. September	Rückkehr nach Wien.
27. Oktober	Ida Pfeiffer stirbt um 12 Uhr Mitternacht.